Steffen Angenendt

Deutsche Migrationspolitik im neuen Europa

D1668829

Diese Studie entstand im Rahmen eines Forschungsprojektes der Deutschen Gesellschaft für Auswärtige Politik e.V.

Die Deutsche Gesellschaft für Auswärtige Politik hat nach ihrer Satzung die Aufgabe, die Probleme der internationalen, besonders der europäischen Politik, Sicherheit und Wirtschaft zu erörtern und ihre wissenschaftliche Untersuchung zu fördern, die Dokumentation über diese Forschungsfragen zu sammeln und das Verständnis für internationale Fragen durch Vorträge, Studiengruppen und Veröffentlichungen anzuregen und zu vertiefen. Sie unterhält zu diesem Zweck ein Forschungsinstitut, eine Bibliothek und Dokumentationsstelle sowie die Zeitschrift „Internationale Politik". Die Deutsche Gesellschaft für Auswärtige Politik bezieht als solche auf Grund ihrer Satzung keine eigene Stellung zu internationalen Problemen. Die in den Veröffentlichungen der Gesellschaft geäußerten Meinungen sind die der Autoren.

Die Studie wurde gefördert von der Fritz Thyssen Stiftung

Steffen Angenendt

Deutsche Migrationspolitik im neuen Europa

Leske + Budrich, Opladen 1997

Der Autor ist wissenschaftlicher Referent des Forschungsinstituts der
Deutschen Gesellschaft für Auswärtige Politik e.V.

Gedruckt auf säurefreiem und altersbeständigem Papier.

ISBN 3-8100-1909-7

© 1997 Leske + Budrich, Opladen

Druck: Druck Partner Rübelmann, Hemsbach
Printed in Germany

Inhaltsverzeichnis

Abkürzungsverzeichnis

AA	Auswärtiges Amt
AEntG	Arbeitnehmerentsendegesetz
AFG	Arbeitsförderungsgesetz
AsylVfG	Asylverfahrensgesetz
AuslG	Ausländergesetz
BAFl	Bundesamt für die Anerkennung ausländischer Flüchtlinge
BGBl	Bundesgesetzblatt
BIP	Bruttoinlandsprodukt
BKA	Bundeskriminalamt
BMI	Bundesministerium des Innern
BMZ	Bundesministerium für wirtschaftliche Zusammenarbeit und Entwicklung
BT-Drs.	Bundestagsdrucksache
BVerfG	Bundesverfassungsgericht
BVFG	Bundesvertriebenengesetz
CEFTA	Mitteleuropäisches Freihandelsabkommen (Central European Free Trade Agreement)
CIRAC	Centre d'Information et de Recherches sur l'Allemagne Contemporaine
DDR	Deutsche Demokratische Republik
ders.	derselbe
DFI	Deutsch-Französisches Institut
DGAP	Deutsche Gesellschaft für Auswärtige Politik e.V.
dies.	dieselbe
DVU	Deutsche Volksunion
ebd.	ebenda
EG	Europäische Gemeinschaft
EMRK	Europäische Menschenrechtskonvention
EU	Europäische Union
EUROPOL	Europäisches Polizeiamt
FIS	Islamische Heilsfront (Front Islamique de Salut)
GASP	Gemeinsame Außen- und Sicherheitspolitik
GFK	Genfer Flüchtlingskonvention

GG	Grundgesetz
GIJP	Gemeinsame Innen- und Justizpolitik
GUS	Gemeinschaft Unabhängiger Staaten
ICCB	Verband der islamischen Vereine und Gemeinden
IFRI	Institut Français des Relations Internationales
ILO	Internationale Arbeitsorganisation (International Labour Organization)
IOM	International Organization for Migration
IP	Internationale Politik
LTTE	Liberation Tigers of Tamil Eelam
OAU	Organisation der Afrikanischen Einheit (Organization of African Unity)
OECD	Organisation für wirtschaftliche Zusammenarbeit und Entwicklung (Organisation for Economic Cooperation and Development)
OSZE	Organisation für Sicherheit und Zusammenarbeit in Europa
PKK	Arbeiterpartei Kurdistans (Partiya Kerkeren Kurdistan)
PKS	Polizeiliche Kriminalstatistik
RFE/RL	Radio Free Europe/Radio Liberty
RuStG	Reichs- und Staatsangehörigkeitsgesetz
RWI	Rheinisch-Westfälisches Institut für Wirtschaftsforschung
SOPEMI	Système d'Observation Permanente des Migrations
TKP-ML	Türkische Kommunistische Partei/Marxisten-Leninisten
UdSSR	Sowjetunion (Union der Sozialistischen Sowjetrepubliken)
UN	Vereinte Nationen (United Nations)
UNDP	Entwicklungsprogramm der Vereinten Nationen (United Nations Development Programme)
UNFPA	Bevölkerungsfonds der Vereinten Nationen (United Nations Fund for Population Activities)
UNHCR	Hochkommissar für Flüchtlinge der Vereinten Nationen (United Nations High Commissioner for Refugees)
UNO	Organisation der Vereinten Nationen (United Nations Organization)
UNPROFOR	Schutztruppe der Vereinten Nationen im ehemaligen Jugoslawien (United Nations Protection Force)
US, USA	Vereinigte Staaten von Amerika (United States)
WEU	Westeuropäische Union (Western European Union)

Einleitung

Ein Kennzeichen der gegenwärtigen Weltordnung ist die zunehmende ökonomische, politische und kulturelle Verflechtung auch geographisch weit entfernter Gebiete.[1] Migration, als die befristete oder dauerhafte Verlagerung des Lebensmittelpunktes in eine andere Umgebung, ist der sinnfälligste Ausdruck dieser Interdependenz.

Immer schon waren Wanderungen, die grundsätzlich eine individuelle Suche nach der Verbesserung von Lebensbedingungen sind, eine entscheidende Triebkraft menschlicher Entwicklung: Die Menschheitsgeschichte ließe sich problemlos als Wanderungsgeschichte schreiben. Niemals jedoch verliefen Massenwanderungen spannungsfrei. Zu allen Zeiten war Zuwanderung ein konfliktträchtiger sozialer Prozeß, der bestehende gesellschaftliche Hierarchien aufbrach und einige Einheimische und Zugewanderte sozial aufsteigen ließ, andere hingegen schlechter stellte. Diese Widersprüchlichkeit gilt auch heute noch.

Es gibt hinreichend Beispiele, daß schon umfangreichere Binnenwanderungen bei Alteingesessenen Verdrängungsängste auslösen. Bei transnationalen Wanderungen verschärfen sich die Abwehrreaktionen noch, denn der Nationalstaat bietet eine sehr starke Abgrenzungsmöglichkeit zwischen „uns" und „jenen". Für diejenigen, die von Zuwanderungen Nachteile erwarten, wird die Staatsgrenze zum Handlungsort; verlangt wird, daß der Staat Zuwanderung verhindert. Sein Versagen bei der Grenzkontrolle wird zum ernsthaften Legitimationsdefizit.

Verkannt werden hierbei Kräfte, die der Handlungsfähigkeit des Nationalstaates entgegenwirken. Hierzu gehört vor allem die weltwirtschaftliche Integration, die Unternehmen und Volkswirtschaften unter Konkurrenz-

---

[1] Vgl. Karl *Kaiser*, Deutsche Außenpolitik in der Ära des Globalismus. Zwischen Interdependenz und Anarchie, *Internationale Politik*, Nr. 1, 1995, S. 27-36; hier: S. 28f.

druck setzt und sie zur Produktionsverlagerung und Internationalisierung zwingt. Ignoriert wird hierbei auch die zunehmende politische Verflechtung von Staaten, die zur Abgabe von Souveränität an supranationale und internationale Einrichtungen führt. Hinter der innenpolitischen Problematik, als welche Zuwanderung bislang in der Regel wahrgenommen wird, stehen daher Fragen der Außen- und der internationalen Politik. Migration ist ein weltweites Phänomen, und die Bekämpfung von Migrationsursachen und die Steuerung von grenzüberschreitenden Wanderungsbewegungen kann nur in zwischenstaatlicher Kooperation erfolgen.

In der vorliegenden Studie[2] über die Aufgaben, die sich der deutschen und europäischen Politik durch Wanderungsbewegungen stellen, soll unter anderem auf diese außenpolitischen Fragen eingegangen werden. Der Ausgangspunkt ist die Frage, welche Herausforderungen und welche Chancen Wanderungsbewegungen für Deutschland darstellen. In einem zweiten Schritt wird die derzeitige deutsche Migrationspolitik analysiert, ausgehend von der Untersuchung des sogenannten Asylkompromisses vom Dezember 1992, der hier als Grundlage der gegenwärtigen deutschen Migrationspolitik gewertet wird. Drittens werden Grundzüge einer künftigen deutschen Migrationspolitik formuliert und deren Realisierungschancen bewertet.

---

[2]   Im Rahmen dieses Forschungsprojektes sind folgende Arbeiten des Verfassers der vorliegenden Studie veröffentlicht worden und in diese Studie eingeflossen: L'asile et l'immigration en Allemagne, in: *Politique étrangère*, Nr. 3, 1994, S. 731-748; Zuwanderung und Zusammensetzung der ausländischen Bevölkerung in Deutschland und in OECD-Ländern: Aktuelle Trends, in: *Aktuelle Kurzanalysen der DGAP*, Nr. 9, Dezember 1994; Europäisierung der humanitären Hilfe?, in: *Entwicklung und ländlicher Raum*, Nr. 6, 1994, S. 2; Freizügigkeit: ein Hindernis für die Osterweiterung der Europäischen Union?, in: *List-Forum. Zeitschrift für Wirtschafts- und Finanzpolitik*, Nr. 1, 1995, S. 38-52; Migration, gesellschaftlicher Wandel und politische Steuerung in Deutschland, in: *CIRAC / DFI / DGAP / IFRI* (Hrsg.): Handeln für Europa. Deutsch-französische Zusammenarbeit in einer veränderten Welt, Opladen 1995, S. 300-318; Migration: Herausforderung deutscher und europäischer Politik, in: Karl *Kaiser* / Hanns W. *Maull* (Hrsg.): Deutschlands neue Außenpolitik. Band 2: Herausforderungen, München 1995, S. 175-199; Migrations, transformations sociales et orientations politiques en Allemagne, in: Thierry *de Montbrial* u.a. (Hrsg.), Agir pour l'Europe. Les relations franco-allemandes dans l'après-guerre froide, Paris 1995, S. 307-326; Eine Welt der Wanderungen, in: Karl *Kaiser* / Hans-Peter *Schwarz* (Hrsg.), Die neue Weltpolitik, Bonn 1995, S. 79-90; Grundzüge einer künftigen deutschen Einwanderungspolitik, *epd-Dokumentation*, Nr. 36, September 1995, S. 52-60; Nationale Interessen und außenpolitische Strategien in der deutschen Migrationspolitik, in: Karl *Kaiser* / Joachim *Krause* (Hrsg.), Deutschlands neue Außenpolitik. Band 3: Interessen und Strategien, München 1996, S. 231-240.

Diese Studie dokumentiert die Ergebnisse des vom Forschungsinstitut der DGAP von September 1993 bis Dezember 1995 realisierten Forschungsprojektes „Migration und Flucht als Herausforderungen deutscher und europäischer Politik". Der Verfasser dankt der Fritz Thyssen Stiftung für die großzügige Förderung des Forschungsprojektes und den Mitgliedern der zu diesem Projekt unter Leitung von Prof. Dr. Dr. Ing. e.h. Dieter Spethmann eingerichteten Projektgruppe für die wertvollen Anregungen.[3]

---

[3] Die Arbeitsergebnisse der Projektgruppe sind in einem mit Unterstützung der Bundeszentrale für politische Bildung veröffentlichten Sammelband dokumentiert: St. *Angenendt* (Hrsg.), Migration und Flucht. Aufgaben und Strategien für Deutschland, Europa und die internationale Gemeinschaft, München 1997.

1. Migration und Flucht: die Problemlagen

> *„Homo sapiens is going to the twenty-first century at a very unbalanced condition indeed which is likely to cause further instabilities and in turn further migrations from poorer to richer countries. This is the greatest challenge that our global society faces.“*[4]

Die internationalen Wanderungsstatistiken, so unvollständig sie auch sein mögen, zeigen, daß ökonomische, politische und ökologische Krisen und Katastrophen immer mehr Menschen zwingen, ihre Länder zu verlassen und sich außerhalb ihres Landes bessere Lebensbedingungen zu suchen. Der Hochkommissar für Flüchtlinge der Vereinten Nationen (UNHCR) gibt an, während der letzten zehn Jahre habe sich die Zahl der grenzüberschreitenden Flüchtlinge verdoppelt.[5] Derzeit sind 13 Millionen Menschen weltweit als Flüchtlinge registriert, zu denen noch mehr als 9,5 Millionen Menschen gezählt werden müssen, die sich in „flüchtlingsähnlichen Situationen" befinden, etwa ehemalige Flüchtlinge, die nach der Rückkehr in ihr Heimatland weiterhin von internationaler Hilfe abhängig sind, und Asylsuchende, deren Anerkennung als Flüchtlinge aussteht. Zudem schätzt die Weltbank die Zahl der transnationalen Migranten auf mehr als 100 Millionen Menschen.[6] Ein noch weitaus größerer Teil der Weltbevölkerung ist innerhalb des jeweiligen Landes auf der Suche nach Arbeit oder auf der

---

[4] Paul *Kennedy* in einem Rundschreiben der Beratungsfirma *Roland Berger* an ihre Kunden zum Jahresbeginn 1994. Der Verfasser dankt Michael *Stürmer* für den Hinweis.

[5] Vgl. *UNHCR*, Zur Lage der Flüchtlinge in der Welt. UNHCR-Report 1995/96, Bonn 1995, S. 21 f. Detaillierte Flüchtlingsstatistiken veröffentlicht UNHCR regelmäßig in seiner Internet-Datenbank „Refworld" (http://www.unhcr.ch/refworld).

[6] Vgl. *UNFPA*, The State of World Population 1994: Choices and Responsibilities, New York 1995 und *UNFPA*, Weltbevölkerungsbericht 1997, Bonn 1997.

Flucht. Die Zahl der innerhalb ihres Heimatlandes Vertriebenen, der Binnenvertriebenen oder *displaced persons*, wird von UNHCR auf mehr als 30 Millionen Menschen geschätzt. Die Zahl der intern wandernden Arbeitskräfte dürfte noch weitaus höher liegen, hier liegen allerdings überhaupt keine zuverlässigen Schätzungen vor. Zur Illustration mag dienen, daß allein in China die Zahl der Arbeitsmigranten, die *floating population*, 70 bis 100 Millionen Menschen betragen soll.[7] Die Internationale Arbeitsorganisation (ILO) klassifiziert 98 Staaten als von Auswanderung oder Einwanderung erheblich betroffene Länder.[8]

Es ist deutlich sichtbar, daß von diesen Entwicklungen vor allem die ärmsten Länder der Welt betroffen sind: Sie haben den rapiden Bevölkerungszuwachs, die rasante Zunahme der Verstädterung, die sich bis 2025 versechsfachen soll, den Großteil der gewalttätigen Kriege und Konflikte und Umweltkatastrophen in lebensbedrohlichem Ausmaß zu bewältigen. Ein Drittel der Weltbevölkerung verfügt über ein tägliches Einkommen von weniger als einem US-Dollar und lebt damit nach UN-Definition in absoluter Armut. Von diesen leben rund 450 Millionen in Gebieten mit geringem landwirtschaftlichen Ertragspotential und noch einmal die gleiche Zahl in von Bodenerosion, Flut- und anderen Umweltkatastrophen bedrohten Gebieten, die schon heute keine ausreichende Ernährungsbasis mehr bieten. So werden jährlich bis zu 70 000 km² Agrarland wegen Umweltbelastungen aufgegeben und zudem gehen rund vier Millionen Hektar Ackerland durch Bodenerosion verloren. Weltweit herrscht ein gewaltiger Mangel an Arbeitsplätzen. Zusätzlich zu den in den Industrieländern fehlenden 35 Millionen Arbeitsplätzen wird der Bedarf an neuen Arbeitsplätzen in den Entwicklungsländern im Verlaufe des nächsten Jahrzehnts auf eine Milliarde geschätzt.[9]

Nur ein sehr kleiner Teil der transnationalen Migranten gelangt in die Industrieländer, der größte Teil bleibt in der Herkunftsregion. In den 15 Ländern der Europäischen Union (EU) waren Anfang 1997 über zwei Millionen Flüchtlinge von UNHCR registriert, von denen die Bundesrepublik den weitaus größten Teil aufgenommen hatte. Trotzdem nahm Deutschland 1992 auf der Liste der 50 Länder mit dem größten Anteil

---

[7]   Vgl. Cheng *Li*, Surplus Rural Laborers and Internal Migration in China, in: *Asian Survey*, Nr. 11, November 1996, S. 1122-1145 und *International Herald Tribune*, 30.6.1994.

[8]   Vgl. Peter *Stalker*, The Work of Strangers: A Survey of International Labour Migration, Genf 1994, S. 275-282.

[9]   Vgl. *UNDP*, Human Development Report 1997, New York 1997, S. 3 f.

von Flüchtlingen an der Gesamtbevölkerung nur den 33. Platz ein, mit einem Zehntel des Anteils der Flüchtlinge, den beispielsweise Malawi und Belize zu verkraften hatten.[10] Diese Aufnahmezahlen stehen in auffälligem Kontrast zu der Wahrnehmung der Zuwanderungsproblematik in den industrialisierten Ländern, wo fast überall Migration zur Kontroverse politischer Debatten, zum Gegenstand parteipolitischer Profilierung, und – wie in Deutschland, aber nicht nur hier – zum Kristallisationspunkt fremdenfeindlicher und rechtsextremer Aggressivität geworden ist. Offensichtlich wird die Migrationsproblematik zunehmend auch als eine Angelegenheit der reichen Industrienationen betrachtet.

In diesem Sinn scheint der eingangs zitierte Satz von Paul *Kennedy* unmittelbare Geltung auch für die Industrienationen zu haben. Was aber bedeutet „Herausforderung" jenseits populistisch dramatisierter Verdrängungs- und Überfremdungsängste? Das wirft die Frage auf, inwieweit man künftige Migrationen prognostizieren kann und auf welche Aspekte des wirtschaftlichen, politischen und gesellschaftlichen Lebens in den EU-Ländern und insbesondere in Deutschland diese Wanderungsbewegungen Einfluß haben werden. Und da der Begriff „Herausforderung" sich nicht nur auf Gefährdungen, sondern auch auf Chancen bezieht: welche positiven Entwicklungsimpulse bieten Wanderungsbewegungen den europäischen Ländern?

Zunächst aber ist zu fragen, welche Wanderungsformen unterschieden werden können, welche großen Wanderungstrends weltweit zu beobachten sind und welche Faktoren diese Wanderungsbewegungen beeinflussen.

1.1 Typen von Wanderungen

Eine grundsätzliche Unterscheidung ist die zwischen *Migranten* und *Flüchtlingen*. Diese Differenzierung ist zwar sprachlogisch nicht stimmig, da Flüchtlinge ebenfalls wandern, sie ist aber notwendig, weil die internationale Gemeinschaft hiernach völkerrechtliche Regelungen und institutionelle Zuständigkeiten gegliedert hat.

Im völkerrechtlichen Sinn sind *Flüchtlinge* Menschen, die ihr Heimatland aus Furcht vor Verfolgung aufgrund ihrer Rasse, Religion, Nationali-

---

[10] Vgl. *UNHCR*, Die Lage der Flüchtlinge in der Welt, UNHCR-Report 1994, Bonn 1994, S. 170.

14

tät, politischen Überzeugung oder der Zugehörigkeit zu einer sozialen Gruppe verlassen haben, um außerhalb ihres Landes Schutz zu suchen. Für diese Menschen ist nach 1945 ein internationales Flüchtlingsregime entstanden. Die völkerrechtliche Grundlage des internationalen Systems zum Schutz von Flüchtlingen ist die Genfer Flüchtlingskonvention (GFK) von 1951 mit ihren Zusatzprotokollen von 1967. Ihr Motiv war, nach den Erfahrungen des Zweiten Weltkrieges zu gewährleisten, daß von Verfolgung bedrohte Menschen eine Zufluchtmöglichkeit außerhalb ihrer Heimatländer finden können. Mit der zunehmenden Zahl von Staaten, die diese Konvention ratifizierten, entstand das heutige internationale Flüchtlingsregime, dem die Vorstellung zugrunde liegt, daß jeder Mensch, der begründete Furcht vor Verfolgung hat, Aufnahme in einem der Signatarstaaten finden kann.

Die Konvention enthält entgegen weitverbreiteter Meinung keine Verpflichtung der unterzeichneten Staaten, Asyl zu gewähren. Diese Verträge schützen den Flüchtling lediglich vor willkürlicher Ausweisung in Gebiete, in denen er gefährdet ist. Der Kerngedanke dieser Regelungen – ein Staat kann Asyl gewähren, muß es aber nicht – ist bis heute nicht geändert worden. Weder Versuche auf internationaler Ebene, wie die 1967 von der Menschenrechtskommission der Vereinten Nationen erarbeitete „Deklaration über territoriales Asyl", noch Versuche auf europäischer Ebene, etwa die Erklärung des Ministerrates vom Dezember 1977 über territoriales Asyl in den Mitgliedsstaaten, haben substantielle Erweiterungen gebracht. Auch regionale Verträge, wie die 1969 von der Organisation für Afrikanische Einheit (OAU) verabschiedete „Konvention zur Regelung der besonderen Aspekte der Flüchtlingsprobleme in Afrika" und die 1984 von mittelamerikanischen Staaten ausgearbeitete „Cartagena-Deklaration" haben den Flüchtlingsbegriff inhaltlich lediglich um spezifische Aspekte der jeweiligen regionalen Flüchtlingsproblematik ergänzt.[11] Im Rahmen der

---

[11] So lautet Art. 1,2 der OAU-Konvention: „Der Ausdruck ‹Flüchtling› gilt auch für jede Person, die aufgrund äußerer Aggression, Besatzung, Fremdherrschaft oder Ereignissen, die im Herkunfts- oder Heimatland die öffentliche Ordnung überall oder in einzelnen Landesteilen ernsthaft stören, gezwungen ist, den Ort ihres gewöhnlichen Wohnsitzes zu verlassen, um an einem anderen Ort außerhalb ihres Herkunfts- oder Heimatlandes Zuflucht zu suchen." Die Erklärung von Cartagena empfiehlt „zum Gebrauch in der Region eine Definition oder Begriffsbestimmung des Flüchtlings (...), in der die Elemente aus der Flüchtlingskonvention von 1951 und dem Protokoll von 1967 und darüber hinaus auch solche Personen zu den Flüchtlingen gezählt werden, die aus ihrem Land geflohen sind, weil ihr Leben, ihre Sicherheit oder ihre Freiheit bedroht waren durch allgemeine Gewalt, ausländische Aggression, innere Konflikte, massive Verletzung der Menschenrechte oder andere Umstände, die die öffentliche Ordnung ernsthaft stören.", zitiert nach

Vereinten Nationen ist für die Betreuung von Flüchtlingen das Amt des Hohen Flüchtlingskommissars entstanden, dessen Aufgaben darin bestehen, bei den einzelnen Staaten auf die Einhaltung der Rechtsstandards zu drängen, die das Völkerrecht beziehungsweise die nationalen Asylregelungen vorgeben, das internationale Flüchtlingsrecht weiterzuentwickeln sowie politisch und materiell zur Lösung von Flüchtlingskrisen beizutragen.[12]

Um den Rechtsstatus eines *anerkannten Flüchtlings* zu erhalten, der eine weitgehende Gleichbehandlung mit Einheimischen garantiert, muß im Aufnahmeland ein Asylantrag gestellt werden. Wie die Form und die Dauer der Asylverfahren sowie die Lebensbedingungen des Asylbewerbers während des Verfahrens gestaltet werden, obliegt – innerhalb des weit gefaßten Rahmens der GFK – den Aufnahmeländern. Dies gilt auch für Fragen der Duldung und der Ausweisung, falls der Asylantrag abgelehnt wird. Eine weitere Möglichkeit, Schutz zu finden, ist die Aufnahme als *Kontingentflüchtling*. Dieses Instrument wird häufig angewendet, um auf aktuelle Massenfluchtbewegungen zu reagieren, deren Fluchtursachen eindeutig sind und in denen schnell gehandelt werden muß, oder falls die Infrastruktur fehlt, um Asylverfahren durchzuführen, wie in vielen afrikanischen Staaten. In der Bundesrepublik sind solche Verfahren in den achtziger Jahren auf vietnamesische Bootsflüchtlinge und in jüngerer Zeit auf einen Teil der Flüchtlinge aus dem ehemaligen Jugoslawien angewendet worden. Hierbei entscheidet der Aufnahmestaat im Rahmen seiner völkerrechtlichen Souveränität über Umfang, Zusammensetzung und Rechtsstatus der aufzunehmenden Gruppe.

Für *Migranten* ist in den letzten Jahrzehnten ebenfalls ein internationales Regime entstanden, das allerdings weit weniger umfassend ist als das Flüchtlingsregime und auch schwächer völkerrechtlich und institutionell abgesichert ist. Aufgabe dieses Regimes ist, internationale Mindeststandards für

---

Peter J. *Opitz*, Das Weltflüchtlingsproblem im 20. Jahrhundert, in: *ders.* (Hrsg.), Weltprobleme, Bonn 1990, 3. Aufl., S. 403.

[12] Zu den Aufgaben im einzelnen vgl. Volker *Türk*, Das Flüchtlingshochkommissariat der Vereinten Nationen (UNHCR), Berlin 1992, und ergänzend Karl *Steinacker*, Der Hohe Flüchtlingskommissar und die Mär von der unpolitischen Flüchtlingshilfe, in: Abraham *Ashkenasi* (Hrsg.), Das weltweite Flüchtlingsproblem. Sozialwissenschaftliche Versuche der Annäherung, Bremen 1988, S. 178-194. Zur Entwicklung von UNHCR ist anzumerken, daß unter der derzeitigen Hochkommissarin Sadako *Ogata* die operativen Kapazitäten der Organisation beträchtlich ausgebaut worden sind. Unterstützt durch eine Organisationsreform, die unter anderem die Entscheidungsverfahren gestrafft hat, ist UNHCR sehr viel besser als noch in den achtziger Jahren in der Lage, frühzeitig und mit angemessenen Mitteln auf Flüchtlingskrisen zu reagieren.

Arbeitsmigranten durchzusetzen, wofür die Zuständigkeit bei der Internationalen Arbeitsorganisation (ILO) liegt, sowie Hilfsmaßnahmen und Wiedereingliederungshilfen für rückkehrende Migranten zu bieten, was unter anderem Aufgabe der International Organization for Migration (IOM) ist.

Die Unterscheidung zwischen Flüchtlingen und Migranten ist für die Frage, wer für die Betreuung dieser Menschen zuständig ist und wer dabei welches Mandat ausübt, wichtig und sinnvoll. Das Problem aber ist die Praxis: Es gibt zunehmend Situationen, in denen diese Unterscheidung schwierig oder gar unmöglich ist. Für die Betroffenen ist diese Unterscheidung unter Umständen lebenswichtig, weil Flüchtlinge unter dem Schutz internationaler Konventionen stehen, die Politik gegenüber Migranten hingegen eine souveräne Entscheidung der Nationalstaaten ist. Sie entscheiden entsprechend ihrer jeweiligen Tradition beziehungsweise Vorstellung von nationaler Identität darüber, wer Zugang zu ihrem Territorium erhält.

Zusammenfassend ist festzuhalten, daß die Unterscheidung, welche die internationale Völkergemeinschaft zwischen Flüchtlingen und Migranten eingeführt hat, im Kern von der Überlegung ausgeht, daß Migranten wandern, weil sie diese Option gewählt haben, daß aber Flüchtlinge wandern, weil sie dazu gezwungen sind.

Migranten unterscheiden sich vor allem hinsichtlich ihres Aufenthaltsstatus, wobei die Kategorien im internationalen Vergleich jedoch nicht trennscharf sind. *Einwanderer* sind Migranten, denen vom aufnehmenden Staat ein Zuzug zur dauerhaften Niederlassung gestattet wird. Diese Möglichkeit bieten nur die klassischen Einwanderungsländer wie die USA, Kanada und Australien. Aber auch in diesen Ländern werden nicht primär neu zuwandernde Arbeitsmigranten, sondern vor allem *Familienangehörige* bereits Zugewanderter aufgenommen. Auch in Ländern, die sich nicht als Einwanderungsländer verstehen, die aber in früheren Perioden faktisch Einwanderung zuließen, wie etwa die westeuropäischen Industriestaaten, findet durch den Familiennachzug eine Einwanderung statt. Hier unterläuft Migration als sozialer Prozeß politische Zielsetzungen und verwandelt erklärte Nicht-Einwanderungsländer in faktische Einwanderungsländer. Zudem gestatten einige Länder *Volkszugehörigen*, die aufgrund historischer Ereignisse außerhalb der Staatsgrenzen leben, die Einwanderung. Dies galt in einigen Perioden für ehemalige Kolonialmächte, etwa Frankreich und Großbritannien, es gilt noch heute für deutsche Aussiedler.

Von diesen Einwanderern sind *temporäre Zuwanderer* zu unterscheiden. Dies sind vor allem *Vertragsarbeiter*, denen für eine bestimmte Zeit, in der Regel gebunden an ein Arbeitsverhältnis, die Zuwanderung gestattet wird. Einige Staaten benutzen diese Zuwanderungsform sehr intensiv zur

Schließung von Lücken des einheimischen Arbeitsmarktes. Diese können struktureller Art sein, wenn etwa die einheimischen Arbeitskräfte für den Umfang der industriellen Produktion grundsätzlich nicht ausreichen, wie in den Golfstaaten, oder wenn in einzelnen Wirtschaftsbereichen oder Tätigkeitsfeldern entsprechender Mangel herrscht, wie beispielsweise in den westlichen Industrieländern an Arbeitskräften für schlecht bezahlte, unqualifizierte Tätigkeiten. Es können auch saisonal bestimmte Lücken vorliegen, wie etwa zu Erntezeiten in der kanadischen und kalifornischen Landwirtschaft. Auch im Dienstleistungsbereich, etwa im Tourismus der Schweiz, werden in großem Umfang solche *Saisonarbeitskräfte* eingesetzt. Vor allem bei Vertragsarbeitern ist häufig zu beobachten, daß ihr Aufenthalt sich aus verschiedenen Gründen, nicht zuletzt aus ökonomischen Erwägungen der Arbeitgeber, die ständig wiederkehrende Anlernkosten scheuen, verstetigt und die temporäre Zuwanderung in eine Einwanderung verwandelt. Die Gastarbeiterzuwanderung der fünfziger und sechziger Jahre in die westeuropäischen Industrieländer ist ein weiteres deutliches Beispiel.

Eine vierte, zunehmend wichtigere Gruppe von Wanderern sind *Hochqualifizierte*. Diese haben weitaus geringere Zuwanderungsbarrieren als andere Migranten zu überwinden, da ihre Anwesenheit von den meisten Staaten als vorteilhaft angesehen wird. Dies gilt sowohl für Manager und Techniker internationaler Konzerne als auch für Künstler, Hochschulangehörige und Studenten.

Verfolgt man die Unterscheidung von Wanderern nach rechtlichen Kategorien weiter, bleibt schließlich die Gruppe der *illegalen Zuwanderer*. Hierbei handelt es sich, unabhängig von den Wanderungsmotiven, um Zuwanderer, die ohne Erlaubnis das Land betreten haben, oder die eine Form des temporären Aufenthalts, etwa als Vertragsarbeitskraft oder als Tourist, ohne Genehmigung der Behörden verlängert haben. Sie besitzen in der Regel keine politischen und nur minimale soziale Teilnahmerechte und sind häufig der Willkür von Arbeitgebern und Behörden schutzlos ausgeliefert. Allerdings wird ihre Anwesenheit in vielen Ländern toleriert, da sie einen ökonomischen Beitrag leisten, auf den aus Rentabilitätsgründen viele Arbeitgeber und aus Standorterwägungen auch viele Politiker nicht verzichten wollen. In einigen Ländern werden die illegalen Zuwanderer daher zwar in ihrem prekären Rechtsstatus belassen, es wird ihnen aber gleichzeitig eine soziale Grundversorgung zugestanden, wie etwa Mexikanern in den USA, und damit dokumentiert, daß ihre Anwesenheit geduldet wird. Einige Länder, beispielsweise Frankreich, führen zudem in unregelmäßigem Abstand Legalisierungsaktionen durch, die wiederum häufig eine Vorstufe für die schließlich legale dauerhafte Niederlassung ist.

1.2 Die großen Wanderungstrends

Die oben angesprochene Tatsache, daß der größte Teil der Migranten und Flüchtlinge seine Herkunftsregion nicht verläßt, hat zwar weltweite Gültigkeit. Es ist allerdings ebenfalls festzustellen, daß eine zunehmende Anzahl von Wanderern Zuflucht und Beschäftigung in geographisch weit entfernten Weltregionen sucht. Ein kurzer, notgedrungen äußerst lückenhafter Überblick über die wichtigsten weltweiten Wanderungstrends verdeutlicht diese Gleichzeitigkeit von Regionalisierung und Globalisierung.

Westeuropa[13]

Die wichtigsten Trends des Wanderungsgeschehen der letzten 15 Jahre in den westeuropäischen Staaten sind die *Zunahme des ausländischen Bevölkerungsteils*, die *Diversifizierung der zugewanderten Nationalitäten* sowie die *Tendenz zur dauerhaften Niederlassung* der Zugewanderten.

Die Bevölkerungsstatistiken aller Staaten der Region zeigen für diesen Zeitraum eine deutliche *Zunahme der ausländischen Bevölkerung*, und zwar sowohl in absoluten Zahlen als auch hinsichtlich des Anteils an der Gesamtbevölkerung.[14] In einigen Ländern, wie in Dänemark, Finnland, Italien und Österreich, hat sich ihr Anteil sogar mehr als verdoppelt, was nicht nur auf Zuwanderungen zurückzuführen ist, sondern auch auf den Geburtenüberschuß der ausländischen Bevölkerung. Dies wird deutlich, wenn man die aktuellen Zuwanderungstrends betrachtet: Obwohl die meisten Staaten seit 1992 oder 1993 eine Stabilisierung der legalen Zuwanderungen verzeichnen – etwa Belgien, Dänemark, Großbritannien und Luxemburg – oder gar einen Rückgang, wie Deutschland, Frankreich, die Niederlande, Norwegen, Schweden und die Schweiz, hat der Umfang der ausländischen Bevölkerung zugenommen.[15]

---

[13]   Zur besseren Vergleichbarkeit der Migrationstrends in den verschiedenen Weltregionen werden hierunter die Mitgliedstaaten der Organisation für wirtschaftliche Zusammenarbeit und Entwicklung (OECD) ohne USA, Kanada und Australien zusammengefaßt.

[14]   Vgl. *OECD*, SOPEMI. Trends in International Migration. Annual Report 1996, Paris 1997, S. 218 und die früheren SOPEMI-Berichte.

[15]   Anzumerken ist, daß dieser Trend nur für die offiziell registrierte Zuwanderung gilt; über die Entwicklung der illegalen Zuwanderung geben die Statistiken naturgemäß keine Auskunft.

Neben dieser Stabilisierung lassen sich hinsichtlich der quantitativen Entwicklung der Zuwanderung drei weitere aktuelle Trends beobachten: eine Abnahme der Zahl der Asylbewerber, eine anhaltend große Bedeutung des Familiennachzuges und eine steigende Zuwanderung von temporären und hochqualifizierten Arbeitskräften.

Die Reduzierung der Zahl der Asylbewerber ist darauf zurückzuführen, daß die westeuropäischen Staaten seit 1992 ihr Asylrecht verschärft haben und die mittel- und osteuropäischen Staaten durch eine Vielzahl von bi- und multilateralen Regelungen in ein System eingebunden haben, das nur noch denjenigen Flüchtlingen die Möglichkeit eines Asylantrages einräumt, die aus Staaten kommen, die nicht die Genfer Flüchtlingskonvention und die Menschenrechtskonvention der Vereinten Nationen unterzeichnet haben, und die auf ihrem Reiseweg nicht durch Länder gekommen sind, die diese Konventionen unterzeichnet haben.[16] Diese Verschärfung war eine Reaktion auf die starke Zunahme der Zuwanderung von Asylbewerbern seit Mitte der achtziger Jahre, die insbesondere in Deutschland, Großbritannien, den Niederlanden, Österreich und Schweden für heftige innenpolitische Auseinandersetzungen gesorgt hatte.

Die Bedeutung des Familiennachzuges läßt sich statistisch nur schwer nachweisen, da die meisten Staaten diese Zuwanderung entweder gar nicht, wie zum Beispiel die Bundesrepublik, oder nur teilweise – wie zum Beispiel Schweden – erfassen und offiziell ausweisen. Die vorliegenden Daten zur Zuwanderung von Asylbewerbern und Arbeitsmigranten lassen aber die Schätzung zu, daß der Familiennachzug derzeit in allen westeuropäischen Staaten mindestens ein Drittel, in einigen Staaten sogar mehr als die Hälfte der Zuwanderungen ausmacht.

Die westeuropäischen Staaten lassen zwar keine dauerhafte Zuwanderung von Arbeitsmigranten mehr zu, wohl aber fördern die meisten Staaten temporäre Arbeitsmigration, da diese die Flexibilität des Arbeitsmarktes erhöht und sektorale Engpässe ausgleichen kann. Die rechtlichen Grundlagen für die Beschäftigung solcher Arbeitskräfte, deren Aufenthaltserlaubnis in der Regel an die Dauer der Arbeitsverträge gebunden ist, sind in den einzelnen Ländern sehr unterschiedlich, wobei Aufenthalte von drei Monaten bis zu vier Jahren gestattet werden und in einigen Fällen die temporären Zuwanderer sogar ihren Status in einen dauerhaften Aufenthalt umwandeln können. Größere Programme für die Beschäftigung von Facharbeitern, Saisonarbeitern, Auszubildenden und Studenten gibt es unter

---

[16]   Vgl. *OECD*, SOPEMI-Report 1997, S. 19 (Anm. 14).

anderem in Deutschland, wo 1995 193 000 Arbeitskräfte hauptsächlich aus mittel- und osteuropäischen Staaten beschäftigt wurden, in Frankreich, das im gleichen Jahr etwa 10 000 Arbeitskräfte aus dem nordafrikanischen Raum anwarb, in der Schweiz, wo 54 000 Saisonarbeitskräfte beschäftigt waren, zudem noch in den Niederlanden und in Großbritannien. Generell ist in allen Staaten vor allem eine Zunahme der Beschäftigung von qualifizierten und hochqualifizierten temporären Arbeitskräften festzustellen, auch wenn die Statistiken wegen der sehr unterschiedliche Kategorisierung dieser Arbeitskräfte einen direkten Vergleich erschweren. Die Gründe für diese Zunahme liegen nicht nur in der staatlichen Förderung beispielsweise des internationalen akademischen Austausches, sondern auch in der Herausbildung interner Arbeitsmärkte multinationaler Firmen.

Der zweite Trend, die *Diversifizierung der Nationalitäten der zugewanderten Bevölkerung*, wird in zwei Aspekten deutlich. Zum einen hat im hier betrachteten Zeitraum in fast allen westeuropäischen Staaten die Zahl der EU-Bürger zugenommen, besonders stark in Dänemark, Portugal und Spanien. Dieses Bild muß allerdings relativiert werden: Wenn man diese Zunahme in Beziehung zum überall sehr viel größeren Wachstum der Bevölkerung aus Nicht-EU-Staaten setzt, wird sichtbar, daß der Anteil der EU-Bürger an der ausländischen Gesamtbevölkerung in allen Aufnahmeländern stagniert, und in einigen Fällen, wie in Belgien, Finnland, Frankreich und Schweden, sogar zurückgegangen ist. Damit wird auch deutlich, daß sich die früheren Hoffnungen vieler westeuropäischer Regierungen, mit zunehmender europäischer Integration werde sich auch die grenzüberschreitende Mobilität der EU-Bürger erhöhen, nur zum Teil erfüllt haben.[17]

Für die Zunahme der ausländischen Bevölkerung aus Nicht-EU-Staaten sind vor allem zwei Ereignisse verantwortlich: der Zusammenbruch des sowjetischen Herrschaftssystems mit der damit verbundenen neuen Reisefreiheit der Mittel- und Osteuropäer und der Krieg im ehemaligen Jugoslawien, der Hunderttausende zur Flucht auch in die westeuropäischen Staaten zwang. So haben vor allem Deutschland, Österreich, die Nieder-

---

[17] Im April 1997 stellte die EU-Kommission die Ergebnisse einer Studie zur Mobilität in der EU vor. Danach hielten sich 1996 lediglich 1,5 % der Gesamtbevölkerung von 370 Mio. Personen in einem anderen EU-Land auf (gegenüber 12,5 Mio. Ausländern aus Nicht-EU-Staaten). Als Hindernisse der Arbeitskräftemobilität identifizierte die Studie administrative Schwierigkeiten, sprachliche Barrieren, Hürden beim Familiennachzug und Unsicherheit bei Steuerfragen und der sozialen Absicherung. Vorgeschlagen wurde u.a. die Schaffung einer Jahresaufenthaltskarte, bessere Informationen über die Freizügigkeitsrechte und Anstrengungen zur Verbesserung der Transparenz der Arbeitsmärkte. Vgl. Neue Zürcher Zeitung, 19.-20.4.1997.

lande und Schweden Flüchtlinge aus dem ehemaligen Jugoslawien und Migranten aus den mittel- und osteuropäischen Ländern aufgenommen, während in den südeuropäischen Staaten insbesondere die Zahl der Zuwanderer aus Afrika, Asien und Lateinamerika sowie die Zahl der sich dauerhaft niederlassenden Nordeuropäer zugenommen hat.

Ein weiterer Indikator für die zunehmende Diversifizierung der ausländischen Bevölkerung ist das Aufbrechen geographischer Wanderungsmuster. So ist Frankreich zwar immer noch das Hauptaufnahmeland für Flüchtlinge und Migranten aus Nordafrika und insbesondere für Algerier, aber Tunesier und Marokkaner lassen sich zunehmend auch in anderen westeuropäischen Ländern nieder, beispielsweise in Belgien, Deutschland, Italien, den Niederlanden und Spanien. Dies gilt auch für Zuwanderer aus dem ehemaligen Jugoslawien: Deutschland ist nach wie vor das wichtigste Aufnahmeland, aber eine erhebliche Zahl lebt nun auch in Österreich, der Schweiz, Italien und Frankreich sowie in den nordeuropäischen Staaten und in Griechenland. Auch türkische Migranten verteilen sich auf eine größere Zahl von Aufnahmeländern. Sie stellen in Deutschland mit über 2 Millionen Zuwanderern immer noch ein Drittel, in Frankreich und den Niederlanden aber bereits schon ein Viertel und in Österreich ein Fünftel der gesamten Zuwanderer.[18]

Schließlich ist, als dritter Trend des Migrationsgeschehens in den westeuropäischen Staaten, eine *Tendenz zur dauerhaften Niederlassung der Zuwanderer* zu beobachten. Für die Verstetigung des Aufenthalts, welche die westeuropäischen Staaten entgegen ihrer Intention zu faktischen Einwanderungsländern gemacht hat, sind drei Ursachen verantwortlich: Erstens die Folgen der Anwerbung temporärer Arbeitsmigranten in den sechziger und siebziger Jahre, die entgegen der damals verfolgten Rotationsvorstellung nicht in ihre Herkunftsländer zurückkehrten, sondern ihren Aufenthalt per Familiennachzug allmählich zu einer dauerhaften Niederlassung verlängerten, was von den Aufnahmeländern aus humanitären und ökonomischen Gründen auch geduldet wurde.[19] Zweitens ließen einige Staaten Einwanderungen aus ihren ehemaligen Kolonialgebieten oder ihrem ehemaligen Staatsgebiet zu. Drittens nahmen einige Länder eine große Zahl von Flüchtlingen auf, die in der Regel aus humanitären Gründen auch dann im Land geduldet wurden, wenn die Verfolgungssituation in ihrem Heimatland nicht mehr bestand.

---

[18] Vgl. *OECD*, SOPEMI-Report 1997, S. 30 f (Anm. 14).

[19] Vgl. zum deutschen Beispiel Kapitel 2.2.

Diese Entwicklung zu faktischen, aber nicht-intendierten Einwanderungsländern gilt auch für die ehemaligen südeuropäischen Anwerbeländer. Sie erfahren mittlerweile selbst erhebliche Einwanderung, hauptsächlich von illegalen Zuwanderern aus Nordafrika.

Osteuropa und die ehemalige UdSSR

Das Wanderungsgeschehen in Osteuropa war jahrzehntelang durch den Ost-West-Gegensatz und durch eine rigide staatliche Steuerung bestimmt. Trotzdem gab es umfangreiche Wanderungsbewegungen: In den vier Jahrzehnten vor dem Zusammenbruch des Sowjetimperiums wanderten 12 bis 13 Millionen Menschen aus der Region aus, der größte Teil von ihnen entweder aufgrund bilateraler Abkommen mit westlichen Aufnahmeländern, oder in den kurzen Phasen, in denen einzelne Länder, wie beispielsweise Polen, die Ausreisebestimmungen lockerten. Ein geringerer Teil verließ als Flüchtlinge die Region, zum Teil unter schwierigsten Bedingungen. Zudem gab es zwischen den ökonomisch unterschiedlich erfolgreichen Ostblockstaaten in erheblichem Umfang Arbeitsmigration und Tourismus, die allerdings ebenfalls strikter staatlicher Steuerung unterlagen. Dieses Wanderungssystem erstreckte sich auf den gesamten sozialistischen Wirtschaftsbereich, auch auf weit entfernte Staaten wie Mosambik, Kuba, Chile und Vietnam. Lediglich einige Reformstaaten, wie das ehemalige Jugoslawien und zeitweise auch Ungarn und Polen, gestatteten in einigen Phasen Tourismus und eine begrenzte Arbeitsmigration nach Westeuropa.

Die Öffnung der Grenzen seit 1989 beendete dieses Migrationssystem. Seitdem hat sich die Zahl der souveränen Staaten in der Region verdreifacht, und die schwierigen politischen und ökonomischen Transformationsprozesse zu demokratischen Regierungsformen und marktwirtschaftlichen Wirtschaftsordnungen haben in vielen Gebieten zu politischer Instabilität, ethnischen Spannungen, wirtschaftlicher Not und kriegerischen Auseinandersetzungen geführt. Als Folge haben sich die Wanderungsbewegungen vervielfacht. Drei Trends lassen sich trotz der sehr unterschiedlichen Situation in den betroffenen Staaten erkennen: *Erstens* ist die gesamte Region seit Beginn der neunziger Jahre ein Auswanderungsgebiet. Alle Staaten mit Ausnahme der Russischen Föderation verzeichnen eine Nettoauswanderung, die sich allein von 1991 bis 1993 auf mehr als 2,5 Millionen Menschen summiert hat.[20] Hierzu trugen vor allem Migranten und Flücht-

---

[20] Vgl. *United Nations Economic Commission for Europe/United Nations Population Fund* (Hrsg.), International Migration in Central and Eastern Europe and the Commonwealth

linge aus Albanien, Rumänien und dem ehemaligen Jugoslawien bei, aus denen in diesem Zeitraum – sehr vorsichtig geschätzt – etwa 1,5 Millionen Menschen hauptsächlich in die westeuropäischen Staaten auswanderten. Auch die Russische Föderation hat erhebliche Auswanderungen zu verzeichnen, in erster Linie die von deutschstämmigen Aussiedlern und von Juden. Der dennoch positive Wanderungssaldo Rußlands, der seit der Auflösung der Sowjetunion im Dezember 1991 jährlich zugenommen hat und 1993 550 000 Personen betrug, ist auf die Zuwanderung eines Teils der 25 Millionen ethnischer Russen zurückzuführen, die in den Nachfolgestaaten der Sowjetunion zu Minderheiten geworden sind und die nun, als vermeintliche Vertreter der oftmals verhaßten russischen Herrschaft, Diskriminierungen und sozialen Abstieg befürchten. Diese Rückwanderung ist bereits einem *zweiten Trend* zuzurechnen, der Zunahme der Migration zwischen den Staaten der Region. Zu dieser haben auch noch Fluchtbewegungen aufgrund kriegerischer Auseinandersetzungen beigetragen, wie zwischen Armenien, Aserbaidschan und Rußland und zwischen Bosnien-Herzegowina, Kroatien und der Bundesrepublik Jugoslawien, sowie eine Vervielfachung der kurz- oder mittelfristigen Arbeitsmigration insbesondere aus Weißrußland, Rußland und Ukraine nach Polen und in andere osteuropäische Staaten und einer Zunahme des grenzüberschreitenden Kleinhandels mit Konsumgütern. *Drittens* ist das Gebiet zum Ziel von illegal eingereisten oder sich illegal aufhaltenden Transitwanderern geworden, aus der ehemaligen Sowjetunion, aber auch aus Asien und Afrika, die in Westeuropa bessere Lebensbedingungen suchen. Für 1993 wurde die Zahl dieser Transitmigranten in Polen auf 100 000, in der Tschechischen Republik auf 100 000 bis 140 000, in Bulgarien auf 50 000 und in Rumänien auf 42 000 Menschen geschätzt.[21] Der wichtigste Grund für diese Zunahme war die Aufhebung der vormals strengen Grenzkontrollen. Viele der osteuropäischen Staaten und der Nachfolgestaaten der Sowjetunion waren in den ersten Jahren nach der Auflösung des Sowjetimperiums technisch und finanziell nicht in der Lage und auch politisch nicht bereit, die strikten Grenzregime weiter zu führen. Die Folge war, daß viele Grenzen in der Region problemlos ohne gültige

---

of Independent States, (Economic Studies Nr. 8), New York/Genf, 1996, S. 14 f.

[21] Vgl. ebd., S. 8 sowie die vom *Migration Information Programme* der *IOM* in Budapest veröffentlichten Studien „Transit Migration in Bulgaria" (März 1994), „Transit Migration in the Czech Republic" (Mai 1994), „Transit Migration in Poland" (April 1994), „Transit Migration in Ukraine" (August 1994), „Transit Migration in the Russian Federation" (Juli 1994), „Transit Migration in Hungary" (Dezember 1994).

Reisedokumente überschritten werden konnten. Erst in jüngster Zeit werden – zum Teil mit logistischer und finanzieller Hilfe der westeuropäischen Staaten – wieder Grenzkontrollen aufgebaut.

Australien, Kanada, USA

Die klassischen Einwanderungsländer Australien, Kanada und USA steuern die Einwanderung durch Quoten, die Obergrenzen für Zuwanderungen aus ökonomischen, sozialen und humanitären Gründen festlegen.

In *Australien* ist diese Steuerung sehr wirkungsvoll, vor allem bedingt durch die geographische Lage des Kontinents und durch eine strenge Kontrolle. Im Rahmen des Einwanderungsprogramms 1996 wurden 97 500 Personen aufgenommen, davon 60 Prozent als Familienangehörige, 25 Prozent als Arbeitskräfte und 16 Prozent als Flüchtlinge, womit die Planvorgaben relativ genau eingehalten wurden.[22] Hinzu kamen 83 000 zumeist hochqualifizierte temporäre Arbeitsmigranten und deren Familienangehörige, 60 000 ausländische Studenten und 182 000 Ausländer, die im Rahmen eines neuen Temporary Business Programme, das für die Dauer von fünf Jahren eine beliebig häufige Einreise für einen höchstens dreimonatigen Aufenthalt gestattet, einreisten. Illegale Zuwanderung gibt es aufgrund der geographischen Lage Australiens vor allem durch Überschreitungen der Visagültigkeit, die Tendenz ist aber abnehmend, von geschätzten 90 000 Personen im Jahr 1990 auf 48 000 im Dezember 1995.

Bei einer nur leicht gestiegenen Zahl der Zuwanderer hat sich die geographische Herkunft der Einwanderer in den letzten 25 Jahren grundlegend gewandelt: Während die Zahl der europäischen Einwanderer nur um etwa 10 Prozent zunahm, verdreifachte beziehungsweise verfünffachte sich die Zuwanderung aus Afrika und Asien.[23]

In *Kanada* ist seit Anfang der neunziger Jahre eine Abschwächung der Zuwanderung zu beobachten. 1992 wurden noch 252 000 Einwanderer registriert, die Schätzungen für 1996 liegen bei höchstens 204 000 Personen. 1995 wurden 212 000 Einwanderer zugelassen, wovon Arbeitsmigranten 39 Prozent, nachziehende Familienangehörige 37, Flüchtlinge 14 und Geschäftsleute 10 Prozent ausmachten.[24] Ein Fünftel dieser Zuwanderer

---

[22] Vgl. *OECD*, SOPEMI-Report 1997, S. 68 (Anm. 14).

[23] Vgl. Robert *Birrell*, Immigration Control in Australia, in: *Annals of the American Academy of Political and Social Science*, Nr. 534, 1994, S. 106-117, hier: S. 112.

[24] Vgl. *OECD*, SOPEMI-Report 1997, S. 84 (Anm. 14).

stammte aus Europa und etwa die Hälfte aus Asien, womit sich ein seit Mitte der sechziger Jahre zu beobachtender Trend zunehmender Einwanderung aus Asien fortsetzte. Entgegen dieser tendenziellen Verschiebung der geographischen Herkunft der Einwanderer und auch im Widerspruch zur politischen Brisanz des Themas zeigen die Statistiken eine weitgehend unveränderte ethnische Zusammensetzung der kanadischen Bevölkerung: Bei einem Einwandereranteil von 16 Prozent rechneten sich 1991 85 Prozent einer europäischen Abstammung zu, hingegen nur 6 Prozent einer asiatischen oder afrikanischen Herkunft.

In den *USA* werden solche Personen als Einwanderer definiert, die das Recht zur dauerhaften Niederlassung haben und die US-amerikanische Staatsbürgerschaft beantragen können. Alle anderen legal im Lande befindlichen Ausländer werden in den Statistiken als „Non-Immigrants" bezeichnet. Deren Zahl ist in den letzten Jahren stetig gestiegen und umfaßte 1995 22 Millionen Personen, von denen 78 Prozent Touristen, 15 Prozent Geschäftsreisende und 2 Prozent temporäre Arbeitskräfte waren, die zum Teil aber über mehrjährig gültige Visas verfügten.[25] Die Zahl der Einwanderer hingegen hat seit 1991 kontinuierlich abgenommen, von 1,8 Millionen auf 720 000 Personen im Jahre 1995, was vor allem auf das Auslaufen der durch den *Immigration Reform and Control Act* von 1986 ermöglichten Legalisierung irregulärer Migranten und auf die Beendigung der Nachzugsfrist ihrer Familienmitglieder zurückzuführen ist. Der Familiennachzug ist schon seit Jahren die wichtigste legale Einwanderungsform und machte 1995 64 Prozent der Einwanderer aus, während Flüchtlinge 16 und Arbeitsmigranten 12 Prozent der Einwanderer stellten. Zum Umfang der illegalen Einwanderung liegen nur grobe Schätzungen vor, die beispielsweise im Oktober 1996 von 5 Millionen Menschen ausgingen, die entweder ohne gültige Reisedokumente ins Land gekommen waren oder die Dauer ihrer Visa rechtswidrig überschritten hatten.

Die ethnische Struktur der ausländischen Bevölkerung in den USA hat sich in den letzten beiden Jahrzehnten grundlegend verändert. Bei einer deutlichen Zunahme der im Ausland geborenen Bevölkerung – auf 9,3 Prozent im Jahre 1996 – ist von 1970 bis 1990 der Anteil der in Europa Geborenen von 59 auf 22 Prozent zurückgegangen, während sich im gleichen Zeitraum der Anteil der karibischen Einwanderer von 5 auf 10 Prozent verdoppelt hat, und sich der von Mexikanern von 8 auf 22 Prozent

---

[25] Vgl. ebd., S. 173.

und von asiatischen Zuwanderern von 8 auf 25 Prozent verdreifacht hat. Stark zugenommen hat auch die Zahl der Einbürgerungen, von 250 000 im Jahre 1992 auf 1 Million im Jahre 1996. Mexikaner stellen mit derzeit etwa 15 Prozent die größte Gruppe unter den Antragstellern. Die gegenwärtige politische Diskussion dreht sich um die Bekämpfung der illegalen Einwanderung, um die langfristigen Folgen der veränderten ethnischen Zusammensetzung der Immigranten und um die Frage, ob und wie die Zuwanderung nach ökonomischen Kriterien stärker gefördert werden sollte.

Asien

Das gegenwärtige Wanderungsgeschehen in den asiatischen Staaten ist vor allem durch zwei Trends bestimmt: Zum einen ist die Region als Ganzes und mit zunehmender Tendenz ein *Auswanderungsgebiet*, vor allem für Arbeitsmigranten und Flüchtlinge, die in die OECD-Staaten wandern, zum anderen nehmen auch die *innerasiatischen Wanderungsbewegungen* aufgrund des großen wirtschaftlichen Wachstums, der regionalen Integration und der strukturellen Wandlungen der Arbeitsmärkte stark zu.

Die wichtigsten Zielgebiete der *Auswanderung* sind nach wie vor die klassischen Aufnahmeländer Australien, Kanada und die USA, sowie im europäischen OECD-Gebiet Frankreich und Großbritannien. Auch die oben schon angesprochene derzeitige ethnische Zusammensetzung der Einwanderer in Nordamerika und in Australien zeigt, daß diese Zuwanderung traditionellen Mustern folgt: In allen drei Staaten sind China, Indien, die Philippinen und Vietnam die Hauptherkunftsgebiete, in den USA zudem Japan und Korea, in Australien und Kanada auch noch Hongkong. Dies gilt auch für Frankreich, wo schon seit Anfang der achtziger Jahre Kambodscha, Vietnam und Laos den größten Teil der asiatischen Zuwanderer stellen, und in Großbritannien, für das Indien, Pakistan, Bangladesch und Hongkong die wichtigsten Herkunftsländer waren und sind. Aber die Zunahme der Auswanderung aus der Region ist nicht nur auf eine Ausweitung der traditionellen Wanderungsbewegungen zurückzuführen, sondern auch auf die Entwicklung neuer Wanderungsbewegungen, und zwar sowohl hinsichtlich neuer Herkunftsländer, sichtbar zum einen in der stark gestiegenen Einwanderung von Malaysiern, Bangladeschern, Pakistanern und Srilankanern in die USA oder von Malaysiern, Srilankanern und Indonesiern nach Australien, zum anderen in der Verteilung der asiatischen Zuwanderer auf neue Aufnahmeländer. So haben in Deutschland, Frankreich und Großbritannien, in den Niederlanden und in den nordeuropäischen Staaten Zuwanderungen aus Vietnam, Laos, Kambodscha, Pakistan und Sri Lanka quantitativ stark zugenommen, in den südeuropäischen Staaten die von Philippinern, Chinesen und Indern. Eine ähnliche Diversifizierung ist auch in Japan zu beobachten, wo vor allem chinesische, philippinische und thailändische Zuwanderer die immer noch dominierende Zuwanderung von Koreanern ergänzen.

Bezüglich der *Wanderungen zwischen den asiatischen Staaten* ist zu konstatieren, daß es neben den umfangreichen Fluchtbewegungen vor allem aus Burma, Kambodscha, Laos, Sri Lanka und Vietnam in die Nachbarländer auch noch eine umfangreiche Arbeitsmigration gibt, die zudem häufig mit den transkontinentalen Wanderungen verwoben ist: Einige Staaten, wie zum Beispiel die Republik Korea, erleben einen dramatischen Wandel von einem Auswanderungs- zu einem Einwanderungsland, andere Staaten erfahren eine erhebliche Auswanderung in andere Kontinente und importieren gleichzeitig Arbeitskräfte aus anderen asiatischen Ländern.[26] Insbesondere die Schwellenländer sind sowohl Importeure als auch Exporteure von Migranten. So nimmt Malaysia Arbeitsmigranten aus Indonesien auf, versorgt aber gleichzeitig den Arbeitsmarkt in Singapur.

Dabei verfolgen die ökonomisch besser entwickelten Staaten, vor allem Japan, eine restriktive Zuwanderungspolitik. Die strikte Zuwanderungskontrolle trotz des großen Bedarfs an billiger Arbeitskraft stärkt die Anreize für illegale Einwanderung, die in allen diesen Ländern sehr hoch ist. Ein Charakteristikum der Wanderungen in der Region ist die bedeutende Rolle von staatlichen und privaten Vermittlungsagenturen. So wird geschätzt, daß 97 Prozent der philippinischen und thailändischen Arbeitsmigranten und 60 Prozent derjenigen aus Bangladesch durch Agenturen vermittelt werden. In allen Entsendestaaten spielen die Rücküberweisungen der Arbeitsmigranten eine wichtige volkswirtschaftliche Rolle: so erhalten 20 Prozent der philippinischen Haushalte Überweisungen von im Ausland arbeitenden Familienangehörigen, deren Summe mindestens 20 Prozent der gesamten philippinischen Exporte ausmacht.[27]

---

[26] Vgl. zum Überblick: Gary *Silverman*, Les migrations de main-d'oeuvre en Asie du Sud-Est, in: *Problèmes économiques*, Nr. 2491, 23.10.1996, S. 20-24 und Gildas *Simon*, Géodynamique des migrations internationales dans le monde, Paris 1995, S. 373 ff. Zur Übersicht über das Problem der chinesischen Minderheiten in Südostasien vgl. Harish *Kapur*, Les minorités chinoises en Asie du Sud-Est: Problèmes d'intégration, in: *Relations Internationales*, Nr. 88, 1996, S. 427-436.

[27] Vgl. *OECD*, SOPEMI-Report 1997, S. 48 (Anm. 14).

Während die karibischen Staaten reine Auswanderungsländer sind, entwickeln sich die Wanderungsströme in Mittelamerika vielfältiger. In den letzten beiden Jahrzehnten gab es zwischen diesen Staaten umfangreiche Arbeitskräftewanderungen, vor allem von Salvadorianern nach Guatemala, Honduras und Mexiko, gleichzeitig auch erhebliche Fluchtbewegungen aufgrund der Bürgerkriege in Guatemala, El Salvador und Nikaragua, die nun, nach der politischen Stabilisierung der mittelamerikanischen Staaten seit Anfang der 90er Jahre, die Regierungen in der Region und die internationale Gemeinschaft vor erhebliche Probleme hinsichtlich der Repatriierung dieser Flüchtlinge stellt. Bestimmend ist aber die Massenauswanderung in die USA, die sich aus der gesamten Region speist.[28]

Grundlegend gewandelt hat sich das Wanderungsgeschehen in Argentinien und Venezuela. Argentinien erlebte bis Mitte der siebziger Jahre starke Zuwanderung aus den Nachbarstaaten, Venezuela aufgrund des Ölbooms bis Mitte der achtziger Jahre. In jüngster Zeit haben beide Länder, nach tieferen Rezessionen, aufgrund der verbesserten Wirtschaftslage wieder eine Nettozuwanderung, wobei aber insbesondere die Zuwanderung qualifizierter Arbeitskräfte nicht ausreicht. Beide Länder denken daher über eine Anwerbung von Arbeitskräften in Osteuropa nach.[29]

Afrika

Zum Wanderungsgeschehen in den meisten afrikanischen Staaten liegen nur wenige Statistiken vor. Aufgrund der häufig grenzübergreifenden ethnischen Siedlungsgebiete und der traditionell mobilen Lebens- und Wirtschaftsformen sind viele afrikanischen Grenzen durchlässiger als die anderer Weltregionen. Deutlich ist aber, daß der afrikanische Kontinent der am stärksten von Massenwanderungen betroffene ist und daß die dortigen Staaten in sehr unterschiedlicher Weise durch Migration und Flucht belastet werden. Während die ostafrikanischen Staaten Äthiopien, Sudan, Somalia,

---

[28] Vgl. A. Escobar *Latapi*, Emigration Dynamics in Mexico, Central America and the Caribbean, Konferenzpapier für die IOM-Konferenz „Managing International Migration in Developing Countries", Genf, 28.-29.4.1997.

[29] Vgl. zur Information über Wanderungsbewegungen in Lateinamerika die Zeitschrift der IOM, *Revista de la OIM sobre migraciones en America Latina* (fortlaufend).

Burundi, Ruanda und Tansania infolge der Bürgerkriege in der Region zu Herkunfts- und auch zu Aufnahmeländern von Flüchtlingen geworden sind, und zwar in Größenordnungen, die erhebliche Destabilisierungsgefahren für die einzelnen Staaten und die gesamte Region beinhalten, haben zentralafrikanische Länder wie die Zentralafrikanische Republik, Kamerun und Kongo Arbeitskräfte vor allem für die Plantagenwirtschaft und die Ölproduktion aufgenommen. Die ökonomisch besser entwickelten Staaten Westafrikas, insbesondere Nigeria und Côte d'Ivoire, haben Arbeitsmigranten aus Burkina Faso, Mali und Togo importiert. Nigeria und Ghana haben zugleich auch höher qualifizierte Arbeitskräfte in die Industrieländer geschickt.

Die Republik Südafrika wirbt zwar gegenwärtig nicht mehr in größerem Umfang in den Nachbarländern Arbeitskräfte für die schlecht bezahlten und gefährlichen Arbeitsplätze im Bergbau an, die Arbeitsmigration dorthin ist aber noch nicht zum Erliegen gekommen. Zudem gibt es einen umfangreichen *brain drain* aus den ärmeren Gebieten des südlichen Afrikas in die Republik Südafrika.[30]

Golfstaaten

Seit Mitte der siebziger Jahre ist der schon damals weltweit beispiellos hohe Anteil ausländischer Arbeitskräfte in den Golfstaaten noch weiter gewachsen. In Bahrain war der Anteil 1990 mit 51 Prozent der Arbeitskräfte am geringsten, in Quatar mit 92 Prozent am höchsten. In diesem Zeitraum änderte sich die geographische Herkunft der Arbeitsmigranten grundlegend: Die Vorherrschaft der Arbeitskräfte aus der arabischen Region, vor allem aus Palästina und Ägypten, wurde in den siebziger Jahren durch Anwerbung von weitaus billigeren indischen und pakistanischen Arbeitskräften abgelöst. In den achtziger Jahren wurde verstärkt auf Migranten aus Ostasien zurückgegriffen, hauptsächlich auf Chinesen, Philippiner und Koreaner. Im Zusammenhang mit dem Golfkrieg mußten etwa drei Millionen Palästinenser, Ägypter und Jemeniten die Golfstaaten verlassen.

Bis zum Golfkrieg war die Migrationskontrolle nur schwach ausgebildet, viele Arbeitskräfte aus arabischen Staaten brauchten keine Visa. Gleichzeitig wurden die Arbeitsmigranten stark diskriminiert, soziale und

---

[30] Zur Auswanderungsdynamik in den afrikanischen Staaten vgl. die Sondernummer von *International Migration* über „Emigration Dynamics in Developing Countries", Nr. 3-4, 1995.

politische Rechte wurden ihnen systematisch vorenthalten. Seit dem Golfkrieg sind die Migrationsregime in allen Golfstaaten verschärft worden, vor allem wurden palästinensische Arbeitsmigranten, denen Sympathisantentum mit dem libyschen Aggressor unterstellt wurde, und Schiiten, die einer Förderung fundamentalistischer Tendenzen verdächtigt wurden, durch asiatische Arbeitskräfte ersetzt. Die Abschiebung dieser Arbeitskräfte belastete die ohnehin angespannte ökonomische und soziale Lage in den Herkunftsgebieten in extremer Weise.

Dieser kurze Überblick zeigt, daß sich die Zunahme von grenzüberschreitenden Wanderungsbewegungen nicht auf die westlichen Industriestaaten beschränkt. In allen Weltregionen ist eine Zunahme von regionalen Wanderungen und solchen über größere Entfernungen zu beobachten, mit Größenordnungen und Zuwachsraten, die diejenigen der Industriestaaten bei weitem übertreffen. In diesem Zusammenhang stellt sich die grundsätzliche Frage nach den Ursachen für die Zunahme dieser Wanderungsbewegungen.

1.3 Bestimmungsfaktoren von Wanderungsbewegungen

Wanderungsentscheidungen sind für den Einzelnen in der Regel schwerwiegende, oft auch in Fluchtsituationen langwierige Entschlüsse, das gewohnte Lebensumfeld, die Familie, die Nachbarschaft, das Land zu verlassen; Entscheidungen, die um so schwerwiegender sind, je weniger eine kurzfristige Rückkehroption besteht. Diese Entscheidungen spielen sich in einem Spannungsfeld von Individuum, Gruppe und Gesellschaft sowie zwischen Gegenwartserfahrungen und Zukunftserwartungen ab, und dementsprechend vielfältig sind die Faktoren, die in Wanderungsentscheidungen hineinspielen. Die Migrationsforschung unterscheidet üblicherweise zur Bestimmung der Wanderungsfaktoren, die auf der gesellschaftlichen Ebene wirksam sind, zwischen *Druckfaktoren*, die im Abwanderungsland wirksam sind, und *Sogfaktoren*, die vom Aufnahmeland ausgehen, und spricht von *Wanderungssystemen*, weil diese Faktoren sich oft gegenseitig bedingen und analytisch nicht immer getrennt werden können.

1.3.1 Politische Wanderungsfaktoren

Politische Faktoren haben unter den wanderungsbestimmenden Faktoren einen besonderen Stellenwert. Die Ursache ist nicht, daß politische Katastrophen grundsätzlich einen stärker existenzbedrohlichen Charakter hätten als wirtschaftliche oder ökologische Katastrophen, sondern, daß – wie oben schon angesprochen – die internationale Völkergemeinschaft die Zuständigkeiten für grenzüberschreitende Wanderungen entsprechend der Unterscheidung zwischen politischen und nicht-politischen Wanderungsmotiven definiert hat.

Der stärkste politische Druckfaktor sind Kriegs- und Bürgerkriegssituationen. Eine wesentliche Ursache für die starke Zunahme von Fluchtbewegungen ist die Gründung neuer Nationalstaaten, als langfristige Folge der Zerstörung der großen multi-ethnischen Reiche zum Jahrhundertbeginn, der Auflösung der Kolonialreiche nach Ende des Zweiten Weltkrieges und des Zerfalls der Sowjetunion. Peter J. *Opitz* unterscheidet fünf Ursachenkomplexe für Fluchtbewegungen:[31]

– Differenzen über die territoriale Abgrenzung der neuen Staaten, sichtbar beispielsweise im ehemaligen Jugoslawien oder im Krieg zwischen Armenien und Aserbaidschan,
– innerstaatliche Differenzen über die Zugehörigkeit zu den oft ethnisch heterogenen Staaten, in denen häufig Forderungen nach Selbstbestimmung von Minderheiten konfliktauslösend sind, etwa in Eritrea oder bei Kurden,
– die Legitimationsdefizite traditioneller Eliten, die sich Demokratisierungstendenzen und drohenden Verlusten ihrer Privilegien widersetzen und oft zu Menschenrechtsverletzungen greifen, wie in einigen Staaten Mittel- und Südamerikas und Afrikas,
– die Zunahme fundamentalistischer religiöser Bewegungen, vor allem in der islamischen Welt, zum Beispiel in Algerien oder Ägypten,
– das Streben von Mittelmächten nach regionaler Hegemonie, was beispielsweise Ursache des iranisch-irakischen Krieges, des Golfkrieges und der Konflikte zwischen Indien und Pakistan war.

Als zunehmend wichtiger werdender Faktor kommt noch hinzu, daß nach dem Ende des Kalten Krieges der Wille und die Fähigkeit der Großmächte zu einer strategischen, ideologisch begründeten direkten Einflußnahme in

---

[31] Vgl. Peter J. *Opitz*, Weltproblem Migration. Neue Dimensionen internationaler Stabilität, in: *Bundesministerium der Verteidigung* (Hrsg.), Reader Sicherheitspolitik. Die Bundeswehr vor neuen Herausforderungen (Ergänzungslieferung Nr. 1, 1994), S. 2-16, hier: S. 8.

Dritte-Welt-Staaten abgenommen hat. Inwieweit dies zu einem generellen Verlust an Stabilität geführt hat, kann zwar nicht beantwortet werden, daß es aber zumindest in einigen Ländern nach entfallener Unterstützung durch die Großmächte zu einem Kampf um Machtteilhabe oder Vorherrschaft zwischen ethnischen Gruppen gekommen ist, ist offensichtlich, beispielsweise in Afghanistan, Ruanda und Somalia.[32]

Diese politischen Abwanderungsfaktoren können sehr unterschiedliche Formen annehmen, von der systematischen Verfolgung mißliebiger Eliten bis zur allgemeinen Unterdrückung der Bevölkerung und flächendeckenden Menschenrechtsverletzungen, von lokalen militärischen Auseinandersetzungen zwischen Machthabern und Opposition bis zur totalen gesellschaftlichen Auflösung. Welchen Einfluß der jeweilige Grad an gesellschaftlicher Unsicherheit auf Fluchtbewegungen hat, ist nicht generalisierbar. Das Beispiel der ruandischen Hutu-Flüchtlinge nach Tansania und Zaire zeigt, daß oft Gerüchte ausreichen, um Massenfluchten in Bewegung zu setzen, das bosnische Beispiel hingegen macht deutlich, wie groß unter Umständen die Gewalt sein muß, die Menschen zur Flucht veranlaßt.

Zu den Druckfaktoren müssen zur Realisierung von Fluchtabsichten in jedem Fall Sogfaktoren kommen. In politischer Hinsicht sind dies, neben der Erwartung, in Sicherheit und ohne Verfolgung in politisch stabilen Verhältnissen leben zu können, vor allem die Zufluchtmöglichkeiten in friedlichere Landesteile und, bei grenzüberschreitenden Fluchtbewegungen, die Zutrittsmöglichkeiten zum Territorium des Aufnahmelandes. Werden diese liberal gehandhabt und wird die Information darüber in den Herkunftsgebieten verbreitet, sind transnationale Fluchtbewegungen erheblich erleichtert. Auch hierfür stehen die Beispiele Ruanda und Bosnien: Die ruandischen Flüchtlinge konnten sich sicher sein, in den Nachbarländern Aufnahme zu finden, weil die meisten afrikanischen Länder traditionell sehr aufnahmebereit für Flüchtlinge sind und Flüchtlinge ins Land lassen, obwohl die kargen Ressourcen kaum für die eigene lokale Bevölkerung ausreichen;[33] die bosnischen Flüchtlinge hingegen konnten zumindest in den späteren Phasen des Krieges nicht mehr erwarten, in den westeuropäischen Ländern und in den Nachbarländern problemlos Aufnahme zu finden.

---

[32] Vgl. auch Roger *Williamson*, The Contemporary Face of Conflict. Class, Colour, Culture and Confession, in: *Jane's Intelligence Review Yearbook*, Coulsdon, 1995, S. 8-10.

[33] Bei der Bewertung der Aufnahmebereitschaft ist allerdings auch zu berücksichtigen, daß Flüchtlinge häufig für die Regierungen der Aufnahmeländer ein Instrument sind, um an dringend benötigte Hilfsmaßnahmen der internationalen Gemeinschaft zu kommen, die immer auch der Versorgung der lokalen eigenen Bevölkerung dienen.

1.3.2 Soziokulturelle Wanderungsfaktoren

Sehr eng mit diesen politischen Faktoren verbunden sind gesellschaftliche Einflußfaktoren für Wanderungsentscheidungen. Sie werden in der Regel wirksam, wenn die Politik in den Herkunftsländern nicht in der Lage oder nicht Willens ist, Rahmenbedingungen für einen friedlichen Interessenausgleich zwischen den Gruppen zu bieten. Soziokulturelle Druckfaktoren sind zum einen ethnische Gegensätze zwischen Mehrheiten und Minderheiten, wenn Siedlungsweisen, Wirtschaftsformen, soziale Organisation und kulturelle Praktiken der Minderheiten nicht respektiert werden, zum anderen – und dies immer häufiger – Gegensätze zwischen laizistischen und religiös-fundamentalistischen Gruppen, bei denen es oft nicht nur um das Ausleben der jeweiligen Lebensformen geht, sondern auch um die Frage, wie Staat und Gesellschaft organisiert sein sollen. Die zunehmende Flucht von laizistischen Intellektuellen vor den Morddrohungen islamischer Fundamentalisten im Iran, in Algerien und in einer Reihe weiterer Länder des „islamischen Gürtels" von Marokko bis in die zentralasiatischen Länder ist ein dramatisches Beispiel für diesen Aspekt.

Auf der anderen Seite wirkt als Sogkraft die Attraktivität von modernen liberalen Gesellschaften, welche die Trennung von Staat und Kirche vollzogen haben oder in denen zumindest Religionsfreiheit herrscht, und in denen die bürgerlichen Freiheiten eingehalten werden.[34] Eine weitere Anziehungskraft sind geringe ethnokulturelle Distanzen zwischen den Flüchtlingen und den Aufnahmegesellschaften. Dies gilt auch für alle anderen Migrantengruppen: wird die gleiche Sprache gesprochen, ist die Schul- und Berufsausbildung ähnlich, ist zudem eine Akzeptanz bei der einheimischen Bevölkerung vorhanden, wird die Zuwanderung erheblich erleichtert. Die Zielländer beispielsweise von maghrebinischen und westafrikanischen Intellektuellen, die nach französischem Muster organisierte Schulen und Universitäten besucht haben und für die Französisch Muttersprache ist, oder von britisch akkulturierten Commonwealth-Angehörigen sind eindeutig kulturell determiniert.

Ein sehr wichtiger Sogfaktor ist die Existenz von Netzwerken. Die empirische Migrationsforschung zeigt, daß Wanderungen in der Regel nicht chaotisch verlaufen, sondern Mustern folgen – dies läßt sich nicht nur für Arbeitskräftewanderungen feststellen, sondern auch für Fluchtbewegungen.

---

[34] Vgl. Jürgen *Fijalkowski*, Das Migrationsproblem in Europa, in: Cord *Jakobeit* / Asplanar *Yenal* (Hrsg.), Gesamteuropa. Analysen, Probleme und Entwicklungsperspektiven, Bonn 1993, S. 613-633, hier: S. 614 ff.

Wanderungen fallen leichter, wenn Informationen über den Wanderungs-
weg und über die Situation im Aufnahmeland vorliegen, wenn personelle
oder infrastrukturelle Anknüpfungspunkte vorhanden sind.[35]

1.3.3 Ökonomische Wanderungsfaktoren

Ökonomische Gründe sind zweifellos die wichtigste Wanderungsursache;
demographische, ökologische, ethnisch-kulturelle und auch politische Wan-
derungsmotive werden häufig erst im Zusammenspiel mit wirtschaftlichen
Gründen wirksam. Selbst Flüchtlinge, die im Sinne der GFK als politische
anerkannt werden, können durchaus auch ökonomische Gründe für ihre
Flucht haben: dann nämlich, wenn die Regime der Herkunftsländer aus
politischen Gründen ihre wirtschaftliche Lebensgrundlage zerstört haben.
Die Schwierigkeit, ökonomische von nicht-ökonomischen Wanderungsfaktoren zu unterscheiden, zeigt sich nicht zuletzt in der Debatte um
„Wirtschaftsflüchtlinge", das heißt, um Flüchtlinge, denen unterstellt wird,
politische Gründe für ausschließlich wirtschaftlich motivierte Wanderungen
vorzugeben.
Diese Verflechtungen erschweren die Bestimmung von ökonomischen
Wanderungsfaktoren, die außerdem stark vom jeweiligen analytischen
Bezugsrahmen und von der normativen Grundlage der Analyse beeinflußt
sind. Für die makroökonomische Analyse der Zuwanderungsfaktoren aus
der Perspektive der westeuropäischen Aufnahmeländer bietet sich an, nach
dem Zusammenhang mit wirtschaftlichem Wandel zu fragen. Es ist offensichtlich, daß hier kurzfristige konjunkturelle Entwicklungen, mittelfristige
Änderungen der Produktionsorganisation und Wirtschaftsstruktur und
schließlich auch noch grundlegende strukturelle Gegebenheiten der Volkswirtschaften eine Rolle spielen.[36]

---

[35] Die Beispiele sind zahlreich: der Zusammenhang war bei den deutschen Massenauswande-
rungen des 19. Jahrhunderts in die Vereinigten Staaten zu beobachten, er galt für die
Zuwanderung der Siebenbürger Sachsen aus dem rumänischen Karpatenbogen während
der *Ceaucescu*-Herrschaft, die umfangreiche *communities* in Süddeutschland bildeten, und
er gilt auch für polnische Schwarzarbeiter, die mit Touristenvisen nach Berlin kommen
und sich als Handwerker oder Dienstmädchen rotierend Arbeitsplätze und Wohnungen
teilen. Vgl. zu den neuen Wanderungsformen, die sich im Kontext der jüngsten Ost-West-
Wanderungen herausgebildet haben Mirjana *Morokvasic* / Hedwig *Rudolph* (Hrsg.), Wanderungsraum Europa. Menschen und Grenzen in Bewegung, Berlin 1994.

[36] Vgl. unter anderem Anthony *Fielding*, Mass Migration and Economic Restructuring, in:

Konjunkturschwankungen haben in den letzten Jahrzehnten die Zuwanderung nach Westeuropa stark beeinflußt. In den Aufschwungphasen sind, mit staatlicher Unterstützung oder zumindest stillschweigender Duldung, ausländische Arbeitnehmer angeworben worden. Da sich die westeuropäischen Länder nicht als Einwanderungsgesellschaften verstehen, sind diese Migranten in der Regel mit kurzfristigen Aufenthalts- und Arbeitserlaubnissen beschäftigt worden. In der Praxis hat sich die Aufenthaltsdauer dieser Zuwanderer aber verstetigt; zum einen, weil die Arbeitgeber wegen zu hoher Kosten kein Interesse an Rotationsmodellen hatten, zum anderen, weil die Migranten wegen schlechter Rückkehrperspektiven im Land bleiben wollten. Allerdings zeigen die Wanderungsstatistiken auch, daß vor allem in länger andauernden konjunkturellen Krisen Rückwanderungen stattfanden.

Diese kurzfristigen konjunkturellen Schwankungen werden überlagert von mittelfristigen Änderungen in der Produktionsorganisation und Wirtschaftsstruktur der aufnehmenden Länder. Für die westeuropäischen Länder können hierzu drei Phasen unterschieden werden: In den fünfziger und sechziger Jahren entstand in den westeuropäischen Ländern eine regionale Spezialisierung auf bestimmte Wirtschaftssektoren und Produkte, die zu starken Wanderungsbewegungen zwischen den durch Handelsmärkte integrierten Regionen führten. Eine wachsende Nachfrage nach bestimmten Gütern (Autos) und eine abnehmende Nachfrage nach anderen Gütern (Kohle) führte dann zu erhöhter Arbeitskräftenachfrage in den Wachstumsregionen und entsprechenden Migrationen aus den benachteiligten Regionen.

Konzernbildungen und strategische Produktionsverlagerungen international arbeitender Unternehmen bedingten in den sechziger und siebziger Jahren die Konzentration von Leitungsfunktionen der Konzerne auf wenige Großstädte und die Auslagerung von Produktionsstandorten in europäische Peripheriegebiete oder die Dritte Welt. Diese internationale Arbeitsteilung führte dazu, daß die großen Städte und Ballungsgebiete viele der industriellen Arbeitsplätze verloren und daß der Bedarf an schlecht ausgebildeten industriellen Arbeitskräften nachließ. Andererseits wurden diese Gebiete zum Ziel von hochqualifizierten Arbeitskräften und von niedrig qualifizierten Arbeitskräften im Dienstleistungssektor.[37] Insgesamt hatten

---

Russell *King* (Hrsg.), Mass Migration in Europe. The Legacy and the Future, London 1993, S. 7-18, hier: S. 11 ff.

[37] Vgl. hierzu Saskia *Sassen*, The Mobility of Labour and Capital: A Study in International Investment and Labor Flows, New York 1988 sowie *dies.*, The Global City, New York

36

viele der Ballungsgebiete während dieser Phase Wanderungsverluste zu verzeichnen, während einige der Herkunftsregionen Wanderungsgewinne durch Rückwanderungen hatten.

Die Produktionsform, welche die Zu- und Rückwanderungen dieser Phasen bestimmte, war hauptsächlich die Massenproduktion von standardisierten Gütern für Massenmärkte. Diese Produktionsweise wird seit Mitte der siebziger Jahre überlagert und ergänzt durch eine zunehmende Spezialisierung und Flexibilisierung der Produktionsformen. Welche Auswirkungen dies mittelfristig auf Wanderungsbewegungen haben wird, ist noch nicht abzusehen.[38]

Schließlich werden Wanderungsbewegungen noch von einem dritten makroökonomischen Faktor bestimmt, von grundlegenden und langfristigen Strukturen. Hierzu gehören vor allem die tiefgehenden sozialen Ungleichheiten zwischen den verschiedenen Weltregionen, welche die hochindustrialisierten Länder zu Gebieten werden lassen, in denen Zuwanderer bessere Lebenschancen haben. Auch wenn sie schlechtere Bedingungen vorfinden als Einheimische, bietet diese räumliche Mobilität den Zuwanderern doch unter bestimmten Umständen eine Chance zum sozialen Aufstieg.

Allerdings beeinflußt nicht nur die Produktionsstruktur die Wanderungsbewegungen, sondern auch umgekehrt bestehen Zusammenhänge. Erstens kann Zuwanderung zur Behebung von Arbeitskräftemangel, zu Wachstum und damit auch zu Investitionen in die Produktentwicklung, in neue Produktionsmethoden und in neue Standorte führen. Es ist aber auch möglich, daß Zuwanderung die Reorganisation von Arbeit in Richtung auf arbeitssparende Verfahren und damit produktionstechnische Modernisierung bremst: die Zuwanderer können in traditioneller Weise benutzt werden, um unveränderte Produkte und Dienstleistungen zu produzieren.

Bezogen auf die Auswanderungsländer wiederum kann massive Auswanderung eine ökonomische Restrukturierung fördern, indem in kapitalintensive Produktionsformen investiert wird. Aber auch hier ist das Gegenteil möglich: abgestützt durch Rücküberweisungen der im Ausland arbeitenden Arbeitskräfte kann die lokale Ökonomie auch unverändert überleben.

---

u.a. 1990 und *dies.*, Metropolen des Weltmarkts. Die neue Rolle der Global Cities, Frankfurt/New York 1996.

[38] Vgl. A. *Fielding*, Mass Migration and Economic Restructuring, S. 14 (Anm. 24) und Hans-Jürgen *Bieling*, Nationalstaat und Migration im „Postfordismus". Gewerkschaften vor der Zerreißprobe, Marburg 1993.

Zweitens kann Massenzuwanderung durch die Veränderung der sozialen Zusammensetzung der Arbeitskraft Gelegenheiten für die Produktion neuer Güter und Dienstleistungen eröffnen. Hierfür ist die Revitalisierung heruntergekommener städtischer Gebiete durch *ethnic business* ein Beispiel. Andererseits kann sie die Attraktivität bestimmter Regionen für neue Investitionen ändern. Dies kann unterschiedliche Folgen haben; im Fall der Zuwanderung hochqualifizierter Arbeitskräfte kann dies zu Investitionen in High-Tech-Technologien führen, in anderen Fällen kann sie durchaus eben diese Investitionen verhindern.

All diese makroökonomischen Wanderungsfaktoren werden aber nur unter zwei Bedingungen wirksam. Zum einen müssen sie auf eine entsprechende individuelle Disposition des Migranten treffen. Zur Erklärung der Prozesse, die zur Ausreiseentscheidung des potentiellen Migranten führen, sind handlungstheoretische Modelle entwickelt worden.[39] Sie umfassen den gesamten Prozeß von der ersten Informationssammlung bis zum abschließenden Abwägen der Vor- und Nachteile der Auswanderung. Zum anderen müssen aber auch die Herkunftstaaten die Auswanderung zulassen und die Zielländer die Möglichkeit der Einreise und des Aufenthalts bieten. Hierbei ist zu bedenken, daß beide Wanderungen unter den Bedingungen eines liberalen Rechtsstaates nicht verhindert werden können. Abwanderungsverbote sind lediglich unter repressiven politischen Systemen denkbar, vollständige Zuwanderungsverhinderung ebenfalls. Die in den westlichen Staaten verfolgte Politik, keine Einwanderungsländer sein zu wollen, ist nicht mit einer Politik der Zuwanderungsverhinderung zu verwechseln: in allen westlichen Ländern wird lediglich die Legalität der Zuwanderung verhindert, nicht aber die Zuwanderung selbst, die illegale Formen annimmt. Ein ganz entscheidender Zuwanderungsfaktor ist damit, welchen *Bedarf* die Aufnahmegesellschaft signalisiert: hat der Migrant begründete Hoffnung, eine Beschäftigung zu finden, ist dies der wichtigste wanderungsauslösende Faktor.

---

[39] Vgl. etwa Thomas *Straubhaar*, On the Economics of International Labour Migration, Bern 1988.

38

1.3.4 Demographische Wanderungsfaktoren

Die Bevölkerungsentwicklung ist kein eigenständiger wanderungs-auslösender Faktor, sie wird erst wirksam, wenn bestimmte ökonomische und ökologische Konstellationen vorliegen. Als langfristige Rahmen-bedingung beeinflußt sie sowohl interne als auch grenzüberschreitende Wanderungsbewegungen.

Entscheidende Größen sind die Geschwindigkeit und die regionale Verteilung des Bevölkerungswachstums. Zwar hat sich das jährliche welt-weite Bevölkerungswachstum seit einigen Jahren bei etwa 1,7 Prozent stabi-lisiert und die durchschnittlichen Geburtenraten haben leicht abgenommen, durch das Bevölkerungswachstum der jüngsten Vergangenheit wird der stärkste Zuwachs der Weltbevölkerung aber erst um die Jahrtausendwende eintreten. Die Bevölkerungsprognosen der Vereinten Nationen gehen in der mittleren Variante von einer Steigerung der derzeitigen Weltbevölkerung von 5,6 Milliarden auf 10 Milliarden im Jahre 2050 aus, und erst danach von einer Stabilisierung. Dieser Zuwachs wird zu 95 Prozent in den Entwick-lungsländern stattfinden, da die industrialisierten Länder zum Teil rückläu-fige Bevölkerungsentwicklungen aufweisen. Bis zum Jahr 2025 wird die Bevölkerung in Asien um 43 Prozent, in Lateinamerika und der Karibik um 47 Prozent und in Afrika um 105 Prozent zunehmen.[40] Verschieben wird sich dementsprechend auch die Altersstruktur der Bevölkerung: In Afrika südlich der Sahara und in Südasien wird auch im Jahr 2025 der Anteil der unter 15jährigen noch knapp 40 Prozent der Bevölkerung ausmachen, in Europa, Nordamerika, Ostasien und der früheren Sowjetunion wird er nicht mehr als 20 Prozent betragen. Hingegen wird in diesen Ländern die Zahl der über 65jährigen stark zunehmen und sich einer ähnlichen Größen-ordnung annähern.

Dieser schnelle Bevölkerungszuwachs forciert vor allem in den armen Ländern interne Wanderungsbewegungen, in erster Linie eine Landflucht in die Städte. Im Jahre 2000 werden 40 Prozent der Bevölkerung der Entwick-lungsländer in Städten leben, ein zunehmender Teil davon in Megastädten mit mehr als zehn Millionen Einwohnern, deren Verwaltungen immer weniger in der Lage sein werden, den Einwohnern auch nur ein Minimum an Infrastruktur zu bieten.[41] Die Überbevölkerung auf dem Land, begin-

---

[40] Vgl. *Bevölkerungsfonds der Vereinten Nationen*, Bevölkerungsbericht 1995, Bonn 1995, S. 76 ff; Stanley P. *Johnson*, World Population – Turning the Tide. Three Decades of Pro-gress, London u.a. 1994, S. 235 ff.

[41] Vgl. *UNDP*, Bericht über die menschliche Entwicklung 1995, Bonn 1995, S. 202 ff.

nende agrarindustrielle Umstrukturierungen mit der Tendenz abnehmender Beschäftigungszahlen in der Landwirtschaft sowie sinkende Erträge infolge von Übernutzung und verstärktem Anbau von *cash crops* haben auch die Migrationsmuster in vielen Entwicklungsländern verändert: waren vor einigen Jahren noch Pendelmigration und ein zeitlich befristeter Aufenthalt in der Stadt für viele Landbewohner eine Möglichkeit, das Familieneinkommen zu verbessern, verstetigen nun die schlechten Perspektiven auf dem Land, die größere Konkurrenz um Arbeitsmöglichkeiten in den Städten und die damit sinkenden Verdienstmöglichkeiten die Niederlassung in den Ballungsgebieten. Interne Wanderungsbewegungen werden damit immer häufiger zu dauerhafter Zuwanderung.

Für den Zusammenhang von Bevölkerungswachstum und grenzüberschreitenden Wanderungen gilt das gleiche wie für Landflucht und Verstädterung: auch hier führt nicht die Bevölkerungszunahme allein zu Migrationen, sondern lediglich in Kombination mit anderen Faktoren. Allerdings verstärkt ein schnelles Bevölkerungswachstum über einen gewissen Zeitraum bestimmte Alterskohorten, die dann später synchron auf den Arbeitsmarkt und den Wohnungsmarkt drängen und entsprechend stark die sozialen Infrastrukturen in Anspruch nehmen, worauf viele der Herkunftsgesellschaften nicht vorbereitet sind. Ein aktuelles Beispiel ist die derzeitige Entwicklung in Algerien und in Ägypten, wo die Arbeitslosigkeit unter städtischen Jugendlichen mittlerweile ein so großes Ausmaß angenommen hat, daß von einer „verlorenen Generation" gesprochen wird. Generell ist aber im Rückblick auf die transnationalen Migrationen der jüngeren Vergangenheit kein unmittelbarer Zusammenhang zwischen Bevölkerungswachstum und Auswanderungsbewegungen festzustellen; die Länder, aus denen in den letzten Jahren größere Wanderungen nach Westeuropa und Nordamerika gekommen sind, die Türkei, Marokko und Mexiko, wiesen im Vergleich zu ihren Nachbarstaaten geringere Bevölkerungswachstumsraten auf.

Demographische Entwicklungen in den Aufnahmeländern können auch als Sogfaktoren wirksam werden. Hier sind ebenfalls nur mittelbare Zusammenhänge denkbar, etwa wenn ein starker langfristiger Bevölkerungsrückgang vorliegt, der zu einem Mangel an Arbeitskräften führt. Wenn dieser nicht rechtzeitig durch Rationalisierung und Modernisierungsmaßnahmen aufgefangen werden kann und damit der Erhalt der sozialen Sicherungssysteme in Frage gestellt wird, wäre denkbar, daß zur Füllung dieser Lücken Zuwanderung gestattet wird. Eine solche Politik kann temporär ausgerichtet sein, wie etwa bei der „Gastarbeiterpolitik" der Bundesrepublik in den fünfziger und sechziger Jahren und der Arbeitskräfteanwerbepolitik in vielen anderen industrialisierten Ländern während starker ökonomischer Aufschwungphasen, etwa in den Golfstaaten bis zum Golfkrieg, sie kann aber auch auf eine dauerhafte Einwanderung angelegt sein, wie in den klassischen Einwanderungsländern Australien, Kanada und den Vereinigten Staaten.

All diesen Anwerbe- und Einwanderungspolitiken liegen zwar demographische Prozesse zugrunde, sie wirken aber immer nur als Hintergrundkraft: in der jüngeren Geschichte hat kein Land eine Einwanderungspolitik explizit mit der Bevölkerungsentwicklung begründet. Dies könnte sich in Zukunft mit den Überalterungskrisen hochindustrialisierter Gesellschaften ändern, wenn man die gegenwärtige Diskussion in der Bundesrepublik über eine Einwanderungspolitik zur Sicherung der Renten- und Sozialversicherungssysteme betrachtet.[42]

1.3.5 Ökologische Wanderungsfaktoren

Ökologische Katastrophen hingegen können durchaus ein eigenständiger Faktor für Migrationen sein, der unter bestimmten Umständen unabhängig von der demographischen und wirtschaftlichen Entwicklung wirksam wird. Die Beispiele für natürliche Katastrophen, die zu Wanderungsbewegungen geführt haben, sind zahlreich, hierzu gehören Überschwemmungen, Vulkanausbrüche, Erdbeben, Dürren und Wirbelstürme. Diese Fluchtbewegungen sind in der Regel zeitlich begrenzt, die Flüchtlinge bleiben in der Region oder als *displaced persons* im Land. Zunehmend häufiger und von den Folgen her sehr viel gravierender sind Naturkatastrophen, die auf anthropogenen, also menschlich mitverursachten, Umweltschäden basieren. Hierzu zählt die langfristige Zerstörung von Acker- und Weideland in Folge von übermäßiger Landnutzung und von Störungen des Wasserhaushaltes, sowie die Häufung schwerer Überschwemmungen durch ökologische Degradierung der Böden und fehlerhafte Eingriffe in die Wasserwirtschaft. Wanderungsauslösend können außerdem Umweltzerstörungen durch militärische Aktivitäten, durch großflächige Umweltverschmutzung, durch Ausdehung von industriellen oder landwirtschaftlichen Produktionsflächen

---

[42] Vgl. St. *Angenendt*, Der Beitrag der Ausländer zur Gesundheitsversorgung und Sozialsicherung in der Bundesrepublik Deutschland: Defizitthema in der Ausländerforschung, in: *VdK* (Hrsg.), Gesundheitsversorgung - Ohne Ausländer nicht gesichert?, München 1992, S. 26-33.

sowie durch Ressourcenverknappung, etwa bei Trinkwasser, sein.[43]

Der Umfang der durch Umwelteinflüsse ausgelösten Wanderungen läßt sich nicht präzisieren, die vorliegenden Schätzungen reichen bis zu 50 Millionen Umweltflüchtlinge im engen Sinn und bis zu einer Milliarde Menschen, die im weitesten Sinn durch Umwelteinflüsse aus ihren Wohngebieten vertrieben worden sind. Auch lassen sich langfristig die weltweiten Entwicklungen nicht prognostizieren, weil ökologische Wanderungsfaktoren in der Regel mit demographischen und wirtschaftlichen Wanderungsursachen zusammenfallen.[44] So ist nicht abzusehen, wie sich eine eventuelle globale Klimaveränderung aufgrund von Zerstörungen der Ozonschicht und eine Aufheizung der Atmosphäre auf aride Gebiete und flache Küstenregionen auswirken könnte.

Sicher ist aber, daß einige Weltgebiete heute schon stark und künftig in noch weitaus dramatischerer Weise von natürlichen und anthropogenen Umweltkatastrophen betroffen sein werden. Dazu gehören einige Gebiete in Asien, in denen zunehmend Überschwemmungen drohen, wie etwa in Bangladesch, wo nicht zuletzt aufgrund umfangreicher Abholzungen im Himalaya die regelmäßigen Flutkatastrophen nun zunehmend durch Überschwemmungen verstärkt werden. Betroffen ist auch das südliche Afrika, wo derzeit rund 135 Millionen Menschen akut durch Desertifikation und Dürrekatastrophen bedroht sind, dazu gehören aber auch die bislang wenig bekannten ökologischen Katastrophen in der ehemaligen Sowjetunion, unter anderem die radioaktive Verseuchung ganzer Landesteile durch eine unzureichend gesicherte zivile und militärische Nutzung von Nuklearanlagen – die Reaktorkatastrophe im ukrainischen Tschernobyl war möglicherweise nur ein Vorbote.

Diese Vielfalt von migrationsbeeinflussenden Faktoren und deren Zusammenhang muß beachtet werden, wenn Wanderungsbewegungen analysiert und prognostiziert werden sollen. Die sachliche und räumliche Interdependenz der Wanderungsfaktoren macht deutlich, daß die Bestimmung von Zuwanderungspotentialen für bestimmte Phasen und Gebiete ein Kernproblem der Migrationsforschung ist. Im folgenden Kapitel soll daher

---

[43] Vgl. Manfred *Wöhlcke*, Umweltflüchtlinge. Ursachen und Folgen, München 1992, S. 14 und Günther *Bächler*, Umweltflüchtlinge als Konfliktpotential?, Münster 1994.

[44] Vgl. Herwig *Birg*, Weltbevölkerungswachstum, Entwicklung und Umwelt. Dimensionen eines globalen Dilemmas, in: *Aus Politik und Zeitgeschichte*, Nr. B 35-36, 2.9.1994, S. 21-35, *ders.*, Die Weltbevölkerung. Dynamik und Gefahren, München 1996, und Klaus M. *Leisinger*, Hoffnung als Prinzip. Bevölkerungswachstum: Einblicke und Ausblicke, Basel 1993.

gefragt werden, welche begründeten Aussagen sich über die für Deutschland und Europa relevanten Zuwanderungspotentiale machen lassen.

1.4 Zuwanderungspotentiale für Deutschland und Europa

Schätzungen von Zuwanderungspotentialen sind methodisch problematisch. Die Prognosen müssen mit so vielen Prämissen versehen werden, daß die Aussagekraft stark eingeschränkt ist. Während die Vorhersagen zur Bevölkerungsentwicklung mittelfristig in der Regel recht zuverlässig sind, weil die Einflußfaktoren bekannt sind, bleiben die meisten anderen Annahmen über die wirtschaftliche, politische und gesellschaftliche Entwicklung der jeweiligen Länder sehr spekulativ. Dies gilt in besonderem Maße für Länder, die tiefgreifende Transformationsprozesse erleben, wie die Länder des ehemaligen Ostblocks, und für Länder mit latenten oder manifesten politischen Krisen, wie einige der nordafrikanischen Länder.

Zudem sind Voraussagen von Wanderungsbewegungen politisch prekär. Dramatisierende Prognosen können als außenpolitisches Druckmittel eingesetzt werden und innenpolitisch einen sachlichen Umgang mit Migrationen erheblich erschweren. Verharmlosende Vorhersagen können verhindern, daß Konzepte entwickelt und angemessene Instrumente und Ressourcen zum Umgang mit Wanderungsbewegungen bereitgestellt werden.

Diese Vorbehalte sind bei Prognosen von Wanderungsbewegungen zu bedenken. Quantitative Angaben sollten gemacht werden, wenn alle wesentlichen Einflußfaktoren erfaßt werden können und wenn verläßliches statistisches Material vorliegt. In allen anderen Fällen aber sollte sich eine verantwortungsvolle Prognose auf qualitative Aussagen zur Struktur künftiger Wanderungsbewegungen beschränken.

1.4.1 Ost- und Südosteuropa

In allen ost- und südosteuropäischen Ländern wird das künftige Migrationsverhalten der Bevölkerung entscheidend von den Erfolgen bei der Transformation von Wirtschaft und Gesellschaft zu Marktwirtschaft und Demokratie abhängen. Auf diesem Weg sind die einzelnen Länder sehr unterschiedlich weit fortgeschritten, was jeweils zu einer spezifischen Ausprägung von Wanderungspotentialen führt. Diese werden zum Teil noch durch wanderungsverstärkende Faktoren wie lokale Konflikte, ethnische Spannungen und ökologische Katastrophen beeinflußt.

Am weitesten entwickelt ist der Reformprozeß in Polen, Ungarn und der Tschechischen Republik. Die Systemtransformation ist in diesen Ländern allerdings unterschiedlich weit gediehen. Festzustellen ist vor allem eine Diskrepanz zwischen dem politisch-institutionellen Systemwechsel, der in allen Ländern relativ weit vorangekommen ist,[45] und dem ökonomischen Systemwechsel, der naturgemäß sehr viel mehr Zeit in Anspruch nimmt.[46]

Polen hat als erstes Land die ökonomische Transformation begonnen und besonders schmerzhafte Anpassungsprozesse durchlebt. Die von der damaligen Regierung unter Tadeusz *Mazowiecki* seit der Jahreswende 1989/90 verfolgte radikale Stabilisierungspolitik hat in den Folgejahren zwar zu einer drastischen Reduzierung der Hyperinflation geführt, das Bruttoinlandsprodukt (BIP), die Reallöhne und die Investitionen aber bis 1992 deutlich zurückgehen lassen. Erst seit 1993 sind deutliche Besserungstendenzen zu verzeichnen: Das Wirtschaftswachstum hat 1994 5,2 und 1995 6,5 Prozent betragen, die Arbeitslosigkeit ist im gleichen Zeitraum von 16 auf 14,9 Prozent zurückgegangen und die Inflationsrate ist bis Juni 1996 auf unter 20 Prozent gesunken.[47]

Ungarn hat hingegen nach 1989 keine radikalen Reformen vorgenommen. Die begrenzten, schrittweisen Reformen haben jedoch bereits früh einen prosperierenden privaten Sektor geschaffen, der mit seinem Modernisierungspotential für die positive wirtschaftliche Entwicklung verantwortlich ist. Das Land hat seit 1994 ein durchschnittliches jährliches reales Wirtschaftswachstum von 2 Prozent, die Inflation hat 1995 28,2 Prozent betragen, mit deutlichen Besserungstendenzen für 1996, die Arbeitslosigkeit war in den letzten drei Jahren mit 10,9 Prozent gleichbleibend. Die Möglichkeiten einer schnellen wirtschaftlichen Erholung Ungarns werden

---

[45] Vgl. Gerhard *Seewann*, Migration in Osteuropa, in: St. *Angenendt* (Hrsg.), Flucht und Migration (Anm. 3); Gerhard *Mangott* / Hanspeter *Neuhold*, Six Reformist Countries on the Road to Transition, in: Hanspeter *Neuhold* / Peter *Havilk* / Arnold *Suppan* (Hrsg.), Political and Economic Transformation in East Central Europe, Boulder 1995, S. 329-354.

[46] Vgl. zur Übersicht über die wirtschaftliche Entwicklung unter anderem Vince *Cable*, Key Trends in the European Economy and Future Scenarios, in: Hugh *Miall* (Hrsg.), Redefinig Europe. New Patterns of Conflict and Cooperation, London 1994, S. 89-112 und *European Bank for Reconstruction and Development* (Hrsg.), Transition Report (fortlaufend).

[47] Vgl. zu diesen und den folgenden Makrodaten die *Länderberichte* des Statistischen Bundesamtes (fortlaufend) sowie Helga *Herberg*, Strategien und Hauptergebnisse der Transformation in Polen, Berlin 1996, *Ost- und Mitteleuropa Verein*, Jahresbericht 1995, Hamburg 1996, und u.a. *Neue Zürcher Zeitung*, vom 26.7.1996.

aber durch die Beibehaltung des großen staatlichen Sektors, vor allem in der industriellen Produktion, behindert, den eine stark rückläufige Produktivität auszeichnet, und der dafür verantwortlich sein wird, daß das Wirtschaftswachstum in den nächsten Jahren nur langsam zunehmen wird.

In der ehemaligen *Tschechoslowakei* wurde erst 1991 mit Reformen begonnen, die dann allerdings radikale Formen annahmen. Es wurde eine restriktive Haushaltspolitik verfolgt, die Preise wurden weitgehend freigegeben, die Krone abgewertet und der Außenhandel liberalisiert. Gleichzeitig wurde eine umfassende Privatisierungspolitik vollzogen. Diese Politik führte zwar zu positiven Ergebnissen hinsichtlich der Geldentwertung und dem Außenhandel, ließen aber zunächst Produktion und Realeinkommen abstürzen und die Arbeitslosigkeit zunehmen – insbesondere im slowakischen Landesteil. Am 1. Januar 1993 erfolgte die politische Spaltung des Landes in die Tschechische und die Slowakische Republik, vor allem auf Betreiben der tschechischen Seite, die unter anderem hoffte, durch die Eigenständigkeit die ökonomischen Bedingungen für einen späteren EU-Beitritt zu verbessern. In der Tschechischen Republik hat das Wachstum des BIP in den letzten drei Jahren kontinuierlich zugenommen. Die Arbeitslosigkeit ist zwar gesunken, ist derzeit aber immer noch hoch, ebenso wie die Inflationsrate.

Zusammenfassend ist festzuhalten, daß in Polen, Ungarn und der Tschechischen Republik der Rückgang des BIP aufgehalten werden konnte und daß sich in Polen und der Tschechischen Republik der Beschäftigungsabbau verlangsamt hat. In Polen ist auch die Reallohnentwicklung nicht mehr negativ, in der Tschechischen Republik und in Ungarn zeichnen sich hierzu Erholungstendenzen ab. Insgesamt stellt sich die ökonomische Entwicklung in Polen, Ungarn und der Tschechischen Republik an Hand der OECD-Indikatoren[48] positiver dar als in der Slowakischen Republik, diese hängt in allen Bereichen nach. Zu bedenken ist aber, daß die Arbeitslosigkeit in allen Ländern – mit Ausnahme der Tschechischen Republik – hoch ist und in den nächsten Jahren mit der Fortsetzung der Modernisierung und einem starken Arbeitsplatzabbau bei insolventen Staatsbetrieben noch zunehmen wird.[49]

---

[48] Vgl. *OECD*, OECD Economic Outlook (fortlaufend).

[49] Vgl. auch die Einschätzungen von I. *Samson*, Le prix élevé du passage à l'économie de marché, in: *Le Monde diplomatique*, November 1994, S. 4-5.

In den anderen südosteuropäischen Staaten, mit denen die EU Assoziationsabkommen geschlossen hat, in Bulgarien, Rumänien und in Albanien, ist der Transformationsprozeß weitaus weniger vorangeschritten. In *Bulgarien* haben im November 1996 die Wahl des konservativen Oppositionskandidaten Petar *Stojanow* zum Staatspräsidenten und im April 1997 die Wahl von Iwan *Kostow*, dem Vorsitzenden der „Union Demokratischer Kräfte", zum neuen Ministerpräsidenten die politische Transformation im Sinn eines geordneten Machtwechsels nach einem demokratischen Verfahren zwar formal abgeschlossen, insgesamt sind aber die politischen Verhältnisse bislang noch nicht so stabil, daß von einer endgültigen Konsolidierung gesprochen werden kann. Dies gilt auch für *Rumänien*, wo in den letzten Parlamentswahlen ein konservatives Oppositionsbündnis die Mehrheit in beiden Kammern des Parlamentes errang und der Konservative Emil *Constantinescu* zum Präsidenten gewählt wurde. In beiden Ländern ist auch der ökonomische Transformationsprozeß stark verlangsamt. Es besteht noch ein großer unrentabler staatlicher Sektor, dessen Auflösung in den nächsten Jahren in beiden Ländern zu einem dramatischen Anstieg der Arbeitslosigkeit führen dürfte.[50] Die in Bulgarien noch schlechteren, schlechthin katastrophalen Wirtschaftsdaten, sichtbar in einer hohen Inflationsrate, einer niedrigen Produktivität, sowie einem Fehlen von sozialen Sicherungssystemen und einer erschreckenden Umweltbelastung führen dazu, daß ein zunehmender Teil der Bevölkerung – aktuelle Schätzungen gehen von bis zu 70 Prozent aus – in Armut und Krankheit lebt. Die Verschlechterung der Lebensbedingungen führt zu politischer Polarisierung, zur Verstärkung nationalistischer Tendenzen und könnte möglicherweise auch zu ethnischen Konflikten führen, wenn die politischen Auseinandersetzungen entlang ethnischer Trennungslinien ausgetragen würden.

Albanien konnte von 1992 bis 1996 eine gewisse wirtschaftliche Stabilisierung verzeichnen, allerdings auf sehr niedrigem Niveau. Die Armut in Form von Wohnungslosigkeit, Krankheit und Unterernährung war und ist allgegenwärtig. Im Februar 1997 kam es nach dem Zusammenbruch mehrerer Banken, die mit unseriösen Geschäftspraktiken Zehntausende von Kleinanlegern um ihren Besitz gebracht hatten, zu Massenprotesten und Aufständen gegen die Regierung, die den Ausnahmezustand verhängte. Die wochenlang anhaltenden Kämpfe ließen die Versorgung

---

[50] Vgl. Gerhard *Seewann*, Migration in Südosteuropa, in: St. *Angenendt*, Migration und Flucht, S. 60-70 (Anm. 3).

46

vollends zusammenbrechen und zwangen Zehntausende Albaner zur Flucht insbesondere nach Italien. Erst mit der von Italien geführten OSZE-Militäroperation „Alba", in deren Verlauf 6 000 Soldaten die Verteilung von Hilfsgütern sicherten, und der Ankündigung von Präsident Sali *Berisha*, Neuwahlen durchführen zu wollen, stabilisierte sich die Lage. Aber auch nach dem Rücktritt *Berishas* und der Amtsübernahme durch den Sozialisten Rexhep *Mejdani* im Juli 1997 und der Einsetzung der Regierung von Fatos *Nano* blieb die ökonomische und soziale Situation im Lande angespannt. Die Fluchtbewegungen nach Italien setzten sich trotz verschärfter italienischer Kontrollen in den albanischen Hafenstädten und an der italienischen Küste fort.

Bulgarien, Rumänien und Albanien sind im Gegensatz zu Polen, Ungarn und der Tschechischen Republik Gebiete, aus denen es in den letzten Jahren umfangreiche Auswanderungen gegeben hat.[51] Aus Albanien sind allein von 1990 bis 1993, nach dem Zusammenbruch des stalinistischen Regimes, wegen der katastrophalen Versorgungslage 300 000 Menschen, rund ein Zehntel der Bevölkerung, ausgewandert, vor allem nach Griechenland und Italien, und nach der jüngsten Krise nochmals Zehntausende, allein von Januar bis August 1997 mehr als 16 000 Personen nach Italien.[52] Aus Bulgarien und Rumänien gab es umfangreiche Auswanderungen von ethnischen Minderheiten, aus Bulgarien vor allem ethnische Türken (von 1989 bis 1992 rund 380 000, insgesamt 595 000 Personen), aus Rumänien etwa 420 000 Menschen, vor allem Deutsche, Ungarn, Juden, und Roma. Befragungen, die in den drei Ländern 1992 und 1993 von nationalen und internationalen Organisationen durchgeführt wurden, geben die Auswanderungspotentiale wie folgt an: 77 Prozent der Albaner würden auswandern, um einige Monate in einem anderen Land zu arbeiten, 71 Prozent, um einige Jahre dort zu arbeiten, und 21 Prozent, um endgültig dort zu leben. Die entsprechenden Zahlen für Bulgarien lauten: 28, 20 und 6 Prozent. 10 Prozent der Rumänen würden definitiv auswandern.[53]

---

[51]   Zu den Abwanderungsabsichten von Albanern und Bulgaren vgl. auch *IOM*, Profiles and Motives of Potential Migrants. An IOM Study Undertaken in Four Countries: Albania, Bulgaria, Russia and Ukraine, Genf 1993.

[52]   Der albanische Finanzminister Dylber *Vrioni* schätzte 1994 die Zahl der zumeist illegal im Ausland arbeitenden Albaner auf 300 000 bis 400 000; die Überweisungen dieser Arbeitsmigranten hätten 1994 zwischen 250 und 300 Mio. US-Dollar betragen. Vgl. *International Herald Tribune*, 23.12.1994.

[53]   Die Angaben stammen von Gerhard *Seewann* vom Südosteuropa-Institut in München, der aber auf die grundsätzliche Problematik solcher Umfragen hinweist.

1.4.2 Die Freizügigkeitsproblematik

Auch in Polen, Ungarn und der Tschechischen Republik gibt es erhebliche Migrationspotentiale, für deren Realisierung entscheidend sein wird, wie sich die derzeit schon privilegierten Beziehungen dieser Länder zur EU entwickeln werden. Mit allen drei Ländern (und der Slowakischen Republik) hat die EU bereits seit 1991 Assoziationsabkommen geschlossen und ihnen in den Präambeln dieser Europa-Verträge[54] zugesagt, sie könnten EU-Mitglieder werden, wenn sie bereit und fähig seien, den gemeinschaftlichen Rechtsbestand, den *acquis communautaire*, zu übernehmen und sie sich am gemeinschaftlichen Binnenmarkt sowie an der Gemeinsamen Außen- und Sicherheitspolitik (GASP) und der Gemeinsamen Innen- und Justizpolitik (GIJP) beteiligen würden.[55]

Im Juli 1997, nach dem Amsterdamer Gipfel der Staats- und Regierungschefs über die Reform der EU, schlug die Europäische Kommission vor, ab 1998 Beitrittsverhandlungen mit Polen, Ungarn, der Tschechischen Republik, Slowenien, Estland und Zypern zu führen. Während dieser Verhandlungen soll dann die wirtschaftliche und politische Entwicklung in diesen Staaten und der Grad der Angleichung der Gesetzgebung an die der EU geprüft werden.

Bislang aber sind die Europaabkommen die einzig relevante Vertragsgrundlage für das künftige Verhältnis dieser Staaten zur EU. Die Abkommen dienen ausdrücklich dem Zweck, den Beitrittskandidaten die wirtschaftliche und institutionelle Anpassung zu ermöglichen. Den Beitrittsländern wird angeboten, daß die EU ihre Märkte einseitig schneller für Importe öffnet, um Wettbewerbsnachteile der mittel- und osteuropäischen

---

[54] Vgl. „Europa-Abkommen zur Gründung einer Assoziation zwischen den Europäischen Gemeinschaften sowie ihren Mitgliedstaaten und der Republik Polen" vom 16.12.1991, sowie die entsprechenden Abkommen mit Ungarn und der ehemaligen Tschechoslowakei (vom gleichen Datum) und mit Rumänien (1.2.1993) und Bulgarien (8.3.1993), vgl. Peter *van Ham*, The EC, Eastern Europe and European Unity. Discord, Collaboration and Integration Since 1947, London 1993, S. 197.

[55] Generell gilt als Voraussetzung für eine Mitgliedschaft, daß in diesen Ländern Rechtsstaatlichkeit herrscht, daß Mehrparteiensysteme vorhanden sind und daß die Einhaltung der Menschenrechte gewährleistet ist. In wirtschaftlicher Hinsicht bedeuten die Vorgaben, daß die (marktwirtschaftlich organisierten) Ökonomien der Beitrittskandidaten innerhalb der EU und auch gegenüber dem Weltmarkt wettbewerbsfähig sein müssen und daß sie ein Entwicklungsniveau aufweisen, das sich nicht zu stark von dem der Mitgliedsländer unterscheidet. Zudem gilt in Hinblick auf die EU-Mitgliedsländer die Vorgabe, daß nur dann neue Mitglieder aufgenommen werden dürfen, wenn die EU-Integration davon nicht negativ beeinflußt wird.

Länder auszugleichen. Innerhalb von zehn Jahren sollen alle Beschränkungen im Warenverkehr und ein Teil der Beschränkungen im Dienstleistungsverkehr beseitigt werden. Ausgenommen von diesen Vereinbarungen sind der Kapitalverkehr und der Personenverkehr.[56]

Ob es zu größeren Wanderungsbewegungen aus den Beitrittsstaaten in die EU kommen wird, hängt nicht nur davon ab, welche Freizügigkeitsregelungen diese Staaten mit der EU aushandeln werden, sondern auch von ihrer mittelfristigen wirtschaftlichen Entwicklung. Falls das derzeit noch bestehende große Kaufkraftgefälle zwischen ihnen und den EU-Staaten nicht deutlich reduziert wird, dürfte eine spätere Personenfreizügigkeit – die in der Logik der derzeit schon geschlossenen Verträge liegt – stark in Anspruch genommen werden. Das gilt auch für die Inanspruchnahme der Dienstleistungsfreiheit, falls die dortigen Betriebe weiterhin erhebliche Kostenvorteile gegenüber EU-Betrieben haben. Insbesondere die Arbeit mit veralteten, aber abgeschriebenen Maschinen und niedrige Löhne können Betriebe aus diesen Ländern für Auftraggeber aus EU-Ländern attraktiv werden lassen. Da zu erwarten ist, daß in zehn Jahren auch in Polen, Ungarn und der Tschechischen Republik ein erheblicher Arbeitskräfteüberschuß vorliegen wird, der die heutigen Arbeitslosenquoten von 14 bis 16 Prozent, in denen verdeckte Arbeitslosigkeit noch nicht enthalten ist, übersteigen wird, ist zumindest für die nähere Zukunft hier ein erhebliches Reservoir an potentiellen Arbeitsmigranten gegeben.

Ein weiterer wichtiger Faktor, der die Inanspruchnahme von Freizügigkeitsrechten beinflußt, ist die Existenz von Netzwerken. Dieser Faktor wird insbesondere die polnische Migration nach Deutschland, aber auch nach Frankreich und nach Italien beeinflussen. Hier bestehen nicht nur umfangreiche historische Erfahrungen – es ist nur an die Ruhrpolen der dreißiger Jahre oder an die polnische Zuwanderung in die nordfranzösischen Industriereviere zu erinnern –, es liegen auch für die jüngste Zeit umfangreiche Erfahrungen mit Pendelmigrationen vor, die zum Handel oder für kurzfristige Beschäftigungen genutzt werden. Hier bestehen zudem effektive Netzwerke, die den Polen eine Arbeitsaufnahme in den EU-

---

[56] Auf dem Ratsgipfel in Kopenhagen vom Juni 1993 wurde zudem noch ein „strukturierter Ost-West-Dialog", ein System multilateraler Konsultationen zu innen- und außenpolitischen Fragen eingerichtet, das im September 1994 mit einer Konferenz der Innen- und Justizminister der EU- und der assoziierten Staaten begonnen und im November 1994 durch die Luxemburger Konferenz der Außenminister fortgesetzt wurde. Die Außen- und Justizminister treffen sich seitdem halbjährlich, die sonstigen Ressortchefs jährlich. Vgl. detailliert zum Freizügigkeitsrecht in der EU John *Handoll*, Free Movement of Persons in the EU, Chichester u.a. 1995.

Ländern erleichtern werden.

Kulturelle Faktoren werden aller Wahrscheinlichkeit nach ebenfalls die Zuwanderung aus den Reformstaaten begünstigen, da erhebliche Teile der Bevölkerung in Polen, Ungarn und der Tschechischen Republik sprachliche und kulturelle Affinitäten zum deutschsprachigen Raum haben. Zu erwarten ist, daß dies eine starke Präferenz der potentiellen Arbeitsmigranten für eine Zuwanderung nach Deutschland oder Österreich bewirkt.

Entscheidend für das Ausmaß der Wanderungsbewegungen wird letztlich sein, auf welche Nachfragestruktur diese Migranten auf den westlichen Arbeitsmärkten treffen. Konkurrenzfähig können Arbeitsmigranten aus diesen Ländern in zweierlei Hinsicht sein: zum einen in Bereichen, in denen auf westlichen Arbeitsmärkten Arbeitskräftemangel herrscht. Dieser Mangel wird möglicherweise in zehn Jahren bei Facharbeitern sowie im Pflegebereich und bei den häuslichen Dienstleistungen herrschen. Zum anderen, und das gilt für alle Bereiche, in denen ein ausreichendes inländisches Arbeitskräfteangebot vorliegt, ist die Beschäftigung von Arbeitsmigranten dann interessant, wenn sie Kostenvorteile vor allem bezüglich der Lohnhöhe bringt.

Diese aber, und hier wird nun das eigentliche Dilemma der Freizügigkeitsproblematik deutlich, kann nur in drei Fällen unter den Preisen der einheimischen Arbeitskraft liegen: wenn illegal beschäftigt wird, wenn das beschäftigende Unternehmen nicht an Tarifverträge gebunden ist oder wenn der Betrieb gegen gesetzliche Vorgaben verstößt, wie etwa gegen Entsenderichtlinien, die Mindestlöhne für bestimmte Branchen oder Tätigkeiten vorschreiben. Die preisinduzierte Nachfrage nach Arbeitskräften aus den Beitrittsländern wird also entscheidend davon beeinflußt werden, inwieweit illegale Beschäftigung toleriert wird, ob Mindestlöhne vereinbart werden und wie groß die Zahl der Betriebe ist, die aus tarifvertraglichen Regelungen ausgestiegen sind. Nach Angaben des Bundeswirtschaftsministeriums gelten beispielsweise im produzierenden Gewerbe für rund 65 Prozent der Betriebe in den ostdeutschen und für 10 bis 15 Prozent der Betriebe in den westdeutschen Ländern keine Flächentarifverträge mehr.[57]

---

[57] 1995 waren 1,2 Mio. Beschäftigte in Deutschland im Bauhauptgewerbe tätig, darunter 162 000 sozialversicherungspflichtig beschäftigte ausländische Arbeitnehmer. Im Frühjahr 1996 waren 164 000 deutsche Bauarbeiter arbeitslos. Gleichzeitig waren – illegale ausländische Beschäftigte nicht mitgerechnet – aber 25 000 ausländische Werkvertragsarbeiter aufgrund zwischenstaatlicher Vereinbarungen und etwa 210 000 zu „Billiglöhnen" von bis zu einem Viertel der deutschen Tariflöhne von ausländischen Unternehmen Beschäftigte auf deutschen Baustellen tätig (vgl. Joachim *Geppert* / Martin *Zwick*, Lohnkrieg auf der

Zusammenfassend ist festzuhalten, daß auch in Polen, Ungarn und der Tschechischen Republik erhebliche Wanderungspotentiale nach Deutschland und in die EU vorliegen, die sich bislang hauptsächlich in Form von angeworbenen Vertragsarbeitnehmern oder aber als vorgeblich touristische Einreise mit illegaler Arbeitsaufnahme bemerkbar machen. Bei einem EU-Beitritt dieser Staaten wäre eine verstärkte (temporäre) Zuwanderung in dem Maße zu erwarten, wie Freizügigkeit gewährt wird. Diese Freizügigkeit wird nicht unmittelbar zugestanden, es sind Übergangsfristen von bis zu zehn Jahren zu erwarten. Und auch dann wird die faktische Zuwanderung davon abhängen, welche Fortschritte die ökonomische Entwicklung in diesen Staaten macht: das Beispiel der früheren Erweiterungen der Europäischen Gemeinschaft (EG) zeigt, daß die Befürchtungen vor jeder Erweiterungsrunde bezüglich einer Einwanderungswelle aus den jeweiligen Beitrittsländern unbegründet waren. So wurde in den sechziger Jahren befürchtet, daß die Arbeitnehmerfreizügigkeit in der EG zu einer Überschwemmung der europäischen Arbeitsmärkte mit süditalienischen Arbeitskräften führen werde. Die Statistiken zeigen statt dessen, daß die Zunahme der italienischen Migration zwischen 1962 und 1972 unter der durchschnittlichen Zunahme der Wanderungen in der EG insgesamt lag.[58] Der Beitritt von Dänemark, Irland und Großbritannien 1973 ließ ähnliche Befürchtungen aufkommen; in Großbritannien Ängste vor einem Zustrom südeuropäischer Arbeitskräfte, auf dem Kontinent Angst vor einer

---

Baustelle?, in: *Ausländer in Deutschland*, Nr. 2, 1996, S. 6 f). Bei rückläufiger Baukonjunktur hat dieser zunehmende Konkurrenzdruck zwischen deutschen und ausländischen Unternehmen die nun schon seit Jahren andauernde Diskussion um eine Entsenderichtlinie beschleunigt. Wegen der grundsätzlichen Probleme, die mit einer staatlichen Vorgabe zum Schutz des einheimischen Arbeitsmarktes verbunden sind – hier stehen grundsätzliche sozial- und arbeitsmarktpolitische Argumente gegen europa- und ordnungspolitische Argumente, nicht zuletzt aber auch ökonomische Partikularinteressen gegeneinander – scheiterte zunächst der Vorstoß von Bundesarbeitsminister Norbert *Blüm* für eine europäische Entsenderichtlinie, wurde dann aber am 3.6.1996 durch einen Kompromiß bezüglich der Geltungsdauer der Richtlinie doch vom EU-Ministerrat beschlossen. Diese Richtlinie verlangt aber außer der Zustimmung des Europäischen Parlaments noch eine Umsetzung in nationales Recht, die bis 1999 vorgesehen ist. Mittlerweile hat der Bundestag ein entsprechendes Arbeitnehmerentsendegesetz (AEntG) verabschiedet, das aber erst nach monatelangen Auseinandersetzungen zwischen den Tarifparteien über die Höhe der Mindestlöhne im Januar 1997 und auch dann zunächst nur auf einige Monate befristet in Kraft treten konnte.

[58] Vgl. Heinz *Werner*, Regional Economic: Integration and Migration: The European Case, in: *Annals* 534, Juli 1994, S. 147-164, hier: S. 158 f; *OECD*, SOPEMI: Trends in International Migration. Annual Report 1993, Paris 1994, S. 202-203

Zuwanderung britischer Zuwanderer aus dem Commonwealth. Beides ist nicht eingetreten. Gegen den Beitritt Griechenlands (1981), Spaniens und Portugals (1986) versicherte sich die EG aufgrund ähnlicher Befürchtungen mit der Vereinbarung einer siebenjährigen Übergangsfrist bis zur Gültigkeit der Freizügigkeitsregelungen. Für Griechenland zeigen die OECD-Daten, daß nach Ablauf der Frist der Anteil griechischer Arbeitskräfte in Frankreich, Spanien, Belgien und Deutschland nicht nur nicht zugenommen hat, sondern daß sich die kontinuierliche Abnahme, die in den Vorjahren zu beobachten war, fortgesetzt hat. Ähnliche Erfahrungen haben auch die Länder der Nordischen Gemeinschaft gemacht, die 1954 Norwegen, Schweden, Finnland, Island und Dänemark zu einer Freizügigkeitszone machte. Hier gab es zwar in den sechziger Jahren, als Schweden einen starken Arbeitskräftebedarf hatte, eine umfangreiche Zuwanderung aus dem damals agrarischen Finnland, diese nahm aber in dem Umfang ab, in dem der schwedische Arbeitsmarkt seine Nachfrage reduzierte und in dem sich Finnland industrialisierte. Zu Beginn der neunziger Jahre konnte der schwedische Arbeitskräftemangel jedenfalls nicht mehr mit finnischen Arbeitsmigranten gefüllt werden.[59]

1.4.3 Die ehemalige Sowjetunion

Analysen und Prognosen zum Wanderungsverhalten der Bevölkerung in den Staaten der ehemaligen Sowjetunion fallen besonders schwer. Nicht zuletzt aufgrund der geographischen Größe dieses Gebietes kumulieren politische, ökonomische und ethnisch-kulturelle Wanderungsfaktoren. Das Bild wird noch erschwert durch das weitgehende Fehlen von verläßlichem statistischen Material.

Entscheidend wird sein, ob Rußland die bisherige politische Transformation konsolidieren kann und welchen Weg die Wirtschaftsreformen nehmen werden. Bereits heute liegt nach internationalem Standard die Arbeitslosenquote in Rußland und auch in den anderen Nachfolgestaaten der Sowjetunion sehr hoch, und es ist zu erwarten, daß sie mit dem Zusammenbruch unrentabler staatlicher Großbetriebe noch weiter zuneh-

---

[59] Vgl. die Angaben bei Rinus *Penninx* / Phillip J. *Muus*, Nach 1992 Migration ohne Grenzen? Die Lektionen der Vergangenheit und ein Ausblick auf die Zukunft, in: *Zeitschrift für Bevölkerungswissenschaft*, Nr. 2, 1991, S. 191-207, hier: S. 192 f und: Kaum genutzte Freizügigkeit in der EU, in: *Neue Zürcher Zeitung*, 7.1.1995

men wird,[60] und zwar relativ unabhängig davon, ob strikt marktwirtschaftliche oder stärker etatistische Organisationsformen der Wirtschaft verwirklicht werden. Dabei wird wegen der völlig unzureichenden Ausstattung der sozialen Sicherungssysteme ein wachsender Anteil der Bevölkerung in schwere Existenznöte kommen. Dies trifft vor allem für ältere und kranke Menschen zu, die keine Beschäftigung in der Schattenwirtschaft finden können. Gleichzeitig wird die soziale Ungleichheit stark zunehmen. Weniger in Rußland als in den anderen Nachfolgestaaten wird für die Migrationsproblematik von Bedeutung sein, wie mit ethnischen Minderheiten umgegangen wird. Die Diskriminierungen, denen die russischen Volksgruppen in vielen Nachbarrepubliken ausgesetzt sind, sind nur ein Beispiel für die Brisanz dieser Probleme: es ist zu erwarten, daß die russische Regierung, nicht zuletzt aus der Rücksichtnahme auf nationalistische Kräfte, ihren außenpolitischen Einfluß geltend macht und vielleicht sogar zu militärischen Interventionen greift, um Landsleute zu schützen oder sogar zu evakuieren.

Ein wichtiger Punkt bei der Abschätzung von Wanderungspotentialen ist die Frage, welche Migrationserfahrungen eine Bevölkerung beziehungsweise Teile der Bevölkerung früher gemacht haben. Entgegen weitverbreiteter Vorstellungen hat es auf dem Gebiet der ehemaligen Sowjetunion immer schon erhebliche Wanderungen gegeben.[61] Diese Binnenmigration war untrennbarer Bestandteil der staatlichen Industriepolitik; die industrielle Kolonisierung Sibiriens beispielsweise war nur durch eine ganz erhebliche Arbeitsmigration zu realisieren und vor allem unter *Stalin* wurden Deportationen zur Herrschaftssicherung eingesetzt. Die Mobilität von Teilen der Industriearbeiterschaft, die oft mehrfach während ihres Arbeitslebens den Wohnort wechselte, war sicherlich nicht geringer als die von südeuropäischen Gastarbeitern in den sechziger Jahren.

Wanderungserfahrungen schon zu sowjetischen Zeiten hatten noch zwei weitere Bevölkerungsgruppen: schon während der sechziger Jahre hat es umfangreiche Abwanderungen von Russen aus den zentralasiatischen

---

60   Vgl. unter anderem Roland *Götz*, Zur makroökonomischen Entwicklung in Rußland 1989-1995. Teil I: Sozialprodukt, Beschäftigung, in: *Aktuelle Analysen des Bundesinstituts für ostwissenschaftliche und internationale Studien*, Nr. 73, 1994, S. 4 ff; Petr *Vostrikov*, Makroökonomische Situation und Lage auf den Finanzmärkten Rußlands, in: *Aktuelle Analysen des Bundesinstituts für ostwissenschaftliche und internationale Studien*, Nr. 61, 1996.

61   Vgl. Bernd *Knabe*, Migration aus Osteuropa, in: St. *Angenendt*, Migration und Flucht, S. 51-59 (Anm. 3).

Staaten nach Rußland gegeben, sowie eine Zuwanderung von nicht-russischen Gastarbeitern in die russische Industrie. Diese früheren Binnenwanderungen sind jetzt transnationale Wanderungen und haben bis heute angehalten. So schätzt man die Zahl der Gastarbeiter in Rußland, vor allem qualifizierte ukrainische Ingenieure und Techniker, deren Einkünfte in Rußland etwa das Fünffache der heimischen Einkünfte betragen, auf 500 000 bis 600 000, die Zahl der potentiellen russischen Zuwanderer aus dem „Nahen Ausland" auf 25 Millionen Russen und weitere 12 Millionen Russischsprachige, von denen nach Angaben des 1992 zur Steuerung der Wanderungsbewegungen gegründeten Migrationsdienstes der Russischen Föderation bereits zwei Millionen zugewandert sind; 1993 wurde erwartet, daß weitere zwei bis sechs Millionen von ihnen bis zur Jahrtausendwende nach Rußland einwandern würden.[62] Derzeit leben nach Angaben des Migrationsdienstes rund 640 000 Flüchtlinge aus den früheren Sowjet-republiken in Rußland, wovon über die Hälfte aus Tadschikistan, Georgien und Aserbaidschan stammt.[63]

Hinzu kommt die Binnenmigration der „Nordflüchtlinge", das sind Bewohner Sibiriens, die nach Mittelrußland zurückwandern. Die Überbesetzung der sibirischen Industriebetriebe – von Experten auf bis zu 40 Prozent geschätzt – wird abgebaut und setzt entsprechend viele Arbeitskräfte frei. In Nordsibirien verschlechtert sich zudem die Versorgungslage mit Lebensmitteln und Brennstoffen und Subventionen werden abgebaut. Diese Abwanderungen könnten in den nächsten Jahren jährlich 200 000 bis 300 000 Menschen zur Rückwanderung nach Rußland, in die Ukraine oder ins Baltikum bewegen.[64] Außerdem will die russische Regierung umfangreiche Umsiedlungen vornehmen, die hauptsächlich entlassene Militärs und grundsätzlich Migrationswillige betreffen: bis zum

---

[62] Vgl. die Angaben von Tatjana *Regent*, Leiterin des Migrationsdienstes, auf einer Sitzung des Präsidiums des Ministerrates an 11.11.1993. Der russische Außenminister Andrej *Kosyrew* sprach sich in diesem Zusammenhang dafür aus, daß Rußland seine Wirtschafts-vorteile nutzen solle, um auf die Politik der GUS-Länder gegenüber Rußland und der rus-sischsprechenden Bevölkerung auf ihrem Territorium einzuwirken, vgl. *Deutsche Welle*, Fernseh-/Hörfunkspiegel Ausland, 12.11.1993. Vgl. auch Andrew *Higging*, Dreams Turn to Mud for Children at the Diaspora, in: *The Independent*, 18.5.1994.

[63] Vgl. zu aktuellen Daten über die Wanderungsbewegungen auf dem Gebiet der ehemaligen UdSSR die Ergebnisse der von UNHCR, IOM und der OECD vom 30.-31.5.1996 in Genf veranstalteten Konferenz, dokumentiert in: The CIS Conference on Refugees and Migrants, in: *European Series* (UNHCR Regional Bureau for Europe), Nr. 1, 1996.

[64] Vgl. *Deutsche Welle*, Monitor-Dienst Osteuropa, 25.8.1994.

Jahr 2000 sollen 11 Millionen Menschen vor allem in den Nicht-Schwarzerdegebieten Mittelrußlands, im Süden Sibiriens und im Süden des Fernen Ostens angesiedelt werden.[65]

Einige der zentralasiatischen Nachfolgestaaten haben darüber hinaus auch eine umfangreiche illegale Zuwanderung chinesischer Migranten zu verzeichnen, vor allem Kasachstan, Kirgisistan, aber auch Rußland selbst. In Sibirien hat diese Zuwanderung – insgesamt mehr als zwei Millionen Menschen – schon zu schwerwiegenden ethnischen Spannungen geführt.

Diese Binnenwanderungen sind auch für die Zuwanderungspotentiale nach Westeuropa relevant, weil sich möglicherweise Verdrängungsprozesse für die deutschstämmigen Minderheiten ergeben und diese eher zur Ausreiseoption greifen lassen. Dies könnte zumindest für das südliche Westsibirien gelten, wohin über die nichtbefestigten russischen Grenzen Chinesen und Kasachen einwandern und dort die Siedlungsbedingungen für die Deutschstämmigen verschlechtern.

Migrationsbewegungen nach Westeuropa sind vor allem als Fortsetzung der bisherigen Auswanderungen deutscher und jüdischer Minderheiten zu erwarten. Die jüdische Minderheit wird von den russischen Behörden mit rund zwei Millionen angegeben, insgesamt könnten aber acht Millionen Menschen eine jüdische Abstammung für sich reklamieren. Deutschstämmige gibt es nach offiziellen Angaben auf dem Gebiet der ehemaligen Sowjetunion 1,5 Millionen, Schätzungen sprechen vom Vierfachen. Es wird erwartet, daß sich bei der nächsten Volkszählung 15 Millionen Menschen einer anderen Nationalität zurechnen könnten als bei der letzten Erhebung, wenn ihnen diese ethnische Identifizierung materielle Vorteile, etwa Ausreisemöglichkeiten, bieten würde.

Die künftigen Wanderungsbewegungen aus der ehemaligen Sowjetunion werden zudem davon abhängen, welche Menschenrechts- und Minderheitenpolitik die Nachfolgestaaten betreiben und ob ethnische Minderheiten diskriminiert werden. Die Migrationspotentiale werden auch davon bestimmt sein, ob es in diesem Gebiet zu militärischen Konflikten zwischen den Nachfolgestaaten kommen wird, und wie mit den ökologischen Folgen der militärischen und industriellen Verwüstung vieler Gebiete der Sowjetunion umgegangen wird. Die Erhebungen des Bundesamtes für die Anerkennung ausländischer Flüchtlinge (BAFl) bestätigen für die Gruppe der Asylbewerber aus der Russischen Föderation die Bedeutung der Sicherheits-

---

[65] So die Auskunft des ehemaligen russischen Premiers Georgi *Chischa*, Leiter des Expertenrates der russischen Regierung für Umsiedlung, in der *Istvestia*, 1.6.1994.

lage als Auslöser von Wanderungen.[66]

Zusammenfassend ist festzuhalten, daß ein nicht zu unterschätzender Teil der ehemaligen sowjetischen Bevölkerung bereits Migrationserfahrungen gemacht hat. Wenn eine Verschlechterung der Lebensbedingungen und vor allem der Zukunftsperspektiven durch ökonomische und politische Krisen, ökologische Katastrophen, ethnische Spannungen und militärische Auseinandersetzungen einträte, wäre die Option, auszuwandern, zumindest für einen Teil der dortigen Bevölkerung keine neue Erfahrung.

1.4.4 Nordafrika

Ein wichtiger wanderungsauslösender Faktor in den nordafrikanischen Ländern wird, allerdings auch hier nur im Zusammenspiel mit anderen, vor allem ökonomischen Faktoren, die künftige Bevölkerungsentwicklung sein. In diesen Staaten ist der demographische Übergang im Vergleich zu West-, Zentral- und Ostafrika schon relativ weit fortgeschritten, die Geburtenraten liegen aber mit dem Doppelten bis Dreifachen der industrialisierten Länder immer noch sehr hoch.[67] Zwischen den Ländern gibt es erhebliche Unterschiede, die noch deutlicher werden, wenn man die Fertilitätsraten betrachtet: in Libyen betrug sie 1996 5,9 Kinder pro Frau, in Algerien 3,8 und in Ägypten 3,4, in Marokko 3,1 und in Tunesien 2,9.[68] Die mittelfristige Folge dieser hohen Geburtenzahlen zeigt sich in den Bevölkerungsprojektionen: nach Schätzungen der ILO wird die Bevölkerung Marokkos und Tunesiens trotz der tendenziellen Abnahme der Geburtenhäufigkeit bis zum Jahr 2025 um 63 Prozent zunehmen, die ägyptische um 72 Prozent und die algerische um 99 Prozent. Dies wird in diesem Zeitraum in Algerien zu einer

---

[66] Nach Angaben des BAFl waren die 1993 am häufigsten genannten Gründe für eine Ausreise: Nationalitätenkonflikte, Angst vor der Mafia, Probleme mit Sicherheitsbehörden, Angst vor der Wehrpflicht und Einsätzen in Krisengebieten, wirtschaftliche und soziale Misere, Bürgerkrieg, Antisemitismus und Rassenkonflikte.

[67] Zum Vergleich: Im Durchschnitt der Jahre 1990 bis 1995 liegen die Geburtenraten für West-, Zentral- und Ostafrika bei 46, 46 und 48 Geborenen pro Tausend Einwohnern, in Nordafrika (ohne Sudan) bei 33. In Westeuropa liegen sie bei 12, in Südeuropa bei 11, in den USA und der früheren Sowjetunion bei 16. Vgl. *Bevölkerungsfonds der Vereinten Nationen*, Bevölkerungsbericht 1995, 44 ff (Anm. 40).

[68] Vgl. *UNFPA*, Weltbevölkerungsbericht 1997, S. 74 (Anm. 6).

Zunahme der Erwerbsbevölkerung um ein Drittel, in den drei anderen Ländern um 19 Prozent führen. Die Maghreb-Staaten werden daher trotz sinkender Geburtenraten für die dann neu auf den Arbeitsmarkt drängenden Jugendlichen in erheblichem Umfang neue Arbeitsplätze schaffen müssen.[69] Ob die Anpassungsfähigkeit der betreffenden Volkswirtschaften angesichts sich ständig verschlechternder weltwirtschaftlicher Rahmenbedingungen dann noch so groß sein wird wie in den siebziger und achtziger Jahren, als die nordafrikanischen Länder erhebliche Flexibilität bei der ökonomischen Integration der damals auf den Arbeitsmarkt drängenden Jugendlichen gezeigt haben, muß bezweifelt werden. Die Perspektivlosigkeit, die für viele mit der Jugendarbeitslosigkeit und der wachsenden Zahl an Dauerarbeitslosen verbunden ist, wird ein wichtiger Faktor künftiger Wanderungsbewegungen aus diesem Raum sein.

Ob sich ökonomisch motivierte Wanderungswünsche dieser in der Regel schlecht ausgebildeten und verarmten Jugendlichen in tatsächliche Wanderungen umsetzen werden, hängt von den Zutrittsmöglichkeiten ab, welche die europäischen Staaten bieten. Nordafrikanische Zuwanderer verfügen in einigen europäischen Ländern über umfangreiche *communities*. Diese Netzwerke können Hilfsstrukturen anbieten, falls die als Asylbewerber oder mit Touristenvisen Eingereisten ihren Aufenthalt illegal verlängern.

Die Verteilung der nordafrikanischen Migranten auf die Länder der Europäischen Union macht deren Niederlassungsschwerpunkte deutlich. Das wichtigste Herkunftsland war Marokko mit ca. 1,1 Millionen Auswanderern, gefolgt von Algerien mit 640 000, Tunesien mit 280 000 und Ägypten mit rund 30 000.[70] Von diesen über 2 Millionen Menschen lebten 1995 68 Prozent in Frankreich, in Belgien, Italien und den Niederlanden jeweils 8 Prozent, in Deutschland 6 und in Spanien 4 Prozent. Ägypter haben sich fast ausschließlich in Italien niedergelassen, Algerier in Frankreich, Tunesier in Frankreich und Italien, Marokkaner hauptsächlich in Frankreich und Deutschland, allerdings auch in großer Zahl in den anderen Ländern. Signifikant ist die Zunahme der nordafrikanischen Zuwanderung in den südeuropäischen Ländern: In Italien hat sie sich nach den offiziellen

---

[69] Nach Schätzungen der ILO müssen die Maghreb-Staaten bereits in der laufenden Dekade sechs Millionen neue Arbeitsplätze schaffen, was für sehr unwahrscheinlich gehalten wird. Vgl. J. *Charmes*, R. *Daboussi*, A. *Lebon*: International Migration for Employment, Genf 1993.

[70] Alle Zahlenangaben für 1995, Quelle: *OECD*, SOPEMI-Report 1996, S. 31 und 223 ff (Anm. 14).

statistischen Angaben von 1985 bis 1995 verzwölffacht, in Spanien sogar
vervierzehntfacht.

Wie stark sich diese Niederlassungsmuster bei künftigen Wanderungen
reproduzieren, ist kaum vorherzusehen, nicht zuletzt, weil diese Zahlen
keinen Aufschluß über die Verteilung der illegalen Zuwanderung geben.
Diese beträgt nach verschiedenen Schätzungen vor allem in Italien und
Spanien ein Vielfaches der offiziellen Zahlen. Diese Zuwanderungen werden
ganz entscheidend von den Zuwanderungsregelungen der Aufnahmeländer
abhängen. So ist zu beobachten, daß die Zahl der algerischen Asylbewerber
in Deutschland seit Mitte der 90er Jahre in dem Maße zugenommen hat,
wie Frankreich, das traditionelle Aufnahmeland für diese Gruppe, die
Bedingungen der Asylgewährung verschärft hat.[71]

Das Beispiel der Asylbewerber macht deutlich, daß für die nordafrikanische Auswanderung möglicherweise politische und kulturelle Wanderungsfaktoren ein noch größeres Gewicht haben werden als die demographische und ökonomische Entwicklung. Zum einen ist zu erwarten, daß bei
einem weiteren Verlust innenpolitischer Stabilität und einer Verschärfung
der Gewalttätigkeiten in Algerien noch mehr Bewohner der Konfliktgebiete
in halbwegs sichere Inlands- und in Auslandsgebiete fliehen, zum anderen
ist bei einer weiteren Ausbreitung des islamischen Fundamentalismus, etwa
bei einer politischen Machtübernahme entsprechender Kräfte, zu erwarten,
daß laizistisch eingestellte Bevölkerungsteile mit starken kulturellen
Bindungen an Europa, wie etwa Algerier mit französischer Staatsbürgerschaft, die Länder verlassen und in Nachbarstaaten Zuflucht suchen, wie es
bereits viele algerische Intellektuelle in Marokko oder Tunesien getan
haben, oder nach Westeuropa gehen.[72]

Weitere Faktoren, die Auswanderungen aus Nordafrika forcieren könnten, sind ökologische Probleme, vor allem nachlassende Bodenerträge und
eine Verschlechterung bei der Wasserversorgung, die in vielen Maghreb-
Gebieten schon ein kritisches Stadium erreicht hat. Hinzu kommen mögli-

---

[71] Deutschland verzeichnete eine Zunahme an algerischen Asylbewerbern von 1 388 im
Jahre 1991 auf 11 262 im Jahre 1993. Seit 1994 hat die Zahl der Antragsteller wieder abgenommen (1996: 1 417 Personen), was allerdings auf das Inkrafttreten des neuen deutschen
Asylrechts zum 30.6.1993 zurückzuführen ist. Vgl. Hans-Ingo *von Pollern*, Die Entwicklung der Asylbewerberzahlen im Jahre 1996, in: *Zeitschrift für Ausländerrecht und Ausländerpolitik*, Nr. 2, 1997, S. 90-95, hier: S. 90.

[72] 20 000 algerisch-französische Doppelstaatsbürger wurden 1994 offiziell registriert, Schätzungen gingen aber von bis zu 100 000 Personen aus (vgl. Catherine *Simon*, L'afflux des
réfugiés d'Algérie inquiète les autorités françaises, in: *Le Monde*, 8.4.1994).

cherweise noch Belastungen der Arbeitsmärkte und der ohnehin sehr schwachen sozialen Infrastrukturen durch Zuwanderer aus den Sahel-Staaten, die wiederum vor der noch katastrophaleren Verschlechterung der Lebensbedingungen in ihren Heimatgebieten fliehen.

Zusammenfassend muß festgehalten werden, daß künftige Zuwanderungen aus Nordafrika in weit größerem Ausmaß als Zuwanderungen aus Ost- und Südosteuropa von demographischen, vor allem aber durch politisch-kulturelle Druckfaktoren beeinflußt werden. Wandern werden aber auch hier nicht in erster Linie die Armen, die Landbevölkerung, die sich im übrigen durch fundamentalistisch-islamische Regime durchaus eine Verbesserung ihrer Lebensverhältnisse versprechen dürfen, sondern die laizistisch westlich orientierten, besser ausgebildeten städtischen Eliten, die über das nötige Kapital, die Kontakte und die Fähigkeiten verfügen, um sich auch in anderen Ländern ein Leben aufbauen zu können.

1.5 Problemfelder

Wie werden sich diese potentiellen Zuwanderungen auf die deutsche Gesellschaft und die der anderen europäischen Staaten auswirken? In welchen Bereichen drohen Gefährdungen, in welcher Hinsicht haben Zuwanderungen positive Einflüsse?

1.5.1 Arbeitsmarkt, demographische Entwicklung und Wirtschaftswachstum

Die Entwicklung der Arbeitsmärkte ist die Schlüsselfrage der sozialen und ökonomischen Zukunft der europäischen Gesellschaften. Die Angst vor der Massenarbeitslosigkeit, die Unsicherheit, wie sie zu erklären und wie ihr politisch zu begegnen ist, bestimmt in allen EU-Ländern die politische Agenda. Debattiert wird unter anderem, inwieweit die Massenarbeitslosigkeit ein strukturelles Phänomen ist, das in der Wandlung der Industriegesellschaft zur Dienstleistungs- und Informationsgesellschaft begründet ist und dem mit Flexibilisierungsstrategien, etwa der Zulassung eines zweiten

Arbeitsmarktes mit Niedriglohnsegmenten, beizukommen ist,[73] oder ob hier nicht eine weltwirtschaftliche Internationalisierung, vor allem von Kapitalströmen, zugrunde liegt, welche die Steuerungsmöglichkeiten des Nationalstaates grundsätzlich beschneidet und jede nationalstaatliche Beschäftigungspolitik wirkungslos werden läßt, und für die daher nach viel grundlegenderen Lösungen gesucht werden muß.[74]

In der öffentlichen Meinung ist, wie Meinungsumfragen immer wieder zeigen, der Arbeitsmarkt auch der Ort, an dem sich entscheidet, ob Zuwanderungen eine volkswirtschaftliche Be- oder Entlastung sind. Belastung ist dabei ein ambivalenter Begriff: die Nicht-Integration von Zuwanderern in den Arbeitsmarkt – etwa von Asylbewerbern – wird kritisiert, weil die Aufenthaltskosten dann von den Einheimischen getragen werden müssen. Integrieren sich die Zuwanderer aber in den Arbeitsmarkt, wird dies ebenfalls kritisiert, weil sie angeblich als Arbeitsplatzkonkurrenten auftreten. Im Hinblick auf künftige Zuwanderungen stellen sich daher drei Fragen: Wie wirkt Zuwanderung auf Wachstum und öffentliche Haushalte? Welche Absorptionsfähigkeit haben die Arbeitsmärkte? Zu welchen Umverteilungen führt Zuwanderung? Zu diesen Fragen bietet die ökonomische Migrationsforschung einige allgemeine Aussagen zu Wirkungszusammenhängen an, die auch für die Analyse von Einzelfällen brauchbar sind.[75]

In der makroökonomischen Theorie ist unbestritten, daß eine Bevölkerungszunahme, also auch durch Zuwanderung, zu einer Ausweitung von Produktion führt. Zuwanderer treten – falls sie nicht von bestimmten Märkten ausgeschlossen werden, wie etwa Asylbewerber vom Arbeitsmarkt – als Konsumenten auf, tragen zum technischen Fortschritt bei und fördern unternehmerische Aktivitäten und Investitionen. Daher führt eine Ausweitung des Arbeitsangebotes auch zu einer Zunahme der Arbeitskräftenachfrage. Ob das erhöhte Angebot von der Nachfrage absorbiert werden

---

[73] Vgl. etwa *Bergedorfer Gesprächskreis zu Fragen der Freien Industriellen Gesellschaft*, Zukunftsfähigkeit von Politik, Wirtschaft und Gesellschaft, 1994 und *Alfred-Herrhausen-Gesellschaft für Internationalen Dialog*, Arbeit der Zukunft, Zukunft der Arbeit, Stuttgart 1994.

[74] Elmar *Altvater* weist diesbezüglich darauf hin, daß die mit dem Warenhandel verbundenen Devisenströme nur noch 1 Prozent der täglichen weltweiten Devisenumsätze von 1 000 Mrd. US-$ ausmachen. *Ders.*, Beschäftigungspolitik jenseits von Nationalstaat und „Arbeitszentriertheit", in: *WSI Mitteilungen*, Nr. 6, 1994, S. 346-357, hier: S. 348.

[75] Vgl. zur Übersicht über die Zusammenhänge von Arbeitsmarkt und Migration Hans-Peter *Klös*, Integration der Einwanderer aus Ost-/Südeuropa in den deutschen Arbeitsmarkt, in: *Sozialer Fortschritt*, Nr. 11, 1992, S. 261-270, hier: S. 261f.

kann, hängt von einer zeitlichen Komponente ab: kurzfristig ist der Kapitalbestand einer Volkswirtschaft, der bestimmt, ob Investitionen etwa zur Schaffung von Arbeitsplätzen zu Verfügung stehen, fixiert und zusätzliche Beschäftigung kann nur durch Füllung von Beschäftigungslücken erreicht werden. Die Zuwanderer haben in der Regel nur ein sehr geringes Kapital zur Verfügung und sind auf soziale Transferzahlungen als Haupteinkommensquelle angewiesen. In längerfristiger Hinsicht wächst allerdings der volkswirtschaftliche Kapitalbestand in dem Maße, wie Zuwanderer zum Konsum und zu den Investitionen beitragen.[76]

Für die Bundesrepublik ist die kurzfristige Wirkung des Aussiedlerzuzuges berechnet worden. Dabei wurde deutlich, daß diese Zuwanderung zunächst eine Belastung für die öffentlichen Haushalte darstellte, da diese für zusätzliche Wohnungen, Ausbildungsplätze und Sozialleistungen zu sorgen hatten, daß die Aussiedler schließlich aber durch ihre zusätzliche Nachfrage zum Wirtschaftswachstum beitrugen, da ihre Kaufkraft durch die öffentlichen Transferzahlungen erhöht wurde. Die 1989 für Integrationsprogramme eingesetzten 7,5 Milliarden DM führten zu einer gesamtwirtschaftlichen Produktionsausweitung in Höhe von 11,5 Milliarden DM, und die damit zusätzlich geschaffenen 90 000 Arbeitsplätze konnten die zugewanderten Arbeitskräfte unter den Aussiedlern (105 000) fast vollständig absorbieren. Wird eine solche aktive Eingliederungspolitik nicht verfolgt – und dies ist für die Mehrzahl der Zuwanderergruppen der Fall –, sind die Folgen von Zuwanderung allerdings weit weniger signifikant, wie ökonometrische Untersuchungen der – im Gegensatz zu Europa allerdings sehr preiselastischen und daher nicht unmittelbar vergleichbaren – Arbeitsmärkte in den USA vermuten lassen. Hier hatte auch eine zehnprozentige Zunahme der Zuwanderung keine sichtbaren Auswirkungen auf Beschäftigung, Arbeitsdauer und Arbeitslosigkeit sowie nur sehr geringe Konsequenzen für die Lohnhöhe der Einheimischen.[77]

In diesem Zusammenhang ist wichtig, wie Wirtschaftswachstum und Beschäftigung aufeinander wirken. Führt Wachstum, das auf technischer Modernisierung, in den hochindustrialisierten westeuropäischen Staaten künftig also vor allem auf informationstechnischer Innovation, beruht, zu ähnlichen Beschäftigungsgewinnen wie in den früheren Phasen oder mündet es in technologische Arbeitslosigkeit? Die Antwort hängt offensichtlich

---

[76] Vgl. Wolfgang *Ochel* / Kurt *Vogler-Ludwig*, International Migration: A New Challenge for the Industrialized Countries, in: *Tokyo Club Papers*, Nr. 6, 1993, S. 7-48, S. 14 f.

[77] Vgl. ebd., S. 16 f.

davon ab, welche Beschäftigungssegmente und welchen Zeitraum man betrachtet.[78] Die Arbeitsmarktentwicklung in der Bundesrepublik seit den siebziger Jahren zeigt, daß produktionstechnische Modernisierung per Rationalisierung Arbeitsplätze in der Landwirtschaft und Industrie vernichtet. Nimmt man aber die Beschäftigungsentwicklung im Dienstleistungsbereich hinzu, zeigen sich hingegen gesamtwirtschaftliche Beschäftigungsgewinne, da die Produktionsform hier beschäftigungsintensiver ist. Für die drei letzten Jahrzehnte jedenfalls ist festzustellen, daß die Beschäftigungswirkung von wirtschaftlichem Wachstum permanent zugenommen hat: war in den sechziger Jahren noch ein jährliches Wirtschaftswachstum von 3,7 Prozent nötig, um positive Beschäftigungsimpulse auszulösen, genügte in den achtziger Jahren ein Wachstum von 0,7 Prozent.[79]

Eine weitere grundlegende Frage ist, inwieweit Zuwanderung zu Verdrängungsprozessen auf dem Arbeitsmarkt führt. Das in den traditionellen europäischen Aufnahmeländern gültige Modell der Gastarbeiteranwerbung war, daß niedrig qualifizierte Arbeitskräfte zuwanderten, die entsprechend schlecht bezahlte Arbeitsplätze füllten, an denen die einheimische Arbeitskraft nicht mehr interessiert war. Damit wurden zwar in den betroffenen Branchen zum Teil Modernisierungsprozesse verhindert, gleichzeitig bekamen einige der einheimischen Arbeitskräfte aber – versorgt mit staatlichen Ausbildungsprogrammen – Gelegenheit zum beruflichen Aufstieg. Diejenigen einheimischen Arbeitskräfte, die keinen beruflichen Aufstieg erlebten, sondern in die Arbeitslosigkeit gedrängt wurden, waren in politischer Hinsicht keine Gefahr, weil sie zum einen durch staatliche Transferleistungen eine Grundversorgung erhielten und weil sie andererseits nicht im Mittelpunkt der gewerkschaftlichen Interessenvertretung standen.[80]

---

[78] Vgl. Bernhard *Felderer*, Immigration, the Labor Market, and Structural Adjustment: The Case of Germany, in: Horst *Siebert* (Hrsg.), Migration: A Challenge for Europe, Kiel, 1994, S. 71-84, hier: S. 81.

[79] Vgl. Bernd *Hof*, Möglichkeiten und Grenzen der Eingliederung von Zuwanderern in den deutschen Arbeitsmarkt, in: *Aus Politik und Zeitgeschichte*, Nr. B 48/94, 2.12.1994, S. 11-25, hier: S. 13.

[80] Zu der ökonomischen Diskussion, ob Zuwanderer auf einheimische Arbeitskräfte substituierend oder komplementär wirken, vgl. John P. *De Newt* / Klaus F. *Zimmermann*, Native Wage Impacts of Foreign Labor: A Random Effects Panel Analysis, München 1993. Sie stellen negative Einflüsse auf die Beschäftigung und die Löhne von Einheimischen fest, betonen aber, daß diese nur sehr schwach ausgeprägt sind. Vgl. auch Klaus F. *Zimmermann*, Ökonomische Konsequenzen der Migration für den heimischen Arbeitsmarkt, in: *Schweizerische Zeitschrift für Volkswirtschaft und Statistik*, Nr. 129, 1993,

Dieses Muster wird zumindest für künftige Zuwanderungen aus Osteuropa keine Bedeutung mehr haben. Die potentiellen Migranten aus diesem Gebiet sind in der Regel gut ausgebildet und könnten zu ernsthaften Konkurrenten auch für angelernte Arbeiter, für Facharbeiter und für Techniker werden. Auch wenn aufgrund des wachsenden Bedarfs an solchen Arbeitskräften möglicherweise kein Anstieg der Arbeitslosigkeit zu erwarten ist, werden doch zumindest die Lohnzuwächse der Einheimischen nicht so hoch ausfallen wie ohne Zuwanderung.[81]

Für die Integration der künftigen Zuwanderungen in die Arbeitsmärkte ist letztlich entscheidend, welchen Bedarf die aufnehmenden Gesellschaften haben. Die Prognose dieser Nachfrage ist aufwendig und methodisch durchaus umstritten, da jeweils eine ganze Reihe von Annahmen über Wirtschaftswachstum, Bevölkerungsentwicklung, Erwerbsbeteiligung und Arbeitsproduktivität gemacht werden müssen.[82] Dementsprechend vielfältig sind die Szenarien. Eine sinnvolle Diskussionsgrundlage bietet aber die Frage, welche Zuwanderung erforderlich sein wird, um die Erwerbsbevölkerung zu stabilisieren.

Am Beispiel der Bundesrepublik zeigt sich, wie wichtig hierfür die demographische Entwicklung der einheimischen Bevölkerung ist. Unter der Annahme einer Angleichung der Geburtenraten der ostdeutschen an die westdeutschen Länder gehen mittlere Bevölkerungsprognosen davon aus, daß bei einem Verzicht auf weitere Zuwanderung von 1990 bis 2030 14 Millionen Menschen mehr sterben als geboren würden. Dieser Sterbeüberschuß würde die Bevölkerung in Deutschland von 80 Millionen auf 63 Millionen abnehmen lassen. Unter den Bedingungen unveränderter Beschäftigung und gleicher Erwerbsneigung der Einheimischen wie auch der Zuwandernden ergäbe sich ein jährlicher Nettozuwanderungsbedarf von

---

S. 283-301, hier: S. 283.

[81] Vgl. W. *Ochel* / K. *Vogler-Ludwig*, International Migration: A New Challenge for the Industrialized Countries, S. 21 (Anm. 63). Zu bedenken ist aber, daß in volkswirtschaftlicher Hinsicht die Beschäftigung von besser qualifizierten Zuwanderern auch unter der Bedingung hoher einheimischer Arbeitslosigkeit sinnvoll sein kann, wenn nämlich der Produktivitätsbeitrag der Zuwanderer die Qualifizierungskosten für die einheimischen Arbeitslosen übersteigt.

[82] Vgl. zum Überblick unter anderem Elmar *Hönekopp*, Migration from the East to Germany: Intensification of Immigration Trends without any Comprehensive Conception of Immigration Policy, in: Solon *Ardittis* (Hrsg.), The Politics of East-West Migration, London 1994, S. 116-125, hier: S. 120 f.

durchschnittlich 400 000 Personen.[83] Wollte man den langfristigen Rückgang des Erwerbspersonenpotentials nicht durch Zuwanderung, sondern auf andere Weise ausgleichen, würden sich theoretisch drei Möglichkeiten bieten: die Erhöhung der Arbeitsproduktivität, die Verlängerung der Lebensarbeitszeit und die Anhebung der Frauenerwerbsquote.

In der wissenschaftlichen Diskussion sind erhebliche Zweifel an der Wirksamkeit dieser drei Optionen angebracht.[84] Erstens steht die deutsche Wirtschaft aufgrund ihrer internationalen Verflechtung ohnehin schon unter starkem Rationalisierungsdruck, denn die Arbeitsproduktivität wird sich nicht in beliebigem Maße weiter erhöhen lassen. Zweitens würde eine Verlängerung der Lebensarbeitszeit, wenn sie nicht zur Wahlmöglichkeit, sondern zur Regel würde, bei einem Teil der Beschäftigten an physische Grenzen in bezug auf Belastbarkeit, Flexibilität und Innovationsvermögen stoßen. Eine Verkürzung der Ausbildungszeiten, die ebenfalls zur Zeit diskutiert wird, könnte sich, wenn sie die Qualität der Ausbildung reduzieren würde, sehr negativ auf die Konkurrenzfähigkeit einer rohstoffarmen und in hohem Maße auf das Humankapital angewiesenen Volkswirtschaft auswirken. Drittens würde sich zwar durch gezielte Aus- und Fortbildungsangebote, durch eine verbesserte öffentliche Infrastruktur zur Betreuung von Kindern und abhängigen Familienangehörigen, durch die Flexibilisierung von Beschäftigungsverhältnissen, vor allem aber durch Veränderungen der familiären Rollenverteilungen die Frauenerwerbsquote erhöhen lassen. Dies hätte zwar kurzfristige, aber keine grundlegenden langfristigen Auswirkungen auf die Zahl der Erwerbstätigen, da die Überalterung Frauen wie Männer in gleicher Weise betrifft.

Es ist zu erwarten, daß selbst eine Kombination dieser drei Maßnahmen die demographische Lücke höchstens um ein Drittel reduzieren könnte. Geht man von solchen demographisch orientierten Modellen aus, wird die Mehrzahl der Staaten der Europäischen Union etwa in zehn bis 15 Jahren erhebliche Zuwanderungen brauchen.[85] Bis dahin allerdings, und das erschwert die politische Handhabung erheblich, wird in vielen Bereichen

---

[83] Vgl. B. *Hof*, Möglichkeiten und Grenzen der Eingliederung von Zuwanderern in den deutschen Arbeitsmarkt, S. 21 ff (Anm. 79).

[84] Vgl. Bert *Rürup* / Werner *Sesselmeier*, Die demographische Entwicklung Deutschlands: Risiken, Chancen, politische Optionen, in: *Aus Politik und Zeitgeschichte*, Nr. B 44, 1993, S. 3-15, S. 7 ff.

[85] Zum europäischen Vergleich siehe Bernd *Hof*, Europa im Zeichen der Migration. Szenarien zur Bevölkerungs- und Arbeitsmarktentwicklung in der Europäischen Gemeinschaft bis 2020, Köln 1993.

das gegenteilige Bild, nämlich Arbeitslosigkeit, vorherrschen.

Für die Entwicklung einer langfristigen Beschäftigungspolitik, die diesem Bedarf angemessen ist, werden zwei Fragenkomplexe entscheidend sein, zu deren Beantwortung die bisherigen Modelle nur unzureichend beigetragen haben:

Erstens, welche Qualifikationen sollen die Zuwandernden haben. Dazu wird geklärt werden müssen, welche Qualifikationen arbeitsmarktpolitisch und welche im Hinblick auf die gesamtgesellschaftliche Wertschöpfung erwünscht sind. Auch in diesem Zusammenhang wird zu fragen sein, welche unqualifizierten Tätigkeiten zu welchen hochqualifizierten Tätigkeiten komplementär sind. Dies wird politisch zu diskutieren sein, zumal betrieblich erwünschte Zuwanderungen nicht immer auch zur Mehrung des gesamtwirtschaftlichen Wohlstandes beitragen. Belastungen des Sozialversicherungssystems und der öffentlichen Infrastrukturen durch (im geldwerten Sinn) niedrig produktive Zuwanderer sind hier ebenso zu berücksichtigen wie die politischen Kosten der schon existierenden Massenarbeitslosigkeit.

Zweitens gehen die vorliegenden Modelle davon aus, daß die Zuwanderung politisch gesteuert werden kann. Dabei werden aber illegale Zuwanderungen, die in der EU künftig ebenso wenig wie etwa in den USA verhindert werden können, in der Regel nicht berücksichtigt, obwohl auch sie erhebliche Auswirkungen auf die Arbeitsmärkte haben. Zu erwarten ist, daß illegale Zuwanderer eine Konkurrenz vor allem für niedrig qualifizierte einheimische Arbeitskräfte sind, wobei in einigen EU-Ländern eher der landwirtschaftliche Sektor, in anderen eher der Dienstleistungssektor betroffen sein dürfte. Prognosen zum Umfang der künftigen illegalen Beschäftigung sind aber derzeit ebenso wenig möglich wie eine Bewertung ihrer Konsequenzen.

Vor allem ist unklar, wie die volkswirtschaftlichen Folgen zu beurteilen sind, beispielsweise in Hinblick auf die Tatsache, daß auch Illegale als Konsumenten auftreten, oder bezüglich möglicher Produktionsverlagerungen ins Ausland, wenn Unternehmer nicht mehr bereit sind, für niedrig produktive Tätigkeiten hohe Löhne zu zahlen. Politisch stellt sich in diesem Zusammenhang die Frage, wie die Anreize für Arbeitgeber, Illegale zu beschäftigen, reduziert werden können. Hier ist die Diskussion um eine grundlegende Steuerreform möglicherweise von großer Bedeutung: Wenn eine solche Reform dazu führen würde, die vor allem in Deutschland exorbitant hohen Lohnnebenkosten zu senken und statt dessen den Verbrauch zu besteuern, würde die Beschäftigung von Illegalen aus Kostengründen weniger attraktiv.

1.5.2 Sozialstaat

Die politische Diskussion um die sozialstaatlichen Wirkungen künftiger Zuwanderungen dreht sich bislang um zwei Aspekte: Zum einen, wie sie sich innergesellschaftlich, etwa in bezug auf soziale Ungleichheit in der Aufnahmegesellschaft, auswirken werden, zum anderen – im Vorgriff auf eine Einwanderungsgesetzgebung – welche Zuwanderung einzel- und volkswirtschaftlich benötigt wird.

Zum ersten Aspekt wird argumentiert, daß künftige Zuwanderungen vor allem Armutswanderungen sein werden, unter denen die unterprivilegierten Schichten der Aufnahmegesellschaften zu leiden hätten, da ihnen zusätzliche Konkurrenz um knappe Arbeitsplätze, Wohnraum und Sozialleistungen entstehen würde. Politische Polarisierung und Radikalisierung, Zerfall der gesellschaftlichen Ordnung und zunehmende Gewalt werden als Folgen prognostiziert. Weitere Zuwanderungen – vor allem von Asylbewerbern – werden daher mit dem Hinweis auf die begrenzten Aufnahmekapazitäten des Sozialstaates abgelehnt.[86]

Die zweite Argumentation geht davon aus, daß das Wertschöpfungsgefälle zwischen hoch und niedrig produktiven Wirtschaftssektoren und Bevölkerungsgruppen in hochentwickelten Industrieländern immer steiler wird.[87] Verschiedene marktwirtschaftliche, aber auch sozio-kulturelle Umverteilungsmechanismen sorgen dafür, daß auch in den unproduktiveren Wirtschaftssektoren relativ hohe Einkommen erzielt werden. Findet Zuwanderung in Sektoren mit hohem Wertschöpfungsgrad statt, entlastet sie den Sozialstaat, findet sie hingegen in Sektoren statt, in denen Sozialtransfers stattfinden, belastet sie den Sozialstaat. Klassische Einwanderungsländer richten ihre Zuwanderungspolitik an dieser Gegebenheit aus und gestatten Menschen, die Ideen und Kapital mitbringen, die Zuwanderung. Es ist zu erwarten, daß die Ideen- und Kapitalintensität der Volkswirtschaften alternder und schrumpfender Bevölkerungen abnimmt. Daher müssen, so die Folgerung aus dieser Argumentation, Zuwanderer so umfassend wie möglich integriert werden und Deutschland muß für Ideen und Kapital attraktiver werden als bisher. Das Spannungsverhältnis von Zuwanderung und Sozialstaat liegt dann darin, daß möglicherweise wenig qualifizierte und

---

[86] Vgl. Horst *Afheldt*, Sozialstaat und Zuwanderung, In: *Aus Politik und Zeitgeschichte*, 12.2.1993, B 7, S. 42-52, hier: S. 44 f.

[87] Vgl. Meinhard *Miegel*, Zuwanderung und Sozialstaat, in: St. *Angenendt*, Migration und Flucht, S. 99-104 (Anm. 3).

produktive Menschen in großer Zahl nach Deutschland zuwandern werden, daß aber nicht zuletzt deshalb forciert Kapital und Ideen abwandern.

Zu dieser zweiten Argumentation gibt es noch eine ordnungspolitische Gegenposition, die allerdings in Deutschland noch nicht so verbreitet ist wie in den sich als Einwanderungsgesellschaft verstehenden USA. Hier wird für einen großzügigen Umgang mit Zuwanderungen plädiert, weil Begrenzungen wirtschaftsliberalen Ordnungsvorstellungen widersprächen. Zuwanderer seien leistungs- und aufstiegsorientiert und damit ein Gewinn für das volkswirtschaftliche Humankapital. In dieser Argumentation wird – im Kontext des weitaus weniger ausgebauten sozialen Sicherungssystems der USA – die illegale Zuwanderung begrüßt, weil der Gemeinschaft keine Kosten entständen, die Zuwanderer aber zur gesamtgesellschaftlichen Wertschöpfung beitragen. Durch die zusätzliche Konkurrenz auf den Arbeitsmärkten würden sich Kostenvorteile der Betriebe ergeben, gleichzeitig könnten auch Wildwüchse des Wohlfahrtsstaates beseitigt werden. Nicht die Zuwanderung sei daher der zu bekämpfende Feind, sondern der Wohlfahrtsstaat.[88]

Auch die wissenschaftliche Diskussion, ob Zuwanderungen zu Be- oder Entlastungen für den Sozialstaat werden, kreist um die Stellung der Zuwanderer auf dem Arbeitsmarkt. Unstrittig ist, daß jede Bevölkerungszunahme, also auch Zuwanderung, Staatsausgaben in Form von Geldleistungen verursacht, etwa Kindergeld, Sozialhilfe und Wohngeld, und Infrastrukturleistungen im Wohnungs-, Ausbildungs-, Verkehrs- und Gesundheitsbereich nötig macht. Andererseits fließen dem Staat Einkommens- und Verbrauchssteuern zu. Je schneller die Zuwanderer erwerbstätig werden, desto schneller steigen nicht nur ihre Arbeitseinkommen und ihre Verbrauchsausgaben, sondern auch ihre Beiträge zu den Sozialversicherungen.

Die Prognose solcher Wirkungen im Einzelnen ist allerdings außerordentlich schwierig, weil nicht nur Annahmen über die künftige Arbeitsmarktentwicklung, sondern auch über die demographische Entwicklung sowie über die Organisationsform und den Leistungsumfang der Sozialversicherungssysteme und sonstiger öffentlicher Leistungen gemacht werden müssen. Im Folgenden sollen diejenigen Tatbestände, über die weitgehendes Einverständnis herrscht, referiert werden: zunächst Eckdaten zur Bevölkerungsentwicklung in Deutschland und dann einige Wirkungszusammenhänge, die sich aus Analysen früherer Zuwanderungen ergeben.

---

[88] Vgl. hierzu Ron K. *Unz*, Immigration or the Welfare State? Which is our Real Enemy?, in: *Policy Review*, Herbst 1994, S. 33-38 und Lawrence *Auster* et al., Them vs. Unz, in: *Policy Review*, Winter 1995, S. 88-96.

Schließlich wird nach den Herausforderungen des Sozialstaates durch künftige Zuwanderungen gefragt.

Durch die oben schon skizzierte demographische Entwicklung der Bundesrepublik bis zum Jahr 2030 wird nicht nur die Zahl der Erwerbstätigen abnehmen, es wird sich auch die Altersstruktur der Bevölkerung erheblich verändern, da der Anteil der über 60jährigen sich verdoppeln und der Anteil der unter 20jährigen leicht abnehmen wird.[89] Diese Entwicklung, die in allen europäischen Staaten langfristig ähnlich sein wird,[90] wirft erhebliche Probleme für den Sozialstaat auf.

Charakteristisch für den modernen Sozialstaat ist, daß er lohnzentriert und umlagefinanziert ist. Die Beiträge und Leistungen werden also an den Arbeitseinkommen bemessen und die laufenden Leistungen aus den laufenden Beiträgen finanziert.[91] Damit ist umlagefinanzierten Sozialversicherungssystemen die Unterscheidung von Einheimischen und Zugewanderten wesensfremd: diese Systeme integrieren alle sozialversicherungspflichtig Beschäftigten, unabhängig von ihrer ethnischen Zugehörigkeit oder ihrem Aufenthaltsstatus.[92]

Für die Rentenversicherung ist diese demographische Entwicklung eine Gefahr, weil das Geburtendefizit und die verlängerte Lebenserwartung das Verhältnis von Rentenempfängern zu Beitragszahlern verschlechtert. Belastet wird dieser „Rentnerquotient" auch noch durch steigende Arbeitslosigkeit und die Verkürzung der Lebensarbeitszeit. Die Krankenversicherung ist hingegen nicht in dieser direkten Form von dem demographischen Wandel betroffen, da auch die Rentner Versicherungsbeiträge zahlen. Hier liegen die Risiken vielmehr in mit steigendem Alter stark überproportionalen Krankenkosten und in den im Vergleich zu den Erwerbstätigen niedrigeren Beiträgen der Rentner. Zu den potentiellen Auswirkungen dieser Entwicklungen auf die Höhe der Beitragssätze liegen unterschiedliche

---

[89] Vgl. B. *Rürup* / W. *Sesselmeier*, Die demographische Entwicklung Deutschlands: Risiken, Chancen, politische Optionen., hier: S. 3 f (Anm. 84).

[90] Zum europäischen Vergleich siehe auch Josef *Schmid*, Zuwanderung aus Eigennutz? Der demographische Aspekt des Einwanderungsbedarfes in den EU-Mitgliedstaaten, in: Werner *Weidenfeld* (Hrsg.), Das europäische Einwanderungskonzept, Gütersloh 1994, S. 89-124.

[91] Vgl. Bert *Rürup*, Zuwanderung und soziales Sicherungssystem in Deutschland, (Thesen zur Expertenanhörung „Alterung und Zuwanderung" am 15.3.1994 in Bonn), 1994, S. 1 (unveröffentlichtes Manuskript).

[92] Vgl. Andrea *Fischer*, Zum Spannungsverhältnis von Zuwanderung und Sozialstaat, in: *Prokla*, Nr. 1, 1994, S. 27-47, hier: S. 33.

Schätzungen vor. Möglicherweise könnten sich die Steigerungen der Beiträge bei einem Erfolg der im Rentenreformgesetz von 1992 beschlossenen Maßnahmen bis zum Jahr 2030 auf eine Erhöhung um 30 Prozent beschränken lassen, und in der Krankenversicherung auf eine ähnliche Zunahme.[93]

Für die Frage, wie sich künftige Zuwanderungen auf die Sozialsysteme auswirken werden, ist eine Betrachtung der Folgen der bisherigen Zuwanderungen aufschlußreich. In den letzten Jahren haben Zuwanderer im Vergleich zur einheimischen Bevölkerung überproportional Leistungen der Arbeitslosenversicherung beansprucht. Allerdings haben sie ebenfalls überdurchschnittlich in Wirtschaftssektoren und Beschäftigungsverhältnissen mit hoher Beschäftigungsfluktuation gearbeitet. Vergleicht man hingegen die von deutschen und ausländischen Haushalten aufgewendeten Krankenversicherungsbeiträge und die in Anspruch genommenen Leistungen – was aufgrund der schlechten Datenlage schwierig ist –, besteht begründeter Anlaß für die Vermutung, daß Zuwanderer in einer Nettozahlerposition sind.[94] Entsprechend ihrer günstigeren Altersstruktur haben sie Leistungen der Rentenversicherung unterdurchschnittlich in Anspruch genommen. Es ist zu erwarten, daß sich dies mit zunehmender Aufenthaltsdauer und einer Angleichung ihrer Altersstruktur an die einheimische Bevölkerung ändern wird.[95]

Bezüglich der Inanspruchnahme öffentlicher Infrastrukturen[96] ist eine ungleiche Belastung der Gebietskörperschaften festzustellen. Während der

---

[93]   Vgl. B. *Rürup*, Zuwanderung und soziales Sicherungssystem in Deutschland, S. 3 f (Anm. 91).

[94]   Vgl. Bert *Rürup* / Werner *Sesselmeier*, Einwanderungspolitik im Spannungsfeld zwischen ökonomischer Notwendigkeit und gesellschaftlicher Akzeptanz (unveröffentlichtes Manuskript). 1989 standen Rentenbeiträgen von Ausländern in Höhe von 12,8 Mrd. DM (7,8% des Beitragsaufkommens) Renten in Höhe von 3,7 Mrd. DM (1,9% des Rentenvolumens) gegenüber.

[95]   In diesem Zusammenhang ist auf künftige soziale Probleme durch die niedrigen Rentenanwartschaften von Ausländern hinzuweisen. Aufgrund des höheren Arbeiteranteils, der geringeren Zahl an Beitragsjahren und des höheren Frührentneranteils betragen die Renten von 60jährigen Ausländern nur 57% derjenigen von Deutschen, allerdings mit erheblichen geschlechtsspezifischen Unterschieden: ausländische Männer erreichen 44% des deutschen Niveaus, ausländische Frauen hingegen 87%. Vgl. *Zentrum für Türkeistudien*, Ausländer in der Bundesrepublik Deutschland, Opladen 1994, S. 157.

[96]   Vgl. zum folgenden den Überblick bei Arne *Gieseck* / Ullrich *Heilemann* / Hans Dietrich *von Loeffelholz*, Zuwanderung in die Bundesrepublik Deutschland aus ökonomischer Sicht, in: *Städte und Gemeinderat*, November 1994, S. 383-387, hier: S. 386.

Bund von den Beiträgen der Zuwanderer insgesamt profitierte, wurden einige Kommunen, vor allem in den Ballungsgebieten mit einem hohen Zuwandereranteil, stark belastet. Dies gilt zum einen für den Wohnungsmarkt. Die dortige Knappheit an preiswertem Wohnraum ist allerdings nicht nur auf eine erhöhte Nachfrage durch Zuwanderer zurückzuführen, sondern auch darauf, daß die Nachfrage der Einheimischen nach größerem Wohnraum zugenommen hat und darauf, daß das Angebot aufgrund der Reduzierung des Sozialwohnungsprogramms seit den achtziger Jahren sich nicht entsprechend ausgeweitet hat. Wie stark künftige Zuwanderungen die Wohnungsmärkte in den für sie wegen der besseren Beschäftigungschancen und eventuell vorhandener ethnischer Netzwerke attraktiven Ballungsgebiete belasten werden, wird von der künftigen Wohnungsbaupolitik bestimmt werden. Dabei ist zu erwarten, daß die nötigen Investitionen zu einem wachsenden Teil aus dem steigenden Sparaufkommen der Zuwanderer finanziert werden können.

Ein weiterer Bereich ungleicher Belastung ist das Schulwesen, insbesondere die Grund-, Haupt- und Realschulen. Die Zuwanderung führt zwar nicht unmittelbar zu Mehrausgaben, sondern zunächst zu einer Erhöhung der Schülerzahl pro Lehrer und eventuell zu Ungleichheiten in der Leistungsstruktur der Schulklassen. Längerfristig sind aber sicherlich erhöhte öffentliche Ausgaben für eine Wiederherstellung des Leistungsangebots für die Schüler, also vor allem der Lehrer-Schüler-Relation, zu erwarten. Im Verkehrsbereich dürften weitere Zuwanderungen zunächst zu einer Inanspruchnahme des öffentlichen Nahverkehrs führen, möglicherweise zu einer Reduzierung der Unterauslastung und damit zu höherer Effizienz der jeweiligen Betriebe. Längerfristig wären aber zusätzliche Investitionen vor allem in die Verkehrswege nötig.

Bezüglich der Frage, welche Wirkungen künftige Zuwanderung auf den Sozialstaat haben, sind die Ergebnisse einer Studie des Rheinisch-Westfälischen Instituts für Wirtschaftsforschung (RWI) aufschlußreich. Es ist berechnet worden, daß die Beschäftigung von 1,2 Millionen Zuwanderern in der Phase von 1988 bis 1992 im Jahr 1992 zusätzlich 90 000 Arbeitsplätze geschaffen sowie das Bruttosozialprodukt um 6 Prozent, die Unternehmereinkommen brutto um 10 Prozent und die Arbeitnehmereinkommen um 5 Prozent erhöht hat. Insgesamt hat die Zuwanderung in diesem Jahr zu einer Entlastung der öffentlichen Haushalte in Höhe von 14 Milliarden DM geführt.[97]

---

[97] Vgl. edb., S. 387 sowie die für diese Berechnungen grundlegende Studie von György *Barabas* / Arne *Gieseck* / Ullrich *Heilemann* / Hans Dietrich *von Loeffelholz*, Gesamtwirt-

Diese Daten erlauben einige Prognosen und machen gleichzeitig Problembereiche deutlich. Zum einen wird sichtbar, wie stark die Be- und Entlastungen des Sozialstaates von der Struktur der künftigen Zuwanderung abhängen. Die bis in die Gegenwart für die Sozialversicherungssysteme positiven Wirkungen der Zuwanderung sind eine Folge der günstigen Altersstruktur der bisherigen Zuwanderer und deren höherer Erwerbsbeteiligung gewesen. Im Bereich der aus sozialen, politischen und humanitären Gründen nicht zu verhindernden Zuwanderung – Familiennachzug, Aussiedlerzuzug, Aufnahme von Flüchtlingen – wird sich die Struktur der Zuwanderung nicht grundsätzlich verändern. Dies würde auch für zusätzlich akzeptierte Zuwanderungen gelten, etwa von angeworbenen Facharbeitern. Problematischer ist die zweite Bedingung, die Integration in den Arbeitsmarkt. Hier muß wahrscheinlich für die nächsten zehn Jahre von einer angespannten Situation ausgegangen werden, wobei die Zahl der den Zuwanderern zur Verfügung stehenden Arbeitsplätze sicherlich in hohem Maße von Maßnahmen zur Flexibilisierung und zur Deregulierung der Arbeitsmärkte abhängen wird.

Völlig unklar ist hingegen, wie sich der Zuzug von illegalen Zuwanderern auf den Sozialstaat auswirken könnte. Da diese nicht sozialversicherungspflichtig beschäftigt sind, würden grundsätzlich die Erträge ihrer Beschäftigung privatisiert, nämlich von den Betrieben und Haushalten, die Kosten jedoch vergemeinschaftet. Allerdings wäre hier zu fragen, in welchem Umfang sie durch die von ihnen gezahlten Verbrauchsabgaben zur volkswirtschaftlichen Wertschöpfung beitragen.

schaftliche Effekte der Zuwanderung 1988 bis 1991, in: *RWI-Mitteilungen*, 1992, S. 133-154, hier S. 145. Für die Schweiz ist mit ähnlichen Methoden für das Jahr 1990 ein gesamtwirtschaftlicher jährlicher Gewinn durch die niedergelassenen Ausländer für das Staatsbudget in Höhe von 600 Mio. Sfr berechnet worden. Vgl. René *Weber*, Wohlfahrtsgewinne durch Einwanderung? Eine Schätzung der Umverteilungswirkungen für die Schweiz, in: *Neue Zürcher Zeitung*, 31.12.1994.

1.5.3 Innere Sicherheit

In Umfragen zu den wichtigsten politischen Themen rangieren in fast allen EU-Ländern Arbeitslosigkeit und Innere Sicherheit auf den ersten Plätzen. Bemerkenswert ist, daß diese subjektiv wahrgenommene Bedeutung der Bedrohung der Inneren Sicherheit sehr häufig nicht mit der tatsächlichen Kriminalitätsentwicklung korrespondiert.[98]

Auf Zuwanderung bezogen wird eine Beeinträchtigung der Inneren Sicherheit vor allem durch eine Zunahme von Ausländerkriminalität, Ausländerfeindlichkeit und Ausländerextremismus befürchtet.[99] Im Folgenden sollen diese Zusammenhänge für das deutsche Beispiel analysiert werden.

Die statistische Grundlage für eine Beurteilung der *Ausländerkriminalität* ist die Polizeiliche Kriminalstatistik (PKS), die Angaben über die erfaßten Straftaten sowie unter anderem über die Nationalität von Tatverdächtigen enthält.[100] 1996 betrug bei einem Ausländeranteil an der deutschen Wohnbevölkerung von 8,8 Prozent der Anteil der ausländischen Tatverdächtigen 28,3 Prozent. Dieser hohe Anteil, der in der öffentlichen Diskussion immer wieder als Indikator für die Gefährdung der inneren Sicherheit durch Ausländer gewertet wird, muß aber in mehrfacher Hinsicht differenziert werden. Zum einen ist zu vermuten, daß Ausländer zumindest in bestimmten Deliktsgruppen häufiger ungerechtfertigt zu Tatverdächtigen werden als Deutsche, da ein wesentlich höherer Prozentsatz der deutschen Tatverdächtigen als der ausländischen angeklagt und auch

---

[98] Eine gesamtdeutsche Repräsentativbefragung der Forschungsgruppe Kriminologie des Max-Planck-Instituts für ausländisches und internationales Strafrecht zeigt, daß sich von 1987 bis 1990 der Anteil der Bürger, die mit einem Gefühl der allgemeinen Unsicherheit und Angst vor Kriminalität lebten, von einem Fünftel auf zwei Drittel der Befragten erhöht hat, obwohl im gleichen Zeitraum die Schwerkriminalität, vor der sich die meisten besonders fürchteten, nur geringfügig zugenommen hat. Vgl. *Frankfurter Allgemeine Zeitung*, 19.1.1995. Vgl. zum Problem der Bedrohungswahrnehmung auch Eberhard *Seidel-Pielen* / Klaus *Farin*, Die Konstruktion der Bedrohung. Innere Sicherheit in der Bundesrepublik, in: *Blätter für deutsche und internationale Politik*, Nr. 7, 1994, S. 811-822.

[99] Die Ausländerbeauftragte der Bundesregierung, Cornelia *Schmalz-Jacobsen*, hat auf die sprachliche Paradoxie der Begriffe „Ausländerfeindlichkeit", die sich gegen Ausländer richtet, und „Ausländerkriminalität", die von Ausländern begangen wird, hingewiesen, und angemerkt, daß hier aus Opfern Täter, aus Gefährdeten Gefährliche würden. Vgl. *Die Beauftragte der Bundesregierung für die Belange der Ausländer*, „Ausländerkriminalität" oder „Kriminelle Ausländer", Bonn, November 1993, S. 7.

[100] Vgl. *Presse- und Informationsamt der Bundesregierung*, Die Kriminalität in der Bundesrepublik Deutschland. Bericht zur Polizeilichen Kriminalstatistik 1996, in *Bulletin*, Nr. 48, 12.6.1997, S. 509-556.

verurteilt wird.[101] Zweitens sind etwa ein Drittel der erfaßten Delikte Straftaten, die nur von Ausländern begangen werden können, etwa Verstöße gegen Aufenthaltsvorschriften. Drittens ist die Sozialstruktur ausländischer und deutscher Tatverdächtiger häufig nicht vergleichbar; sie sind in Risikogruppen häufiger vertreten. Viertens werden in der Bevölkerungsstatistik illegal anwesende Ausländer und ausländische Touristen nicht erfaßt, wohl aber in der PKS, was dann zwar die unterschiedliche Kriminalitätsbelastung von Deutschen und Nicht-Deutschen widerspiegelt, aber die Unterschiede zwischen den hier lang ansässigen Ausländern und illegal Anwesenden beziehungsweise ausländischen Reisenden verwischt.

Der Anteil der Ausländer an den Tatverdächtigen variiert stark nach Delikten und dem Aufenthaltsstatus. So weist die PKS für 1996 den Anteil der illegal anwesenden nichtdeutschen Tatverdächtigen mit 21,9 Prozent und den Anteil der Asylbewerber an den sich legal aufhaltenden nicht-deutschen Tatverdächtigen mit 19,8 Prozent aus, von denen allerdings die Mehrzahl wegen Bagatelldelikten, etwa wegen Ladendiebstahls, registriert wurde. Überdurchschnittlich hoch war der Anteil ausländischer Tatverdächtiger etwa bei der Hehlerei von Kraftfahrzeugen, dem illegalen Handel mit Kokain, dem Betäubungsmittelhandel sowie dem Taschendiebstahl. Über ein Viertel der nicht-deutschen Tatverdächtigen waren illegal aufhältliche oder reisende Ausländer. Ein erheblicher Teil der (vermuteten) Ausländerkriminalität ist also nicht immigrationsbezogen, sondern dem weitgehenden Wegfall der Grenzkontrollen im Binnenmarkt und der größeren Durchlässigkeit der Grenzen zu den mittel- und osteuropäischen Staaten geschuldet.[102] Dies gilt auch für die beiden Kriminalitätsbereiche mit besonders hohem Anteil ausländischer Tatverdächtiger, die organisierte Kriminalität (62 Prozent) und das Schlepperwesen (74 Prozent).

---

[101]   Vgl. *Zentrum für Türkeistudien*, Ausländer in der Bundesrepublik Deutschland, Opladen 1994, S. 393 und vertiefend Ernst-Heinrich *Ahlf*, Ausländerkriminalität in der Bundesrepublik Deutschland nach Öffnung der Grenzen, in: *Zeitschrift für Ausländerrecht und Ausländerpolitik*, Nr. 3, 1993, S. 132-138, hier: S. 135 f.

[102]   Der Bericht zur Polizeilichen Kriminalstatistik kommentiert diese Entwicklung wie folgt: „(...) der Anteil der Staatsangehörigen aus anderen Mitgliedstaaten der Europäischen Union an allen nichtdeutschen Tatverdächtigen in den alten Ländern einschließlich Berlin [ist] seit 1984 (25,0 Prozent) beträchtlich auf nur noch 12,3 Prozent (1996) gesunken und spielt damit im Kriminalitätsgeschehen Deutschlands nur eine geringe Rolle. Ausländerkriminalität ist in Deutschland vor allem unter Personen zu beobachten, die sich nur für kurze Zeit oder illegal in Deutschland aufhalten." Vgl. *Presse- und Informationsamt der Bundesregierung*, Kriminalstatistik 1996, S. 542 f (Anm. 100).

Beide Bereiche sind nach Ansicht von Sicherheitsexperten eng miteinander verflochten. Es handele sich häufig um die gleichen Organisationen, Geldwäscheeinrichtungen, konspirative Objekte und das gleiche Personal, lediglich um andere Ware, nämlich nicht um Waffen oder Rauschgift, sondern um Menschen. Die Preise für die Umgehung der restriktiven Einwanderungs- und Asylmöglichkeiten in den EU-Ländern liegen je nach Distanz und Leistungen der Schlepperunternehmen zwischen 250 und 25 000 US-Dollar; für 1993 und 1994 wurde die Zahl der eingeschleusten Migranten in die EU auf 500 000 geschätzt.[103] In der Bundesrepublik hat seit 1992 die Zahl der entdeckten Schleusungen deutlich zugenommen.[104] Mit zunehmender Überwachung der Grenzen zu den mittel- und osteuropäischen Nachbarländern bedienen sich die Schleuserorganisationen der offenen EU-Binnengrenzen. Für illegale Einreisen aus der Türkei nach Deutschland, beispielsweise von Kurden, die Asylanträge stellen wollen, wird immer häufiger der Weg über Bulgarien, Slowenien, Italien und dann über die Grenzübergänge Ventimiglia und Mülhausen nach Frankfurt (Main) gewählt.[105]

---

[103] Die Schätzung ist von Jonas *Widgren*, Direktor des International Center for Migration Policy Development in Wien. Vgl. *International Herald Tribune*, 3.1.1995.

[104] Die Zahlen – 1996 wurden 7 364 geschleuste Personen festgenommen, gegenüber 6 656 Personen im Vergleichszeitraum des Vorjahres – sagen nicht unbedingt etwas über die Entwicklung der illegalen Zuwanderung insgesamt aus, da sie möglicherweise auf die Ausgabenausweitung und die verbesserte finanzielle und personelle Ausstattung des Bundesgrenzschutzes zurückzuführen sind. Aussagekräftiger sind die Daten über Festnahmen wegen unerlaubter Einreise, die 1996 27 024 Personen betroffen haben (1995 29 604), was einen Rückgang gegenüber dem Vorjahr um 8,7% bedeutet und einen Trend fortsetzt, der auch schon in den vorangegangenen Jahren zu beobachten war. Dessen ungeachtet vertritt der Parlamentarische Staatssekretär im Bundesinnenministerium, Eduard *Lintner*, die Ansicht, die Schleuserkriminalität habe sich durch ihre internationale Verflechtung und eine wachsende Professionalisierung der Täter zu einem gefährlichen Phänomen im Sicherheitsgefüge Deutschlands entwickelt, das eine zielgerichtete Fortsetzung der Bemühungen um eine effektive Grenzsicherung erfordere (vgl. *Das Bundesministerium des Innern informiert*, vom 8.8.1996). Zu den Daten vgl. die jährlich vom Bundesministerium des Innern herausgegebenen Tätigkeitsberichte des Bundesgrenzschutzes. Seit dem 1.2.1993 wird von der Grenzschutzdirektion eine „Falldatei Schleuser und Geschleuste" geführt.

[105] Die deutschen Grenzbehörden reagieren zunehmend durch Kooperationen mit Dienststellen in den Nachbarländern, etwa durch die Einrichtung von deutsch-französischen Kontaktdienststellen und durch Stichproben- und Schwerpunktkontrollen im Hinterland. Nach Ansicht eines Inspektors der französischen Grenzpolizei werde dadurch hinter der Grenze wieder aufgebaut, was kurz zuvor an der Grenze abgeschafft wurde, nun allerdings zu sehr viel höheren Kosten. Vgl. *Frankfurter Allgemeine Zeitung*, 12.1.1995.

Sehr bedenklich ist vor allem die Folgekriminalität im Anschluß an die Einschleusung: da die Zuwanderer in der Regel nicht über die nötigen Mittel zur Begleichung ihrer Schulden bei den Schleppern verfügen, werden sie sehr häufig von Opfern zu Tätern, indem sie zum Rauschgifthandel, zur Prostitution etc. gezwungen werden. Zur Bekämpfung der grenzüberschreitenden organisierten Kriminalität setzt die deutsche Regierung einerseits auf eine Intensivierung der Zusammenarbeit der EU-Mitgliedstaaten, insbesondere auf die Errichtung einer Europäischen Polizeibehörde (EUROPOL).[106] Zum anderen werden Regierungsabkommen mit mittel- und osteuropäischen Nachbarländern geschlossen, die zum Austausch von Informationen, Forschungsergebnissen und Fachleuten sowie zu gemeinsamen Maßnahmen verpflichten.[107]

Das zweite große Thema des Zusammenhanges von Zuwanderung und Innerer Sicherheit ist die *Kriminalität gegen Ausländer*. Laut Verfassungsschutzbericht nahm von 1991 bis 1996 die Zahl der registrierten fremden- und ausländerfeindlich motivierten Gesetzesverletzungen von 2 598 auf 6 721 im Jahre 1993 zu, darunter die Gewalttaten von 1 438 auf 1 609. Seit Mitte des Jahres 1993 ist eine Abnahme der Gewalttaten, insbesondere von Brandanschlägen und Sachbeschädigungen mit Körperverletzung und der Straftaten wie Nötigungen, Propagandadelikte und Volksverhetzungen, zu beobachten.[108] Im Jahre 1996 wurden 2 232 Straftaten registriert, davon 441 Gewalttaten.

---

[106] Als Vorgängerorganisation nahm bereits Anfang 1994 die EUROPOL-Drogeneinheit in Den Haag ihre Arbeit auf, deren Aufgabenbereich auf deutsche Initiative hin mittlerweile durch Ratsbeschluß um die Bekämpfung von Nuklearschmuggel, Schleuserkriminalität, Autoschieberei und Geldwäsche ausgedehnt wurde.

[107] Geschlossen wurden bereits Abkommen mit Polen, Ungarn, Bulgarien, der Tschechischen und der Slowakischen Republik (den Staaten des sog. „ersten Ringes"), mit der Ukraine und Estland. Zu den Staaten des „zweiten Ringes", mit denen über entsprechende Abkommen bereits verhandelt wird, gehören auch Lettland, Litauen, Rußland und Belarus. Später sollen Abkommen mit den zentralasiatischen Republiken der GUS („dritter Ring") hinzukommen.

[108] Von 1991 bis 1994 war ein deutlicher Anstieg der Zahl der antisemitischen Straftaten zu verzeichnen (von 367 auf 1 366). Seitdem ist aber auch hier ein Rückgang festzustellen, auf 846 im Jahr 1996. Hingegen sind die Straftaten (Nicht-Gewalttaten) mit sonstigem rechtsextremistischen Hintergrund in den letzten Jahren kontinuierlich gestiegen, von 693 im Jahr 1991 auf 5 477 im Jahr 1996. Zu vermuten ist, daß auch ein erheblicher Teil dieser Straftaten einen ausländerfeindlichen Hintergrund hat, weshalb die Einschätzung des Bundesinnenministeriums, die rechtsextremistische Gewalt sei zurückgegangen, und das sei auf eine konsequente Strafverfolgung der Täter, die Verhängung von Vereins- und Versammlungsverboten, zurückzuführen, kritisch betrachtet werden muß. Zu den Daten vgl. *Bundesministerium des Innern*, Verfassungsschutzbericht 1996, Bonn 1997, S. 91-95.

Verschiedene Untersuchungen zeigen, daß es sich bei den Tätern überwiegend um (männliche) Jugendliche und Heranwachsende – nur ein Fünftel von ihnen ist älter als 25 – mit geringem formalen Schulabschluß handelt. Etwa ein Fünftel gehört rechtsextremistischen Gruppen an, ein weiteres Fünftel Skinhead-Gruppen. Die Mehrheit dieser fremdenfeindlichen Gewalttäter hat zwar kein ideologisch geschlossenes rechtsextremes Weltbild, die Grenzen zum organisierten Rechtsextremismus und zum politischen Rechtsradikalismus sind aber fließend. *Rechtsextremismus* zielt nach Ansicht des Bundesverfassungsgerichtes auf die Abschaffung wesentlicher Prinzipien des demokratischen Verfassungsstaates, wie die fundamentale Gleichheit der Menschen, das Demokratieprinzip, die Gewaltenteilung, die Oppositions- und Minderheitenrechte, Pluralismus und Parteienkonkurrenz, und tritt für Rassismus und Führerprinzip ein. *Rechtsradikalismus* hingegen verfolge nicht eindeutig die Beseitigung der Grundordnung, bewege sich bei verwandten inhaltlichen Positionen aber am äußersten Rande des Verfassungsrahmens. Verfolgt wird daher ein Konglomerat an nationalistischen, traditionell-konservativen, autoritären und reaktionären, aber auch radikal-liberalen und plebiszitären Positionen. Bindeglied zwischen rechtsextremen und rechtsradikalen Positionen sind neben antieuropäischen und antiwestlichen Einstellungen vor allem Fremdenfeindlichkeit und Nationalismus.[109] So wie für Skinheads und rechtsextremistische Gruppierungen Fremdenhaß der wichtigste Rekrutierungs- und Mobilisierungsfaktor ist, benutzen die rechtsradikalen Parteien die „Überfremdung" als Ansatzpunkt für politische Kampagnen und Agitation – nicht nur in Deutschland, sondern auch in anderen EU-Ländern sowie zunehmend auch in den mittel- und osteuropäischen Ländern.[110]

---

[109] Vgl. Hans-Joachim *Veen*, „Rechtsextrem" oder „Rechtsradikal"?, in: *Das Parlament*, 15.4.1994.

[110] Von 1986 bis 1993 hatte sich in Deutschland die Zahl von Mitgliedern in rechtsextremistischen Personenzusammenschlüssen von 22 100 auf 64 000 verdreifacht (Mitglieder in Parteien wie „Die Republikaner", Deutsche Volksunion, Nationaldemokratische Partei Deutschlands und Deutsche Liga für Volk und Heimat sowie militante Rechtsextremisten, insbesondere Skinheads und Neonazis). Seitdem ist in allen organisierten Gruppen ein Mitgliederschwund festzustellen, auf 45 300 Personen im Jahr 1996. Vgl. *Bundesministerium des Innern*, Verfassungsschutzbericht 1996, S. 89 (Anm. 108) Zum Phänomen des Rechtsextremismus in der EU vgl. unter anderem Tore *Björgo* / Rob *Witte* (Hrsg.), Racist Violence in Europe, Houndsmill 1993, zur Entwicklung in den mittel- und osteuropäischen Staaten die im Februar und März 1994 in der *Süddeutschen Zeitung* erschienene Serie „Wie braun ist der Osten?".

Würde man der Auffassung des Bundesinnenministeriums zustimmen, daß das Anwachsen der fremdenfeindlichen Straftaten in den letzten Jahren nicht nur auf Persönlichkeitsdefizite und Sozialisationsschäden der Täter, sondern auch auf die Diskussion um das Asylrecht und damit auf die Fähigkeit des Staates, unerwünschte Zuwanderungen zu verhindern, zurückzuführen ist, wäre zu vermuten, daß künftige Zuwanderungen das Problem des Rechtsextremismus noch verschärfen würden. Hier ist aber zu differenzieren: Für die politische Ordnung der Bundesrepublik sind rechtsextreme Parteien und Gruppierungen aufgrund ihrer doch eher geringen Mitgliederzahl keine direkte Gefahr. Bedenklicher ist neben der Verunsicherung und Bedrohung der zugewanderten Bevölkerung und dem katastrophalen Bild, das ins Ausland vermittelt wird, ihr Einfluß auf die Themensetzung der anderen Parteien. In den Wahlkämpfen der vergangenen Jahre war zu beobachten, daß fast alle anderen Parteien aus Angst vor Wählerverlusten die Zuwanderungsproblematik in nicht immer sachgerechter Weise zum Thema machten. Zum anderen ist – nicht zuletzt aufgrund informationstechnischer und grenzüberschreitender Vernetzungen von Rechtsextremisten – nicht auszuschließen, daß sich aus dem noch heterogenen Rechtsextremismus ein organisierter politischer Rechtsterrorismus entwickelt. Ob künftige Zuwanderungen eine solche Entwicklung beschleunigen würden, ist fraglich. Eine solche Entwicklung dürfte eher von anderen Faktoren (Herausbildung einer ideologisch begründeten Kampfstrategie, Beschaffung logistischer und finanzieller Unterstützung, etc.) abhängen.

Der dritte Aspekt von Zuwanderung und innerer Sicherheit ist der *politische Extremismus von Ausländern*. Hierunter wird unter anderem die Mitgliedschaft in Organisationen verstanden, deren Bestrebungen sich gegen die freiheitlich demokratische Grundordnung oder die Sicherheit des Bundes beziehungsweise eines Landes richten oder die durch geplante oder vorbereitete Gewalttaten auswärtige Belange der Bundesrepublik gefährden. Nach Angaben des Bundesinnenministeriums hat der Mitglieder- und Anhängerstand von ausländischen extremistischen Organisationen von etwa 100 000 im Jahre 1988 auf 38 950 im Jahre 1993 abgenommen. 1994 war wieder ein Anstieg auf 47 050 Personen zu verzeichnen, ein Trend, der auch 1996 (57 300) angehalten hat und der auf eine Zunahme der Anhänger sowohl von linksextremistischen als auch von extrem-nationalistischen und extremistisch-islamischen Gruppen zurückzuführen ist. Von diesen Personen waren über zwei Drittel Türken und ein Fünftel Kurden.[111] Nach

---

[111] Die Mitgliederzahl der linksextremistischen Gruppen ist seit 1988 von 71 000 auf 18 600 zurückgegangen, die von extrem-nationalistischen von 13 000 auf 7 800, die von islamisch-

Ansicht des Bundesinnenministeriums bedrohen trotz dieses Mitglieder-schwundes extremistische Ausländervereinigungen nach wie vor die innere Sicherheit der Bundesrepublik erheblich, da eine deutliche Zunahme von politisch motivierten Gewalttaten ausländischer Extremisten festzustellen sei. So sei für den Zeitraum von 1992 bis 1995 eine Verdoppelung der Zahl der schweren Gewalttaten und eine Vervierfachung der Zahl der sonstigen Gewalttaten zu beobachten gewesen, und erst 1996 sei deren Zahl wieder leicht gesunken.[112]

Für die Gewalttaten der letzten Jahre waren insbesondere Mitglieder der für einen unabhängigen kurdischen Staat kämpfenden „Arbeiterpartei Kurdistans" (PKK) verantwortlich. Diese wurde am 26. November 1993 mit der Begründung einer erheblichen Beeinträchtigung deutscher Sicherheits-interessen vom Bundesinnenministerium verboten, nachdem Anhänger der Partei bei zwei Aktionstagen Anschläge auf türkische Einrichtungen begangen hatten. Das Betätigungsverbot hat die Aktionsmöglichkeiten der PKK erheblich erschwert, vor allem die Organisation von Veranstaltungen und die Öffentlichkeitsarbeit.[113] Im Jahre 1995 wurden weitere Verbote gegen PKK-nahe Vereine erlassen, mit der Begründung, es handele sich um Ersatz-und Unterstützungsorganisationen der PKK. Dies betraf auf Bundesebene das „Kurdistan-Informationsbüro in Deutschland" sowie das Verbot einiger kurdischen Kulturvereine durch die Innenminister der Länder. Von Anfang 1995 bis Mitte 1996 wurden von PKK-Anhängern zahlreiche und organi-sierte Brandanschläge vor allem gegen türkische Reisebüros, Geschäfte,

---

extremistischen Gruppen hat von 17 000 auf 30 900 zugenommen. Die Aussagekraft dieser Angaben muß aber zurückhaltend beurteilt werden, da sie größtenteils auf Schätzungen beruhen und auch die Kategorisierung der Gruppierungen nicht immer zweifelsfrei mög-lich ist. Vgl. *Bundesministerium des Innern*, Verfassungsschutzbericht 1996, S. 175 ff (Anm. 108).

[112] 1992 wurden 141 schwere Gewalttaten und 72 sonstige Gesetzesverletzungen mit erwiese-nem oder zu vermutendem ausländerextremistischen Hintergrund registriert, 1996 269 Gewalttaten und 260 sonstige Gesetzesverletzungen. Unter Gewaltakten werden schwer-wiegende Straftaten, wie etwa Tötungsdelikte, Sprengstoffanschläge, Landfriedensbrüche, Freiheitsberaubungen, Raub und Erpressung, Körperverletzung, Sachbeschädigung mit erheblicher Gewaltanwendung und Nötigungen verstanden. Vgl. ebd., S. 179.

[113] Sehr kritisch bezüglich der Wirksamkeit des Betätigungsverbotes hat sich im November 1996 der hessische Innenminister *Bökel* geäußert. Das Verbot sei wirkungslos, die Zahl der militanten Aktivisten in Hessen habe trotz der „gradlinigen Duchsetzung" des Verbotes deutlich zugenommen. In diesem Zusammenhang bat er die Bundesregierung um eine Klarstellung hinsichtlich des künftigen Umgangs mit der PKK, denn durch ihre Kontakte zu Parteiführer*Öcalan* habe die Bundesregierung Zweifel an einem Fortbestand des Verbotes der PKK ausgelöst. Vgl. *Frankfurter Allgemeine Zeitung*, 2.11.1996.

Gaststätten und Vereinsgebäude verübt. Seither hat die Zahl der Gesetzesverletzungen durch die PKK deutlich abgenommen, was unter anderem auf den von Parteiführer Abdullah *Öcalan* mehrfach öffentlich verkündeten Gewaltverzicht in Deutschland zurückgeführt wird.

Anschläge und gewalttätige interne Auseinandersetzungen werden auch der linksextremistischen türkischen, bereits seit 1983 in Deutschland verbotenen und 1993 in zwei sich befeindende Gruppierungen zerfallenen „Revolutionären Linken" (Devrimci Sol) und der ebenfalls linksextremistischen „Türkischen Kommunistischen Partei/Marxisten-Leninisten" (TKP/M-L) zugeschrieben.[114]

Die extremistischen türkischen Gruppierungen im islamischen und nationalistischen Bereich sind bislang nicht durch schwere Gewalttaten aufgefallen, sondern hauptsächlich durch politische Agitation, wobei insbesondere der seit dem Tod des 1995 verstorbenen Vorsitzenden Cemaleddin *Kaplan* von dessen Sohn Metin geführte „Verband der islamischen Vereine und Gemeinden" (ICCB) durch die Propagierung eines gewaltsamen Umsturzes der türkischen Rechtsordnung aufrief. Zunehmend größere Bedeutung vor allem durch neu gewonnene jugendliche Mitglieder hat die „Islamische Gemeinschaft Milli Görüs e.V.". Die etwa 26 200 Mitglieder sind in Deutschland in 500 Ortsvereinen organisiert.[115]

Gewalttätige Auseinandersetzungen hat es in Deutschland in den letzten Jahren auch zwischen regimetreuen und regimefeindlichen Iranern und, mit der Verschärfung des Krieges im ehemaligen Jugoslawien, zwischen Kroaten, Serben und bosnischen Muslimen gegeben. Mittels Agitation und Propaganda kämpften für ihre politischen Ziele außerdem Anhänger der tamilischen „Liberation Tigers of Tamil Eelam" (LTTE) und die für einen unabhängigen Staat im Punjab kämpfenden Sikhs. Größere Medienaufmerksamkeit fand die politische Betätigung der in Deutschland etwa 150 bis 200 Miglieder umfassenden algerischen „Islamischen Heilsfront" (FIS), insbesondere des Chefs der FIS-Auslandsorganisation, Rabah *Kébirs*, der trotz des von den Meldebehörden auferlegten politischen Betätigungsverbotes Stellung zum Bürgerkrieg in Algerien nahm. Im Januar 1995 leitete der Generalbundesanwalt ein Ermittlungsverfahren gegen Mitglieder der

---

[114] Vgl. Eckart *Werthebach*, Politisch motivierte Gewalt wächst, in: *Das Parlament*, 15.4.1994.

[115] Vgl. zum Zulauf türkischstämmiger Jugendlicher und zu der Wertung als Gefahr der Entwicklung einer islamischen Parallelgesellschaft Wilhelm *Heitmeyer* / Joachim *Müller* / Helmut *Schröder*, Zukunft in der Abkehr?, in: *Die Zeit*, 23.8.1996 sowie in der gleichen Ausgabe Helmut *Frank* / Kuno *Kruse* / Stefan *Willeke*, Zuflucht in der Moschee. Zur Einschätzung von Milli Görüs vgl. u.a. *Frankfurter Allgemeine Zeitung*, 21.9.1996.

FIS wegen des Verdachts auf Bildung einer kriminellen Vereinigung ein, nachdem sich Verdachtsmomente erhärtet hatten, daß sie an einem Waffenschmuggel aus Osteuropa über Deutschland nach Algerien beteiligt gewesen sein könnten.[116]

Trotz des großen Medienechos, die der ausländische Extremismus und die von deren Anhängern verübten Straftaten finden, muß in Hinblick auf das Gefährdungspotential für die innere Sicherheit in Deutschland auf die Größenordnungen hingewiesen werden. Nur 0,6 Prozent der in Deutschland lebenden Ausländer sind Mitglieder in extremistischen Gruppen, und die Zahl der begangenen Straftaten war auch 1996 mit einem Anteil von weit unter einem Prozent an der allgemeinen Gewaltkriminalität unbedeutend.

Generell kann jede künftige Zuwanderung aus Spannungsgebieten die Problematik des Ausländerextremismus verstärken. Es ist nicht auszuschließen, daß Extremisten einen Aufenthalt als Tourist, Asylbewerber oder auch als Zugewanderter nutzen, um aus diesem „Ruheraum" oder „Rückzugsgebiet" gewaltsame Aktionen in ihrem Herkunftsland vorzubereiten. Auch ist es möglich, daß ebenfalls hier anwesende Landsleute oder Institutionen mit konträren politischen Auffassungen zum Ziel solcher Aktionen werden, ebenso wie es denkbar ist, daß deutsche Einrichtungen zum Ziel werden könnten, falls die Bundesrepublik in den Augen der Extremisten politisch Stellung für das Gegenlager bezieht.

Dies aber sind Spekulationen, für die es bislang keine empirische Evidenz gibt. Bislang hat der politische Umgang der Bundesregierung mit dem Militärregime in Algerien zu keinen Anschlägen auf Einrichtungen in

---

[116] Vgl. *Frankfurter Allgemeine Zeitung*, 19.1.1995. Im Zusammenhang mit dem Anfang Januar 1995 von algerischen Fundamentalisten an die westlichen Staaten gerichteten Ultimatum, ihre Botschaften in Algier zu schließen, tauchte ein unter anderem im Namen der FIS gezeichneter Brief auf, in dem mit Anschlägen in diesen Staaten gedroht wurde. Von Vertretern der FIS wurde zwar eine Urheberschaft dementiert, der Präsident des Bundeskriminalamtes, Hans-Ludwig *Zachert*, stellte aber fest: „(...) die fundamentalistische Bedrohung, die hier sich auch artikuliert, ist eine außerordentlich ernste. Und ich könnte mir vorstellen, daß gerade für die nächste Zeit auch die Bundesrepublik von entsprechenden Anschlägen (...) nicht verschont bleiben wird" (Vgl. sein Interview im *Zweiten Deutschen Fernsehen* am 8.1.1995). Der Präsident des Bundesamtes für Verfassungsschutz, Eckart *Werthebach*, warnte in diesem Zusammenhang, die Argumentation von Samuel *Huntigton* bezüglich eines *clash of civilisations* aufgreifend, vor einer strategischen Bedrohung der westlichen Welt durch radikal-islamische Strömungen. Nach dem Ende des Ost-West-Konfliktes sei mit einer stärkeren Konfrontation zwischen dem christlich-abendländischen Kulturkreis und einem aggressiven Islamismus zu rechnen. Vgl. *Frankfurter Allgemeine Zeitung*, 9.1.1995.

Deutschland geführt, und auch die Gewalttätigkeiten zwischen hier leben-
den Ex-Jugoslawen waren trotz der Brutalität der Auseinandersetzungen im
Kriegsgebiet sehr moderat. Die bestehenden Verfassungsschutzeinrich-
tungen sowie die Instrumente des Strafrechts sowie des Ausländer- und
Asylrechts können zwar nicht vollständig verhindern, daß politische
Auseinandersetzungen mit Gewalt ausgetragen werden, daß zu Gewalttaten
im Ausland aufgerufen wird oder daß hier lebende Zuwanderer bewaffnete
Auseinandersetzungen in ihrem Herkunftsland logistisch, etwa durch
Waffenschmuggel, unterstützen. Sie können aber offensichtlich verhindern,
daß solche Aktivitäten zu einem ernsthaften Sicherheitsrisiko werden. Der
Umfang dieser Aktivitäten sollte nicht dramatisiert werden, und auf jeden
Fall sollten Überreaktionen in Hinblick auf die politische Öffentlichkeits-
arbeit ausländischer Gruppen vermieden werden. Diese Toleranz im
Rahmen der Meinungs- und Demonstrationsfreiheit eines freiheitlichen
Rechtsstaates sollte auch gegenüber ausländischen Regierungen vertreten
werden, die sich über hiesige politische Aktivitäten ihrer Gegner beklagen.

1.5.4 Äußere Sicherheit

Unmittelbare Auswirkungen auf die äußere Sicherheit Deutschlands oder
anderer EU-Staaten – im Sinne eines drohenden Verlustes territorialer
Souveränität – hätten künftige Zuwanderungen nur im Fall krisenhafter
Massenfluchtbewegungen. Solche aber, vergleichbar etwa den Fluchtbewegungen im östlichen Afrika, sind realistischerweise nicht zu erwarten. Das
jugoslawische Beispiel hat gezeigt, daß selbst in Fällen brutalster Bürgerkriegssituationen in Nachbarländern mit extrem hohem Abwanderungs-
druck Zuwanderungen in die EU nur in begrenztem Umfang erfolgen.
Entscheidend für die Realisierung von Fluchtabsichten ist eben nicht nur
geographische Nähe, sondern auch die begründete Hoffnung der Flüchtlinge, in ihrem Zielgebiet Aufnahme zu finden. Davor aber haben –
verglichen mit einigen afrikanischen, asiatischen und auch amerikanischen
Staaten – die EU-Staaten erhebliche Migrationsbarrieren durch ihre Grenzsicherung und ihre Aufnahmepolitik gesetzt.
 Auch wenn also Invasionsszenarien ins Reich der Propaganda und nicht
in die realistische Politikanalyse gehören, könnten künftige Zuwanderungen durchaus mittelbare Wirkungen auf die äußere Sicherheit der EU-
Länder haben. Diese werden deutlich, wenn man den traditionellen Begriff
der (militärischen) Sicherheit durch einen erweiterten Sicherheitsbegriff mit

politischen, ökonomischen, ökologischen und gesellschaftlichen Aspekten ersetzt.[117]

Damit wird es möglich, einige besonders relevante Aspekte von Sicherheit zu erfassen, die in der bisherigen Analyse des Zusammenhangs von Migration und äußerer Sicherheit nicht ausreichend beziehungsweise ungleichgewichtig behandelt wurden.

Erstens die im vorigen Kapitel schon angesprochenen Auswirkungen von Migration auf die innere Sicherheit aufgrund von Gefährdung der innenpolitischen Stabilität, des sozialen Friedens und damit auch der innenpolitischen Voraussetzungen außenpolitischer Handlungsfähigkeit der durch umfangreiche Wanderungsbewegungen betroffenen Staaten und Gesellschaften. Diese Binnenstabilität ist eine Funktion der objektiven

---

[117] Vgl. hierzu die Arbeiten von Barry *Buzan*, insbesondere People, States and Fear: An Agenda for Security Studies in the Post-Cold War Era, London 1991. Bezogen auf den europäischen Kontext bietet sich eine Modifizierung des Sicherheitskonzeptes von *Buzan* an: In seinem Konzept war der Staat der Bezugspunkt von Sicherheit. Gesellschaftliche Sicherheit bezog sich darauf, daß staatliche Souveränität vermindert werden kann, wenn die Gesellschaft in ihrer sozialen Kohäsion und Identität geschwächt wird. Ole *Waever* schlägt statt dessen vor, staatliche Souveränität zwar weiterhin als Bezugspunkt für militärische, politische, ökologische und ökonomische Sicherheit beizubehalten, für gesellschaftliche Sicherheit aber einen zweiten gleichberechtigten konzeptionellen Bezugspunkt, nämlich Identität, zu wählen. Souveränität wäre dann das Ziel im Kampf um das Überleben des Staates, Identität um das der Gesellschaft. Würde ein Staat seine Souveränität verlieren, hätte er als Staat nicht überlebt. Gleiches würde für eine Gesellschaft gelten, die ihre Identität verliert. Eine solche Aufwertung gesellschaftlicher Sicherheit – und ihre Einbeziehung in traditionelle Sicherheitskonzepte – würde der Tatsache entsprechen, daß nicht nur Nationalstaaten, sondern auch *communities*, die über keinen eigenen Staat verfügen, relevante politische Realitäten sind, und daß die Bedrohung solcher Identitäten politisch sehr bedeutsam sein kann. Vgl. Ole *Waever*, Societal Security: The Concept, in: Ole *Waever* / Barry *Buzan* / Morten *Kelstrup* / Pierre *Lemaitre*, Identity, Migration and the New Security Agenda in Europe, London 1993, S. 17-58, hier S. 23-25. Mit diesem Ansatz wird auch über das Konzept „Identität" die Verbindung zwischen innerer und äußerer Sicherheit sichtbar. Vgl. zur Konzeptualisierung des Sicherheitsbegriffes im Zusammenhang mit Migration auch die grundlegenden Arbeiten von Myron *Weiner*, insbesondere: Security, Stability and International Migration, in: *ders.* (Hrsg.), International Migration and Security, Boulder 1993, S. 1-35. In einem viel handfesteren Sinn stellte der CDU/CSU-Fraktionsvorsitzende Wolfgang *Schäuble* eine Verbindung zwischen innerer und äußerer Sicherheit her und provozierte damit den Vorwurfes eines in Erwägung gezogenen Verfassungsbruchs: „Die Grenzen zwischen innerer und äußerer Sicherheit verwischen im Zeitalter weltweiter Wanderungsbewegungen und internationalem Terrorismus zunehmend, weshalb wir überlegen sollten, ob die Bundeswehr nicht unter streng zu definierenden Voraussetzungen auch bei größeren Sicherheitsbedrohungen im Innern (...) notfalls zur Verfügung stehen könnte." Vgl. *Frankfurter Allgemeine Zeitung*, 22.12.1993.

Migrationsbelastung, aber auch der jeweiligen Fähigkeit und Bereitschaft der betroffenen Gesellschaften, Neuankömmlinge aufzunehmen und zu integrieren, die ihrerseits wiederum Gegenstand politischer Gestaltungsbemühungen sein müssen. Die Gefahren, die zum Teil zuwanderungsbedingt, zum Teil aber schlicht den offenen Grenzen und der größeren Bewegungsfreiheit in Gesamteuropa geschuldet sind, sind, wie bereits angemerkt, überall in der EU erkennbar: die Ausbreitung von Fremdenfeindlichkeit, von rechtsradikalem Gedankengut, der Glaubwürdigkeitsverlust der etablierten politischen Kräfte, unter Umständen aber auch die Gefahr eines Imports ethnischer Konflikte, ihrer Austragung auf fremdem Territorium,[118] des Überspringens terroristischer Aktivitäten, der Ausbreitung von Drogenhandel und organisiertem Verbrechen. Nicht zu unterschätzen sind auch die außenpolitischen und außenwirtschaftlichen Konsequenzen, die sich aus einer veränderten Wahrnehmung der Bundesrepublik im Ausland und aus der Gefährdung ihres außenpolitischen Ansehens durch den innerstaatlichen Umgang mit Migrationen ergeben können.[119]

Ein zweites Bündel von Auswirkungen betrifft die bilateralen außenpolitischen Beziehungen zwischen den Herkunfts- und den Zielländern der Migrationsbewegungen. Diese Probleme haben in einer Reihe von bilateralen Beziehungen – etwa zwischen der Bundesrepublik und Rußland oder zwischen Frankreich und Algerien – erhebliche Bedeutung erlangt. Flüchtlinge und Migranten können im Zusammenhang der Politik der Ursprungs- wie der Empfängerländer für bestimmte außenpolitische oder außenwirtschaftliche Zielsetzungen instrumentalisiert werden. Bemühungen, Wanderungsbewegungen zu bewältigen, können die Zielländer dazu bringen, sich massiv in die inneren Belange der Ursprungsländer einzumischen, wie das

---

118 Der frühere Präsident der Bundesakademie für Sicherheitspolitik, Admiral a.D. Dieter *Wellershoff*, stellte diesbezüglich fest, daß bei den für Sicherheitsfragen zuständigen Stellen Problembewußtsein für die Gefährdung aufgrund eines Exportes ausländischer Kriege nach Deutschland durch Terrorismus und extremistische Gewalt festzustellen sei – durchaus im Gegensatz zur Öffentlichkeit, die aber zu Überreaktionen neige, wenn dann tatsächlich etwas passiere. Vgl. *Berliner Morgenpost*, 17.4.1994.

119 Die Aufmerksamkeit der internationalen Öffentlichkeit nicht nur für die deutsche Asyl- und Migrationspolitik, sondern auch für rechtsradikale, fremdenfeindliche und antisemitische Gewalttaten ist sehr groß, wie die Medienberichterstattung regelmäßig zeigt. Nach einer Erhebung des Mannheimer Meinungsforschungsinstituts IPOS behandelten 1993 28% der US-amerikanischen Zeitungsberichte über Deutschland und den Rechtsextremismus, in der *Washington Post* sogar 40% der Artikel. Nach der gleichen Umfrage hielten 52% der Amerikaner die Deutschen für Antisemiten, 41% sahen im Wiedererwachen des Nationalsozialismus eine potentielle Gefahr. Vgl. *Frankfurter Allgemeine Zeitung*, 16.6.1994.

etwa Italien mit der Stationierung von Soldaten in albanischen Hafenstädten bereits getan hat, um die Fluchtbewegungen von Albanern nach Italien unter Kontrolle zu bringen. Auch die Aufforderung des türkischen Präsidenten Süleyman *Demirel* an seine 1,8 Millionen in Deutschland lebenden Landsleute, die deutsche Staatsbürgerschaft anzunehmen und auf die türkische zu verzichten, kann als eine solche Einmischung angesehen werden.[120]

Auf Migrationsprobleme zurückzuführende Konflikte können schließlich bereits gespannte bilaterale Beziehungen weiter verschlechtern,[121] ja sie bis an die Grenze der militärischen Konfrontation belasten.[122] Entsprechende Befürchtungen wurden etwa für die Beziehungen zwischen Albanien und Griechenland laut, nachdem Griechenland mehrfach als Reaktion auf angebliche Diskriminierungen der griechischen Minderheit in Albanien Massenausweisungen unter den auf bis zu 300 000 geschätzten, illegal in Griechenland arbeitenden Albanern vorgenommen hatte. Dieses Beispiel, bei dem Albanien wegen des Ausbleibens der in Griechenland erwirtschafteten Devisen und wegen der extrem hohen Arbeitslosigkeit im eigenen Land wirtschaftlich hart getroffen wurde,[123] zeigt auch stellvertretend für viele andere, welche tiefgreifenden ökonomischen Wirkungen migra-

---

[120] In diesem Zusammenhang erklärte Süleyman *Demirel* auch, er sei in den sechziger und siebziger Jahren für die Ausreise von 60 bis 70% der etwa drei Mio. Türken in die westeuropäischen Staaten verantwortlich gewesen, weil er immer eine Lobby in Europa haben wollte. Vgl. *Süddeutsche Zeitung*, 18.4.1994.

[121] Ein immer wieder zu beobachtendes Beispiel hierfür ist die Beschwerde über die Gewährung politischen Asyls an Regimegegner. So beschwerte sich die algerische Regierung mehrfach bei der Bundesregierung über die Asylgewährung für Rabah *Kébir*. Unter anderem wies der algerische Botschafter in Bonn, *Haneche*, darauf hin, daß es die algerische Regierung für „unnormal" halte, wenn man „Fundamentalisten wie *Kébir* zum Mord an Polizisten, Demokraten, Intellektuellen aufrufen könnten". Vgl. *Frankfurter Allgemeine Zeitung*, 9.11.1994. Selbst innerhalb der EU ist dies zu beobachten: Im Dezember 1993 blockierte die spanische Regierung wochenlang alle Verhandlungen über Asylfragen in der EU, weil ein belgisches Gericht zwei mutmaßliche ETA-Mitglieder, deren Auslieferung Spanien beantragt hatte, mit der Begründung freigelassen hatte, diese würden höchstwahrscheinlich politisches Asyl in Belgien erhalten. Vgl. *Frankfurter Allgemeine Zeitung*, 11.12.1993.

[122] Im Januar 1994 kündigte der georgische Präsident Eduard *Schewardnadse* an, das nach Unabhängigkeit strebende Abchasien durch einen Marsch von Millionen Georgiern wieder mit Georgien zu vereinen. Bei diesem Marsch von Unbewaffneten, den er anzuführen bereit sei, käme womöglich die Hälfte um. „Aber nichts ist uns heiliger als Georgiens Einheit, Integrität und Zukunft." Vgl. *Frankfurter Allgemeine Zeitung*, 7.1.1994.

[123] Vgl. *Neue Zürcher Zeitung*, 28.8.1994.

tionspolitische Entscheidungen für die Herkunftsländer haben können.[124]

Drittens schließlich ergeben sich aus der Wanderungsproblematik Rückwirkungen für die Europäische Integration und die EU. Auf der einen Seite birgt die Thematik zentrifugale Kräfte für die Zukunft der Gemeinschaft: Die Bundesrepublik und die mediterranen EU-Länder werden in ihren außenpolitischen Orientierungen und Aktivitäten bis zu einem gewissen Grad fast zwangsläufig auseinanderstreben; die Überbrückung unterschiedlicher und unterschiedlich strukturierter Migrationsbelastungen stellt eine schwierige Herausforderung für die Gemeinschaftssolidarität dar. Die französische Regierung kündigte 1995 an, ihre Ratspräsidentschaft zu einem stärkeren finanziellen Engagement der EU zugunsten der südlichen und östlichen Mittelmeeranrainer nutzen zu wollen. Nach der grundsätzlich vereinbarten Einbeziehung der mittel- und osteuropäischen Reformländer in die Gemeinschaft sei nun eine Hinwendung zu den Mittelmeerländern erforderlich, damit im Süden keine Zone der Instabilität entstehe.[125]

Auf der anderen Seite bergen diese Herausforderungen sowie die Notwendigkeit gemeinsamer europäischer Regelungen zugleich auch positive Impulse für eine Vertiefung der Europäischen Integration. Mittlerweile werden die Grenzen der bislang von den EU-Ländern präferierten bilateralen Abkommen zur Regelung ihrer Zuwanderungsprobleme, etwa der Rückübernahmeübereinkommen, sichtbar. Die verwirrende Vielzahl dieser bilateralen Regelungen macht es zunehmend nötig, auch aus Effizienzgründen multilaterale Regelungen zu finden. Dabei werden neue Verfahren zum Ausgleich nationaler Partikularinteressen zu finden sein, die möglicherweise auch als Modelle für andere Bereiche der europäischen Integration dienen können.

---

[124] Katastrophale Folgen hatte unter anderem auch die Ausweisung von palästinensischen Gastarbeitern aus den Golfstaaten in der Folge des Golfkrieges, die Jordanien nicht nur in eine schwere Haushaltskrise stürzte, sondern wegen der nicht vorhandenen Infrastruktur zur Rücknahme ihrer Arbeitsmigranten auch zu erheblichen innenpolitischen Problemen führte. Vgl. auch M. *Weiner*, Security, Stability and International Migration, S. 20 (Anm. 117).

[125] Dabei sollten nach französischer Vorstellung keine Mittelumschichtungen zwischen ost- und südeuropäischen Ländern erfolgen, sondern es sollen zusätzliche Mittel für die südlichen Nachbarn bereitgestellt werden. In den nächsten fünf Jahren sollten neben den 9,5 Mrd. DM, die den mittel- und osteuropäischen Staaten schon zugesagt worden seien, 7,5 Mrd. DM für den Mittelmeerraum zur Verfügung gestellt werden. Vgl. *Frankfurter Allgemeine Zeitung*, 12.1.1995.

Eine vierte Dimension der Auswirkungen von Flüchtlings- und Migrationsbewegungen auf die äußere Sicherheit betrifft indirekte Rückwirkungen von Flüchtlings- und Migrationsbewegungen auf die bundesdeutsche und die europäische Außen- und Sicherheitspolitik. So könnten krisenartige Bevölkerungsbewegungen über nationale Grenzen hinweg – oder auch innerhalb nationaler Grenzen – zur politischen Destabilisierung von für die Bundesrepublik beziehungsweise für die EU besonders bedeutsamen Regionen führen und damit vitale Sicherheitsinteressen gefährden. Zu denken ist hierbei insbesondere an die Gefährdung der politischen und wirtschaftlichen Stabilität Polens, der Tschechischen und der Slowakischen Republik sowie Ungarns, aber auch an die Risiken einer regionalen Ausbreitung von Instabilität in Nordafrika.

In diesem Zusammenhang ist zu fragen, ob in der bisherigen deutschen Migrationspolitik Aspekte der Stabilität benachbarter Regionen hinreichend berücksichtigt worden sind. Insbesondere die Verhandlungen mit Polen, der Tschechischen Republik und Vietnam über Rückübernahmeübereinkommen haben vielfach die Einschätzung aufkommen lassen, die Bundesrepublik schiebe ihre Zuwanderungsprobleme durch Zahlung erheblicher Mittel in Länder ab, die darauf nicht vorbereitet sind, die aber größten Bedarf an den Finanzhilfen hätten. Wären diese Befürchtungen berechtigt, bestünde tatsächlich ein Primat von innenpolitischen Zielsetzungen der Sicherheit und Ordnung auf deutschem Territorium gegenüber außenpolitischen Zielsetzungen der Herstellung von regionaler Stabilität.

An diesem Punkt weisen einige Kritiker auch auf die Aufgabenteilung und Ressortzuständigkeit der deutschen Migrationspolitik hin, nach der das Innenministerium in vielen zwischenstaatlichen Vertragsverhandlungen in diesem Bereich federführend ist. Diese Frage nach den institutionellen Aspekten der Migrationspolitik, vor allem die Frage, welchen Anteil welche Ressorts an der Migrationspolitik haben, ist von erheblicher Bedeutung, nicht nur weil Ressortpolitik immer auch einer gewissen Eigenlogik folgt, die nicht immer gleichzeitig auch die beste Politik im Allgemeininteresse ist, sondern weil hierbei möglicherweise Reibungsverluste entstehen[126].

Eine sehr wichtige außenpolitische Frage im Zusammenhang mit den bilateralen Rückübernahmeübereinkommen ist schließlich, ob die Asylpolitik der europäischen Staaten, vor allem die Definition „sicherer Drittstaaten", zu einer tendenziellen Auflösung des internationalen Flücht-

---

[126] Vgl. Kapitel 3.5 dieser Studie.

lingsregimes führt, dessen völkerrechtlicher Kern die Genfer Flüchtlingskonvention und dessen institutioneller Rahmen der UNHCR ist.
Andererseits ist auch wichtig, ob sich möglicherweise durch die zunehmenden bilateralen migrationspolitischen Vereinbarungen zwischen Herkunfts-
und Aufnahmeländern ein internationales Migrationsregime entwickelt, das
bislang völkerrechtlich nur rudimentär verankert und institutionell nur in
Teilaspekten durch die Internationale Arbeitsorganisation und durch die
International Organization for Migration geregelt wird.

1.6 Fazit: Risiken und Chancen künftiger Zuwanderungen

Auch in den nächsten Jahrzehnten werden die heute zu beobachtenden
Wanderungsfaktoren wirksam sein. Möglicherweise werden einige dieser
Faktoren für bestimmte Wanderungsbewegungen an Bedeutung verlieren,
etwa ökonomische Abwanderungsfaktoren für die mittel- und osteuropäischen Länder, falls sich deren wirtschaftliche Verhältnisse weiter verbessern. Andere Faktoren, politische Druckfaktoren wie Krisen und Konflikte,
könnten hingegen in vielen Weltregionen bedeutsamer werden. Quantitative Schätzungen künftiger Wanderungsbewegungen aber, das hat die
Analyse der Wanderungsfaktoren gezeigt, sind auch schon für die nähere
Zukunft bei dem derzeitigen statistischen und methodischen Kenntnisstand
nicht zu rechtfertigen. Prognosen müssen sich daher auf qualitative Aussagen beschränken: es können zwar Wirkungszusammenhänge formuliert
werden, diese lassen sich aber nicht in konkrete Zahlen umsetzen.
  Faßt man die qualitativen Prognosen zusammen, ist für die Länder der
EU die Gefahr von Massenzuwanderungen aufgrund von Fluchtbewegungen aus politischen Krisengebieten – und nur diese Wanderungsform
könnte kurzfristig krisenhafte Ausmaße annehmen – zwar nicht vollständig
auszuschließen, aber doch unwahrscheinlich. Nicht, weil keine Krisen-
gebiete vorhanden wären, sondern weil alle Erfahrungen mit Wanderungsbewegungen in der jüngeren Vergangenheit gezeigt haben, wie schwer sich
politische Katastrophen auch in der unmittelbaren Nachbarschaft in
Fluchtbewegungen in die EU umsetzen. Der Grund hierfür sind einerseits
die Abwanderungsbarrieren in den Herkunftsgebieten, die finanzieller,
transporttechnischer oder auch mentaler Art sein können, andererseits die
rechtlichen und praktischen Zuwanderungsbarrieren, welche die EU-
Staaten errichtet haben, angefangen bei Beförderungsauflagen für Fluggesell-

schaften bis hin zu Grenzsicherungen. Selbst wenn es noch einmal zu krisenhaften Massenzuwanderungen im Umfang der jugoslawischen Flüchtlingstragödie in die EU-Länder käme, dürfte bei einem innereuropäischen Lastenausgleich, der die Verantwortung für die Aufnahme nicht einzelnen Ländern aufbürdet, die Handlungsfähigkeit der Mitgliedsländer nicht überschritten werden.

Andererseits ist zu erwarten, daß Zuwanderungen in die EU in den nächsten Jahrzehnten generell erheblich zunehmen werden. Diese Zuwanderungen werden nicht mit spektakulären Bildern verbunden sein, sondern kontinuierlich – und wahrscheinlich in steigendem Umfang – erfolgen. Es wird sich hierbei zum einen um Zuwanderungen handeln, welche die EU-Länder aus humanitären, politischen und sozialen Gründen befürworten, etwa politische Flüchtlinge, Volkszugehörige und nachziehende Familienangehörige von Einwanderern früherer Perioden, andererseits um Zuwanderungen, welche die Länder aus demographischen und ökonomischen Gründen brauchen, etwa Zuwanderer, die bestimmte Alters- oder Qualifikationsmerkmale haben. Zu diesen legalen Zuwanderungen werden noch illegale Zuwanderungen kommen, welche die aufnehmenden Länder nicht verhindern wollen oder können, weil Illegale möglicherweise eine wichtige ökonomische Rolle spielen oder weil geschlossene Grenzen zu den Herkunftsregionen politisch nicht erwünscht sind.

Damit werden einige der Risiken und Chancen künftiger Zuwanderungen deutlich. Sieht man von den Szenarien krisenhafter Massenzuwanderungen ab, können Risiken umfangreicherer Zuwanderung in Verdrängungsprozessen in einzelnen Arbeitsmarktsegmenten und für einige Beschäftigtengruppen bestehen, auch können sie unter Umständen Auflösungstendenzen tarifvertraglicher Regelungssysteme beschleunigen. Sie können ebenfalls in bestimmten Regionen, vor allem in den Ballungsgebieten, öffentliche Infrastrukturen belasten. Risiken bestehen möglicherweise auch in Abwehrreaktionen Einheimischer, die parteipolitisch oder außerparlamentarisch artikuliert zu Gefährdungen der inneren Sicherheit der Aufnahmeländer werden können. Hierzu kann ebenfalls der Import organisierter Kriminalität beitragen, wie auch – zumindest theoretisch, da die praktische Bedeutung bislang eher gering war – der Import extremistischer politischer Aktivitäten. Hierbei ist allerdings zu bedenken, daß diese Risiken nicht unbedingt immigrationsbezogen sind, sondern sich aus einer größeren Grenzdurchlässigkeit beispielsweise für touristische Zwecke ergeben können.

Risiken für die äußere Sicherheit der EU-Staaten liegen demgegenüber eher in der Gefahr, daß Nachbarregionen, auf deren politische und ökonomische Stabilität die EU dringend angewiesen ist, destabilisiert werden könnten. Diese Gefahr bezieht sich weniger auf die Möglichkeit, daß diese Länder zur Quelle von Wanderungsbewegungen werden könnten, als darauf, daß sie ihrerseits zum Zielgebiet von Migrationen werden könnten, zu deren Bewältigung die vorhandenen Regelungsmechanismen nicht ausreichen.

Chancen bestehen andererseits – und dies gilt sowohl für legale als auch für illegale Zuwanderungen – auf dem Arbeitsmarkt in beruflichen Aufstiegsbewegungen für bestimmte Gruppen einheimischer Beschäftigter und in der Füllung von Beschäftigungslücken. Gesamtgesellschaftliche Wirkungen können Wohlfahrtsgewinne durch Produktionsausweitungen und durch zusätzlichen Konsum und Verbrauchsabgaben der Zuwanderer sein, auch Entlastungen der Sozialversicherungssysteme sind unter bestimmten Bedingungen zu erwarten. Generell trägt Zuwanderung nicht nur zur Etablierung von ökonomischen und politischen Verbindungen zwischen Herkunfts- und Aufnahmegebieten bei, sondern auch zur Förderung der kulturellen Vielfalt und Offenheit in den Aufnahmegebieten, was unter anderem ein wichtiger immaterieller Produktionsfaktor für exportorientierte Volkswirtschaften ist.

Eine weitere Chance künftiger Zuwanderungen liegt darin, daß die EU-Länder zunehmend zu einem Interessenausgleich bezüglich der Migrationsproblematik gezwungen werden. Schon heute ist abzusehen, daß die bisher angewandten bilateralen Verfahren an Effizienzgrenzen stoßen. Es werden multilaterale Regelungen gefunden werden müssen, die wiederum einen positiven Beitrag zur Vertiefung der europäischen Integration sein können.

Diese Risiken und Chancen sind nicht naturgegeben, sondern hängen entscheidend von politischen Regelungen ab. Ob Zuwanderungen zu Risiken werden, hängt – den unwahrscheinlichen Fall krisenhafter Massenwanderungen ausgeschlossen – von politischen Antworten auf diese Herausforderungen ab; ob die Chancen wahrgenommen werden, ebenfalls. Migration ist, wie jedes soziale Geschehen, grundsätzlich konflikthaft, da sie, zum Teil sehr tiefgreifend, individuelle und kollektive Interessen berührt. Eine dem Gemeinwohl verpflichtete Migrationspolitik kann daher nur ausgleichend sein und steht vor dem Problem, Interessen verschiedener Bevölkerungsgruppen, etwa von nach Abschottung rufenden Modernisierungsverlierern und von nach Marktöffnung verlangenden Wirtschaftsliberalen, miteinander zu verbinden.

Das macht Migrationspolitik langwierig und schwierig, gleichzeitig aber auch so attraktiv für schnelle parteipolitische Profilierung: diese aber sollte, im Sinne einer konstruktiven Problembewältigung, auf jeden Fall vermieden werden.

Wie könnte, vor dem Hintergrund der beschriebenen Risiken und Chancen von Zuwanderung, eine künftige deutsche Migrationspolitik aussehen? Bevor diese Frage aufgegriffen wird, ist es nötig, die derzeitige deutsche Migrationspolitik zu betrachten und nach deren Erfolgen und Mißerfolgen zu fragen. Dies soll im folgenden Kapitel an Hand der wichtigsten migrationspolitischen Entscheidung der jüngeren deutschen Nachkriegsgeschichte geschehen: dem sogenannten Asylkompromiß.

2. Die deutsche Migrationspolitik

Am 26. Mai 1993 kam es zu einer der schwersten Behinderungen der parlamentarischen Arbeit in der deutschen Nachkriegsgeschichte. Mehrere hundert Organisationen und Initiativen aus der ganzen Bundesrepublik hatten zu Demonstrationen in Bonn aufgerufen. Rund 10 000 Demonstranten blockierten außerhalb der Bannmeile die Zugänge zum Regierungsviertel, um den Parlamentariern den Zugang zum Bundestag zu verwehren. Das Thema der Parlamentssitzung: die Entscheidung über die Änderung des Artikel 16 des Grundgesetzes, des Kerns des deutschen Asylrechts.

Trotz dieser Störversuche verabschiedeten Abgeordnete der CDU, CSU, FDP und SPD mit der für Grundgesetzänderungen nötigen Zweidrittelmehrheit die Einfügung des neuen Artikels 16a in das Grundgesetz. Nach monatelangen schwersten innerparteilichen Auseinandersetzungen vor allem in der FDP und der SPD wurde damit der ein halbes Jahr zuvor beschlossene „Asylkompromiß" endgültig realisiert.

Die Intensität und die Dauer dieser politischen Auseinandersetzung werden erklärlich, wenn man die Inhalte des Reformprojektes betrachtet: der Asylkompromiß enthielt nicht nur Regelungen zum Asylrecht, sondern auch zu anderen Migrationsformen. Denn die unausgesprochene Hoffnung der Befürworter war, ein Reformpaket zur generellen Steuerung von Migrationsbewegungen vorzulegen. Mit dieser Zielsetzung ist der Asylkompromiß, der eher als „Migrationskompromiß" bezeichnet werden müßte, der erste Versuch der deutschen Nachkriegsgeschichte, ein kohärentes Instrumentarium für diesen Politikbereich zu entwickeln.

Was waren die Inhalte des Regelwerkes, auf welche migrationspolitischen Erfahrungen wurde zurückgegriffen und welche Motive hatten die an dem Kompromiß beteiligten Kräfte? Wie ist die Umsetzung dieses Reformprojektes, und damit die gegenwärtige deutsche Migrationspolitik, zu beurteilen? Wo sind Lücken, wo Erfolge? Und schließlich: welche Lehren kann man aus diesen Erfahrungen für die künftige deutsche Migrationspolitik ziehen?

2.1 Inhalte und Umsetzung des Asylkompromisses

Der am 6. Dezember 1992 zwischen den Fraktionen der Regierungskoalition aus CDU, CSU, FDP und der SPD ausgehandelte Asylkompromiß wurde durch zwei Gesetze umgesetzt: durch ein Gesetz zur Änderung
des Art. 16 des Grundgesetzes[127] und ein Gesetz zu Änderungen im Asyl-
verfahrensrecht, Ausländerrecht und Staatsangehörigkeitsrecht[128]. Der
Asylkompromiß[129] umfaßt fünf Handlungsbereiche: Bürgerkriegsflüchtlinge, Asylbewerber, Einbürgerungsfragen, Aussiedler und Vertragsarbeitnehmer. Vorangestellt ist eine Präambel, in der die Grundpositionen
und Zielsetzungen des Reformprojektes deutlich gemacht werden.

Ausgangspunkt der Präambel war die Überzeugung, daß die Zuwanderung nach Deutschland begrenzt und gesteuert werden müsse, da ansonsten
Ängste und Unsicherheiten verstärkt werden könnten, die für den inneren
Frieden der Bundesrepublik schädlich seien. Aus diesem Grund müsse auch
der Mißbrauch des Asylrechts verhindert werden. Gleichzeitig solle aber
der Schutz tatsächlich politisch Verfolgter gewährleistet werden, da
Deutschland ein tolerantes, weltoffenes Land sei und dies auch bleiben
wolle. Ferner solle ein System zur Bekämpfung von Fluchtursachen entwickelt werden, das den Menschen ein Verbleiben in ihrer Heimat ermög-
liche. Diese Politik zur Regelung von Asyl und Zuwanderung und zur
Fluchtursachenbekämpfung solle eine europäische sein.

Kriegs- und Bürgerkriegsflüchtlinge

Für Kriegs- und Bürgerkriegsflüchtlinge wurde ein neuer Status vereinbart,
der diesen Flüchtlingen einen zeitlich begrenzten Aufenthalt in Deutschland
ermöglicht.[130] Dabei müssen sich Bund und Länder über die
Herkunftsgebiete, das Aufnahmekontingent und über die Verteilung auf die
Bundesländer einigen. Die unter solchen Kontingenten aufgenommenen

---

[127] Das Gesetz ist seit dem 30.6.1993 in Kraft. Abgedruckt in: *Bundesgesetzblatt* (*BGBl*) I 1002.

[128] Vgl. Gesetz zur Änderung asylverfahrens-, ausländer- und staatsangehörigkeitsrechtlicher
Vorschriften vom 30.6.1993, in Kraft seit dem 1.7.1993 (im folgenden: Änderungsgesetz),
abgedruckt in: *BGBl.* I 1062.

[129] Abgedruckt in *Frankfurter Allgemeine Zeitung*, 8.12.1992.

[130] Vgl. § 32a des Ausländergesetzes (AuslG).

Flüchtlinge dürfen keine Asylanträge stellen. Bislang konnten sich Bund und Länder nicht über die Aufteilung der entstehenden Kosten einigen, eine Aufnahme von Flüchtlingen unter diesem Verfahren ist daher noch nicht erfolgt, auch nicht im Falle der Flüchtlinge aus dem ehemaligen Jugoslawien.[131]

Asylbewerber

Die tiefgreifendsten Änderungen wurden im Bereich des Asylrechts beschlossen. Kernpunkt war die Ersetzung des Artikels 16 durch den Artikel 16a. Der neue Artikel enthält zwar noch die Formulierung „Politisch Verfolgte genießen Asylrecht", schränkt diese Aussage aber durch Zusatzklauseln ein.

Erstens wurde in der sogenannten *Drittstaatenregelung* festgelegt, daß es kein Asylrecht mehr für Menschen gibt, die aus einem Staat der EU oder aus einem Land einreisen, in dem die Anwendung der Genfer Flüchtlingskonvention und der Europäischen Menschenrechtskonvention sichergestellt ist. Diese Länder sind durch ein Gesetz bestimmt worden.[132]

Zweitens wurde für Flüchtlinge aus *sicheren Herkunftsländern* der Zugang zum Asylverfahren erschwert. Diese Länder, bei denen die Rechtslage, die Rechtsanwendung und die allgemeinen politischen Verhältnisse erwarten lassen, daß keine unmenschliche Behandlung oder politische Verfolgung stattfindet, wurden ebenfalls per Gesetz bestimmt.[133] Flüchtlinge aus diesen Ländern gelten als nicht politisch verfolgt und ihre Asylanträge werden als „offensichtlich unbegründet" behandelt, es sei denn, sie können im Einzelfall die Behörden vom Gegenteil überzeugen.

Drittens wurden *Ausweisungen und Abschiebungen* in „offensichtlich unbegründeten" Fällen erleichtert. In Ergänzung zu den Formulierungen

---

[131] Die Länder verlangen eine Kostenbeteiligung des Bundes von 50%. Vgl. Jürgen *Haberland*, Der Asylkompromiß vom 6. Dezember 1992 – ein Jahr danach. in: *Zeitschrift für Ausländerrecht und Ausländerpolitik*, Nr. 1, 1994, S. 3-9, hier: S. 4.

[132] Im Änderungsgesetz vom 30.6.1993 wurden folgende Länder als „Drittstaaten" festgelegt: Finnland, Norwegen, Österreich, Polen, Schweden, Schweiz und Tschechische Republik. Vgl. § 26a Asylverfahrensgesetz (AsylVfG), abgedruckt in: *BGBl*. I 1062.

[133] Bulgarien, Ghana, Polen, Rumänien, die Slowakische und Tschechische Republik sowie Ungarn gelten als sichere Herkunftsländer. Vgl. § 29a AsylVfG, abgedruckt in: *BGBl*. I 1062. Gambia und Senegal wurden bereits auf Beschluß des Bundeskabinetts von der Liste gestrichen.

des Asylkompromisses wurde zudem in den Art. 16a GG eine Öffnungsklausel eingebracht, die sicherstellt, daß diese Verfahrensregelungen nicht einer Beteiligung Deutschlands an asylrechtlichen Abkommen mit anderen EU-Staaten oder Drittländern entgegenstehen.

Um sicherzustellen, daß die „Drittstaaten" nicht unverhältnismäßig durch das neue deutsche Asylrecht belastet werden, wurde im Asylkompromiß festgelegt, daß die Bundesregierung diesen Nachbarländern administrative und finanzielle Hilfe, in besonderen Situationen eine Lastenverteilung sowie eine Festlegung von Zuständigkeiten gemäß dem Dubliner Abkommen[134] anbietet. Ein entsprechendes Abkommen ist bereits mit Polen geschlossen worden[135]. Der Vertrag mit Polen verpflichtete die Bundesregierung, Polen 1993 und 1994 eine Finanzhilfe von 120 Millionen DM für die technische und personelle Grenzsicherung, den Aufbau einer Infrastruktur zur Durchführung von Asylverfahren und den Unterhalt von Asylbewerbern zu zahlen. In Einschränkung des von Polen unterzeichneten Schengener Übereinkommens[136] wurden Fristen und jährliche Höchstzahlen für die Rückübernahme festgelegt[137], außerdem erklärte sich die Bundesregierung bereit, im Fall von unvorhergesehenen Massenwanderungen einen Teil dieser Menschen aufzunehmen. Ein Abkommen über die Rückübernahme von Flüchtlingen wurde auch mit der Schweiz geschlossen.[138]

---

[134] Vgl. Übereinkommen vom 15.6.1990 über die Bestimmung des zuständigen Staates für die Prüfung eines in einem Mitgliedstaat der Europäischen Gemeinschaft gestellten Asylantrages. Abgedruckt in: *Bundestags-Drucksache (BT-Drs.)* 12/6485.

[135] Vgl. Deutsch-Polnisches Abkommen über die Zusammenarbeit hinsichtlich der Auswirkungen von Wanderungsbewegungen vom 7.5.1993, abgedruckt in: *Bulletin der Bundesregierung*, Nr. 37, 1993, S. 326.

[136] Vgl. Übereinkommen vom 14.6.1990 zur Durchführung des Übereinkommens von Schengen vom 14.6.1985 zwischen den Regierungen der Staaten der Benelux-Wirtschaftsunion, der Bundesrepublik Deutschland und der Französischen Republik betreffend den schrittweisen Abbau der Kontrollen an den gemeinsamen Grenzen, abgedruckt in: *BGBl.* II 1010 und Übereinkommen zwischen den Schengener Vertragsstaaten und der Republik Polen über die Rückübernahme von Personen mit unbefugtem Aufenthalt vom 29. März 1991, abgedruckt in: *BGBl.* 1993 II 1099.

[137] Personen, die sich länger als sechs Monate auf dem Hoheitsgebiet einer der Vertragsstaaten aufgehalten haben, brauchen nicht aufgenommen zu werden; die Höchstzahl der Rückübernahmen wurde für 1993 auf 10 000 Personen festgelegt.

[138] Vgl. Übereinkommen zwischen der Regierung der Bundesrepublik Deutschland und dem Schweizer Bundesrat über die Rückübernahme von Personen mit unbefugtem Aufenthalt vom 20.12.1993.

Zur Beschleunigung der Asylverfahren und zum Abbau der Altfälle wurden verschiedene verfahrensrechtliche und organisatorische Maßnahmen beschlossen, etwa ein Bleiberecht für Asylbewerber aus Ländern mit einer hohen Anerkennungsquote, deren Asylanträge schon länger als zwei Jahre anhängig sind, und eine bessere personelle und finanzielle Ausstattung der für die Asylverfahren zuständigen Einrichtungen. Ferner wurde vereinbart, die finanzielle Unterstützung für Asylbewerber deutlich zu reduzieren und, wo möglich, in Sachleistungen umzuwandeln.[139]

Nicht im Asylkompromiß vorgesehen, aber nachträglich auf Betreiben des Innenausschusses des Deutschen Bundestages in das Asylverfahrensgesetz aufgenommen[140], war die Flughafenregelung. Diese erlaubt, die Verfahren für Flüchtlinge aus sicheren Drittstaaten, die über einen Flughafen einreisen, auf dem Flughafengelände durchzuführen, indem ein Teil des Flughafens zum Transitbereich erklärt wird.[141]

Einbürgerung und Zuwanderung

Zum Staatsangehörigkeitsrecht beschlossen die Parteien, die Einbürgerung von Ausländern zu erleichtern. Junge Ausländer zwischen 16 und 23 Jahren haben nun unter bestimmten Bedingungen einen Rechtsanspruch auf Einbürgerung.[142] Auch die Einbürgerung von Ausländern, die länger als 15 Jahre in Deutschland leben, ist erleichtert worden: sie müssen neben der Aufgabe ihrer bisherigen Staatsbürgerschaft und der Straffreiheit allerdings nachweisen, daß sie ihre Familie unterhalten können, ohne Sozial- oder

---

[139] Bislang galten die Bestimmungen des Bundessozialhilfegesetzes, das die Asylbewerber deutschen Hilfeempfängern weitgehend gleichstellte. Durch das neue Asylbewerberleistungsgesetz vom 30.6.1993 wurde der Bedarf von Asylbewerbern an Ernährung, Kleidung, Gesundheits- und Körperpflege (ohne Wohnung, Heizung und Hausrat) auf 220 DM bis 360 DM monatlich festgelegt, zuzüglich 40 DM bis 80 DM monatliches Taschengeld.

[140] Vgl. J. *Haberland*, Der Asylkompromiß vom 6. Dezember 1992 – ein Jahr danach, S. 6 (Anm. 131).

[141] Vgl. § 18a AsylVfG.

[142] Diesen Anspruch haben Personen, wenn sie acht Jahre in der Bundesrepublik gelebt haben, hier mindestens sechs Jahre eine Schule besucht haben, nicht wegen einer Straftat verurteilt sind und ihre bisherige Staatsbürgerschaft aufgeben. Vgl. § 85 AuslG und Änderungsgesetz Art. 2 Nr. 12.

Arbeitslosenhilfe in Anspruch zu nehmen.[143] Die Gebühren für die Einbürgerung, die früher in der Regel 75 Prozent des monatlichen Bruttoeinkommens betrugen, wurden auf 100 DM für Kinder und 500 DM für Erwachsene reduziert.[144]

Noch nicht umgesetzt wurde die Vereinbarung, die automatische Vererbbarkeit der deutschen Staatsangehörigkeit bei fehlendem Bezug zum Staatsgebiet einzuschränken. Eine solche Einschränkung des Abstammungsrechts, des *jus sanguinis*, ist derzeit in und zwischen den Parteien heftig umstritten; hier sind Änderungen nur in Verbindung mit einer umfassenden Neuregelung des Staatsangehörigkeitsrechtes zu erwarten.[145]

Lediglich eine Absichtserklärung enthält der Abschnitt über künftige Zuwanderungsregelungen: die Fraktionen erklärten hier ihre Übereinstimmung, daß die Möglichkeiten einer Regelung zur Begrenzung und Steuerung der Zuwanderung auf nationaler Ebene geprüft und Verhandlungen hierzu auf europäischer Ebene fortgesetzt werden sollten.

Aussiedler

Zur Steuerung der Zuwanderung von Aussiedlern verständigten sich die Fraktionen[146] darauf, daß zwar einerseits eine Quotierung eingeführt wird, indem das Bundesverwaltungsamt jährlich nicht mehr Aufnahmebescheide erteilen darf, als Aussiedler im Durchschnitt der Jahre 1991 und 1992 zugezogen sind, daß aber keine Ausschlußfristen für die Stellung eines Antrages festgelegt werden. Allerdings wurde der Status von Aussiedlern neu definiert: Aussiedler, nun als „Spätaussiedler" bezeichnet, und damit Deutsche, sind nur noch Personen, die vor dem 1. Januar 1993 geboren wurden.[147]

---

[143] Vgl. § 86 AuslG und Änderungsgesetz Art. 2 Nr. 13.

[144] Vgl. § 38 Abs. 2 Satz 2 des Reichs- und Staatsangehörigkeitsgesetzes (RuStG) und Änderungsgesetz Art. 3 Nr. 3.

[145] Vgl. Jürgen *Haberland*, Der Asylkompromiß vom 6. Dezember 1992 – ein Jahr danach (2. Teil), in: Zeitschrift für Ausländerrecht und Ausländerpolitik, Nr. 2, 1994, S. 51-59, hier: S. 52.

[146] Die SPD-geführte Mehrheit des Bundesrates rief während der Umsetzung des Asylkompromisses den Vermittlungsausschuß an, weil sie die Aufnahme von Spätaussiedlern zeitlich befristen wollte. Die hier angegebenen Regelungen entsprechen den Beschlußempfehlungen des Vermittlungsausschusses vom 9.12.1992. Vgl. *BT-Drs.* 12/3966.

[147] „Nach § 4 BVFG in der Fassung der Bekanntmachung vom 2. Juni 1993 ist in der Regel Spätaussiedler, wer als deutscher Volkszugehöriger die Republiken der ehemaligen

Auch wurde die frühere Gleichbehandlung von Aussiedlern aus verschiedenen Herkunftsländern aufgehoben: bei Deutschen aus der früheren Sowjetunion, die aus ihren angestammten Siedlungsgebieten verschleppt worden waren, wird eine Benachteiligung aufgrund der deutschen Volkszugehörigkeit (Kriegsfolgenschicksal) vermutet, deutsche Volkszugehörige aus anderen Ländern müssen solche Benachteiligungen[148] erst nachweisen. Reduziert wurden zudem die Eingliederungshilfen für Spätaussiedler; die Höchstdauer des Bezuges von solchen Hilfen beträgt nun sechs Monate.[149]

Vertragsarbeitnehmer

Vereinbart wurde, die Zahl der Vertragsarbeitnehmer, also Beschäftigte ausländischer Firmen, die einen Auftrag in Deutschland ausführen, auf 100 000 Personen zu begrenzen und dabei den Arbeitsmarkterfordernissen anzupassen.[150] Diese Arbeitskräfte dürfen höchstens drei Jahre im Land bleiben und müssen den deutschen Tariflöhnen entsprechend bezahlt werden. Diese Ausnahmeregelung von dem seit 1973 geltenden Anwerbe-

---

Sowjetunion nach dem 21. Dezember 1992 im Wege des Aufnahmeverfahrens verlassen hat und innerhalb von sechs Monaten seinen ständigen Aufenthalt in Deutschland genommen hat, wenn er zuvor (1.) seit dem 8. Mai 1945 oder (2.) nach seiner Vertreibung oder der Vertreibung eines Elternteils seit dem 31. März 1952 oder (3.) seit seiner Geburt, wenn er vor dem 1. Januar 1993 geboren ist und von einer Person abstammt, die die Stichtagsvoraussetzung des 8. Mai 1945 (Nr. 1) oder des 31. März 1952 (Nr. 2) erfüllt, es sei denn, daß Eltern und Voreltern ihren Wohnsitz erst nach dem 31. März 1952 in die Aussiedlungsgebiete verlegt haben, seinen Wohnsitz in den Aussiedlungsgebieten hatte. Spätaussiedler ist nach § 4 Abs. 2 BVFG ferner ein deutscher Volkszugehöriger aus den übrigen Aussiedlungsgebieten des § 1 Abs. 2 Nr. 3 BVFG, der die übrigen Voraussetzungen des § 4 Abs. 1 BVFG erfüllt und glaubhaft macht, daß er am 31. Dezember 1992 oder danach Benachteiligungen oder Nachwirkungen früherer Benachteiligungen aufgrund seiner deutschen Volkszugehörigkeit unterlag." Vgl. J. *Haberland*, Der Asylkompromiß vom 6. Dezember 1992 – ein Jahr danach (2. Teil), S. 55 f (Anm. 145).

[148] Etwa: Diskriminierungen in Schule und Beruf, frühere Enteignungen der Eltern und Großeltern, wenn diese zu sozialer Schlechterstellung geführt hat, etc.

[149] Vgl. § 62a des Arbeitsförderungsgesetzes (AFG) und Erstes Gesetz zur Umsetzung des Spar-, Konsolidierungs- und Wachstumsprogramms vom 21.12.1993 (abgedruckt in *BGBl.* I 2353).

[150] Vgl. Erste Verordnung zur Änderung der Anwerbestoppausnahme-Verordnung vom 1.9.1993 (abgedruckt in: *BGBl.* I 1528) und Verordnung über Aufenthaltsgenehmigungen zur Ausübung einer unselbständigen Erwerbstätigkeit vom 18.12.1990 (abgedruckt in: *BGBl.* I 2994).

stopp soll der Behebung lokaler Arbeitsmarktdefizite dienen und dem Interesse von Arbeitskräften in ost- und südosteuropäischen Ländern an einer Arbeitsmöglichkeit in Deutschland entgegenkommen. Der Umfang der Kontingente hat sich allerdings seit dem Höchststand vom September 1992 (112 000 Personen) halbiert.

Schließlich ist im Asylkompromiß auch noch beschlossen worden, eine humanitäre Lösung für die von den früheren DDR-Regierungen angeworbenen Vertragsarbeitnehmer zu finden. Für diese Arbeitskräfte, vor allem aus Angola, Vietnam und Mosambik, sind zeitlich befristete Aufenthalts- und Arbeitsgenehmigungen geschaffen worden, eine endgültige Regelung steht aber noch aus.

Aus dieser Übersicht über die Regelungen des Asylkompromisses wird deutlich, daß tatsächlich weit mehr als eine Reform des Asylrechtes angestrebt war: die Parteien versuchten, auch andere relevante Wanderungsformen in die Regelungen einzubeziehen. Was aber war der Hintergrund für dieses umfangreiche Reformprojekt, für den erstmaligen Versuch, einen „Migrationskompromiß" zu formulieren? Warum bestand Handlungsbedarf? Zum besseren Verständnis dieser Punkte ist ein kurzer Rückblick auf die vorangehende deutsche Migrationspolitik erforderlich.

2.2 Die deutsche Migrationspolitik im Rückblick

Die deutsche Migrationspolitik seit der Nachkriegszeit setzte sich mit fünf Wanderungsformen auseinander.[151]

Vertriebene

Das erste Nachkriegsjahrzehnt war von ungeheuren Steuerungsproblemen der im Aufbau begriffenen Verwaltungseinrichtungen und politischen Institutionen bestimmt: Bedingt einerseits durch die Kriegsverluste und Abwanderungen der Fremd- und Zwangsarbeiter, welche die nationalsozialistische Herrschaft überlebt hatten, andererseits durch die Zuwanderung rückkehrender Soldaten, Heimatvertriebener aus den ehemaligen Ostgebieten

---

[151] Vgl. auch St. *Angenendt*, Ausländerforschung in Frankreich und der Bundesrepublik Deutschland. Gesellschaftliche Rahmenbedingungen und inhaltliche Entwicklung eines aktuellen Forschungsbereiches, Frankfurt 1992, S. 150 ff.

und Flüchtlinge aus der sowjetischen Besatzungszone, herrschte in den ländlichen Gebieten erheblicher Arbeitskräfteüberschuß, hingegen in den industriellen Ballungsgebieten, aufgrund des relativ geringen Zerstörungsgrades der deutschen Industrieanlagen, ein großer Arbeitskräftemangel. Daß die Steuerungsprobleme recht schnell gelöst werden konnten, wird an den Wanderungssalden und der Entwicklung des Arbeitsmarktes deutlich: die bis 1955 aufgenommenen 8,9 Millionen Vertriebenen und 1,9 Millionen DDR-Flüchtlinge konnten weitgehend in den Arbeitsmarkt integriert werden; die Arbeitslosenquote sank von 1950 bis 1955 von 11 Prozent auf 5,5 Prozent.[152] Allerdings wurden diese Zuwanderungen, die beispielsweise in ländlichen Gebieten Niedersachsens und Bayerns zu erheblicher lokaler Konzentration führte, von der ansässigen Bevölkerung mit großen Ängsten vor Arbeitsmarktkonkurrenzen, Infrastrukturbelastungen und vor rechtsradikaler Polarisierung durch Heimatvertriebenenverbände aufgenommen. Politisch artikulierten sich diese Besorgnisse nicht, da den Machthabern dieser Epoche, den alliierten Besatzungskräften, aber auch den deutschen politisch Verantwortlichen bewußt war, daß es sich um eine Einwanderungsbewegung ohne Rückkehroption handelte und eine entsprechende Integrationspolitik verlangt war.[153]

Gastarbeiter

1955 begann mit einer deutsch-italienischen Vereinbarung die Phase der „Gastarbeiteranwerbung".[154] Im Kontext des wirtschaftlichen Aufschwungs, der von zunehmendem Arbeitskräftemangel in bestimmten Gebieten und Wirtschaftssektoren begleitet war, griff die Bundesregierung zu einem Rota-

---

[152] Vgl. Detlef *Bischoff* / Werner *Teubner*, Zwischen Einbürgerung und Rückkehr. Ausländerpolitik und Ausländerrecht in der Bundesrepublik Deutschland, Berlin 1990, S. 34 f.

[153] Ulrich *Herbert* weist darauf hin, daß die Vertriebenen als soziale Gruppe durchaus heterogen waren und sich zum Teil in die deutsche Mittel- und Oberschicht integrieren konnten. Da sie zudem das Wahlrecht besaßen, bildeten sie ein wichtiges Wählerpotential, auf das Politiker aller Parteien Rücksicht nehmen mußten. Auch fiel die Zuwanderung der Vertriebenen in eine Zeit, in der ein großer Teil der angestammten Bevölkerung selbst in Bewegung war – als Spätheimkehrer aus Kriegsgefangenschaft, auf der Suche nach Wohnungen oder Arbeitsplätzen. Vgl. Ulrich *Herbert*, Geschichte der Ausländerbeschäftigung in Deutschland 1880 bis 1980. Saisonarbeiter, Zwangsarbeiter, Gastarbeiter, Bonn 1986, S. 184 ff.

[154] In der Folge entstanden Verträgen gleichen Musters mit Spanien und Griechenland (1960), der Türkei (1961), Portugal (1964), Tunesien und Marokko (1965) sowie Jugoslawien (1968).

tionsmodell, das einen befristeten Aufenthalt und eine anschließende Rückkehr in die Herkunftsländer vorsah. Politisch war diese Option nicht umstritten; die volkswirtschaftlichen und betrieblichen Folgen dieser Ausländerbeschäftigung wurden hingegen ausschließlich positiv bewertet.[155] Als Folge dieser Anwerbepolitik nahm die Ausländerbeschäftigung sprunghaft zu: zwischen 1968 und 1973 verdoppelte sich die Zahl der ausländischen Beschäftigten auf rund 2,5 Millionen. Die Einstellungen der Bevölkerung waren in dieser Phase eher von herablassender Gleichgültigkeit bestimmt, wozu der offensichtlich marginale und der deutschen Bevölkerung untergeordnete soziale Status der Ausländer, sichtbar etwa in den häufig katastrophalen Wohnbedingungen, beitrug. Nur während der Rezession 1966/67 – und auch hier nur für kurze Zeit – wurden Vorurteile und fremdenfeindliche Dispositionen politisch ausgeschlachtet[156]. Erst mit Beginn der siebziger Jahre wurde die sich allmählich wandelnde Struktur der ausländischen Bevölkerung, die immer stärker von Familiennachzug und längerfristigen Aufenthalten geprägt war, wahrgenommen. In dieser Phase kam es auch durch die Einführung einer länger befristeten Arbeitserlaubnis zu einer ersten Entkoppelung von Arbeitsmarktpolitik und Ausländerpolitik.[157]

1973 beschloß die Bundesregierung, in zeitlichem Zusammenhang mit den noch nicht absehbaren konjunkturellen Folgen der „Ölkrise" als Folge des israelisch-arabischen Yom-Kippur-Krieges, den bis heute gültigen Anwerbestopp für Gastarbeiter aus Nicht-EG-Ländern. Die folgenden Jahre waren bestimmt von den Fragen, mit welchen Mitteln eine weitere Zuwanderung – die nun auf Familiennachzug und illegale Zuwanderung beschränkt war – verhindert und wie die offensichtlich dauerhaft anwesenden Gastarbeiter und ihre Familienangehörigen sozial integriert werden

---

[155] Argumente für die Anwerbepolitik waren: in volkswirtschaftlicher Hinsicht wirke die Anwerbung als Entlastung der deutschen Sozialversicherung durch günstige Altersstrukturen, als Preisstabilität durch hohe Sparquoten und niedrige Konsumgüternachfrage, als Bremse des allgemeinen Lohnauftriebes und als sozialer Aufstieg für deutsche Beschäftigte durch Besetzung niedrig qualifizierter Arbeitsplätze; in betriebswirtschaftlicher Hinsicht als Arbeitskräftepotential mit hoher Mobilität und geringen Beschäftigungsneben- und Sozialkosten.

[156] In kürzester Zeit gelang es der rechtsradikalen Nationaldemokratischen Partei Deutschlands (NPD) in den damaligen Wahlen durch Appelle an Überfremdungs- und Verdrängungsängste genügend Wähler zu mobilisieren, um in sieben Landtage einziehen zu können.

[157] Ausländer, die sich länger als fünf Jahre in der Bundesrepublik aufhielten, hatten nun den Anspruch auf eine fünfjährige Arbeitserlaubnis.

könnten. Zu Beginn der achtziger Jahre, in einer Phase anhaltender Wirtschaftskrise und steigender Arbeitslosigkeit, wurde sichtbar, daß weitgehende Konzeptlosigkeit beim Umgang mit der Gastarbeiterzuwanderung herrschte. Die sozialliberale Regierungskoalition, der von der CDU/CSU-Opposition Entscheidungsschwäche vorgeworfen wurde, legte mit einer Verringerung des Nachzugsalters für ausländische Jugendliche und mit Rückkehrhilfen die Grundlage für die von der Regierung Kohl ab März 1993 verfolgte Ausländerpolitik: Reduzierung der Zuwanderung, Förderung der Rückkehrbereitschaft, Integration der Bleibewilligen.[158]

Anfang 1989 setzten mit rassistischen Appellen erzielte Wahlerfolge der rechtsradikalen „Republikaner" die Regierung unter Handlungsdruck, die daraufhin eine Novellierung des geltenden Ausländerrechts durch das Parlament brachte. An diesem seit dem 1. Januar 1991 geltenden Ausländerrecht wurde von konservativer Seite kritisiert, daß es nicht zu einer ausreichenden Reduzierung der Ausländerzahlen führen werde, während von Teilen der SPD, der FDP, der Grünen, der Gewerkschaften und anderer Organisationen bemängelt wurde, der Tenor des Gesetzes sei immer noch die Negierung der Einwanderungssituation, die Konstruktion polizeistaatlicher Instrumente zur Kontrolle der Zugewanderten und der Verzicht auf eine konsequente Integrationspolitik.

Asylbewerber

Im Winter 1948/49 beschloß der Parlamentarische Rat, zuständig für die Ausarbeitung des Grundgesetzes, nach intensiven Diskussionen über die Belastbarkeit der neuen Republik, in die neue Verfassung einen Asylartikel ohne jeden Gesetzesvorbehalt aufzunehmen.[159] Angesichts der Erfahrungen während der nationalsozialistischen Herrschaft sollte der Artikel 16 als Akt der Großzügigkeit gegenüber Verfolgten verstanden werden und ein Signal der Rückkehr Deutschlands in die zivilisierte Welt sein. Unter Druck geriet das deutsche Asylsystem – abgesehen von den Flüchtlingsbewegungen aus dem Osten in der unmittelbaren Nachkriegszeit, die aber zunächst über Notaufnahmeverfahren, später dann als deutsche Staatsangehörige aufge-

---

[158] Die politische Steuerung dieser Maßnahmen erfolgte auch unter der neuen Regierung mit Verwaltungsanordnungen, mit denen sich restriktive Einzelmaßnahmen ohne größere öffentliche Diskussionen durchsetzen lassen.

[159] Klaus J. *Bade*, Einführung, in: *ders.* (Hrsg.): Ausländer, Aussiedler, Asyl in der Bundesrepublik Deutschland, Hannover 1992, S. 22 f.

nommen wurden – erst gegen Ende der siebziger Jahre. Nach einem kurzen Höhepunkt im Jahre 1980 stieg die Zahl der Asylbewerber, nun nicht mehr vornehmlich aus dem Osten, sondern der Dritten Welt, seit 1985 kontinuierlich und schnell an, mit jährlichen Steigerungsraten zwischen 30 und 80 Prozent. Erst mit diesen Zunahmen wurde das Thema, das jahrzehntelang nur einen kleinen Kreis von Fachleuten interessiert hatte, tagespolitisch aufgegriffen. Bereits im Wahlkampf 1980 wurde der „Kampf gegen den Mißbrauch des Asylrechts" zum Slogan zunächst nur rechtsextremer Kreise, dann aber auch sehr schnell der Parteien der Mitte, die Stimmenverluste an die rechtsextremen Parteien befürchten mußten.[160] Begründet wurde diese Thematisierung mit dem Hinweis auf steigende Bewerberzahlen und sinkende Anerkennungsquoten. Den Asylbewerbern wurde vorgeworfen, sie würden, obwohl lediglich „Wirtschaftsflüchtlinge", durch das Einlegen von Rechtsmitteln die Asylverfahren verzögern und das gesamte Asylsystem blockieren, um in den Genuß des rechts- und sozialstaatlich gesicherten Aufenthalts in der Bundesrepublik zu kommen.[161]

Die Polemisierung vor allem in den Medien gegen „Scheinasylanten" und „Wirtschaftsflüchtlinge" hielt auch dann noch an, als die Antragszahlen nach 1980 stark sanken; sie erreichte bei den Landtags- und Kommunalwahlen Anfang 1989 einen Höhepunkt.[162] In krassem Gegensatz zur Intensität der öffentlichen Diskussion stand die Inkonsequenz politischer Steuerungsversuche: Ansätze für eine Entlastung des Asylregimes etwa durch die Etablierung neuer temporärer Aufnahmekategorien für Bürgerkriegsflüchtlinge[163] oder umfassende Konzeptionen zur Fluchtursachenbekämpfung[164]

---

[160] Vgl. die Übersicht über die politische Diskussion zur Änderung des Art. 16 GG bei Simone *Wolken*, Das Grundrecht auf Asyl als Gegenstand der Innen- und Rechtspolitik der Bundesrepublik Deutschland, Frankfurt 1988.

[161] Vgl. auch Ursula *Münch*, Asylpolitik in der Bundesrepublik Deutschland. Entwicklung und Alternativen, Opladen 1992, S. 124.

[162] Dieses Auseinanderklaffen von tatsächlicher und wahrgenommener Problematik ließ viele Beobachter von einer Instrumentalisierung der Asylproblematik sprechen, die von den erheblichen Defiziten bei der Integration der Gastarbeiter und ihrer Familien sowie allgemein von Krisen und Ängsten vor Arbeitslosigkeit, Wohnungsnot und künftigen Verteilungskämpfen ablenken sollte. Vgl. K. J. *Bade*, Einführung, S. 24 (Anm. 159).

[163] Vgl. Gesetz über Maßnahmen für im Rahmen humanitärer Hilfsaktionen aufgenommener Flüchtlinge vom 22.7.1980 (abgedruckt in: *BGBl.* I 1057) und Änderungsgesetz vom 9.7.1990 (abgedruckt in: *BGBl.* I 1354).

[164] Vgl. Konzeption der Bundesregierung zur Lösung der Flüchtlingsproblematik, vorgelegt in der Kabinettssitzung vom 25.9.1990 (abgedruckt in: *Bulletin der Bundesregierung*, 27.9.1990, S. 1207).

wurden nur kurz verfolgt, mitnichten aber zu einem Steuerungsinstrument ausgebaut.

Generell kann für die Asyl- und Flüchtlingspolitik seit Mitte der siebziger Jahre konstatiert werden, daß in einer sehr emotionalisierten, zwischen und innerhalb von Parteien und Organisationen heftig umstrittenen Debatte kurzfristige, zum Teil widersprüchliche Maßnahmen dominierten, vor allem zur Reduzierung von Einreisen, zur Verschärfung der Rechtsprechung und zur Abschreckung möglicher Bewerber durch eine Verschlechterung der Lebensbedingungen aufgenommener Asylbewerber.

Aussiedler

Von den vier Millionen Deutschen, die nach dem Ende der Zwangsumsiedlungen und Vertreibungen der Nachkriegszeit noch in osteuropäischen Gebieten lebten und dort häufig Ziel staatlicher Diskriminierungen und privater Anfeindungen waren, wanderten bis 1988 rund 1,6 Millionen in die Bundesrepublik ein. Jahrzehntelang wurde diese unregelmäßige, nie sehr umfangreiche Zuwanderung von Politik und Öffentlichkeit nicht als Problem wahrgenommen: Die Bundesregierungen forderten zwar immer die Ausreisefreiheit für diese Menschen, konnten aber sicher sein, daß die Ostblockstaaten eine restriktive Ausreisepolitik verfolgen würden. Erst mit der Öffnung und dem Zerfall des sowjetischen Herrschaftssystems nahmen diese Zuwanderungen und die Vorbehalte gegenüber diesen Einwanderern wegen angeblicher Belastungen der sozialstaatlichen Infrastrukturen stark zu. Ablehnende Äußerungen waren aus allen politischen Lagern zu vernehmen: von konservativer Seite wurden vor allem die jüngeren Aussiedler verdächtigt, keinerlei Beziehungen zu Deutschland mehr zu haben und ihr Deutschtum nur zu instrumentalisieren, um eine Einreise zu erhalten. Das gleiche Argument kam auch von linker Seite, verbunden allerdings mit der Befürchtung, die Zuwanderer verträten nationalistisch-chauvinistisches Gedankengut, sie seien vor-modern und würden reaktionäre Tendenzen in der bundesdeutschen Gesellschaft verstärken. In beiden Lagern verstellte die Angst vor größeren Zuwanderungen, die im übrigen von Aussiedlervereinigungen, aber auch von staatlichen Stellen in den Herkunftsländern durch entsprechende Nachrichten forciert wurde,[165] den

---

[165] Vgl. auch St. *Angenendt* / Andrea *Fischer* / Mirjana *Morokvasic*, Les migrations Est-Ouest dans le débat politique et scientifique en France et en Allemagne, in: *Revue des études comparatives Est-Ouest*, Nr. 2, 1994, S. 135-160.

Blick für die Realität und die Dynamik dieser Emigration: denn in der Regel war die Erfahrung, als ethnische Minderheit in einer oft feindseligen Umgebung zu leben, und die Befürchtung, daß diese Gemeinschaft durch weitere Auswanderungen schrumpfen könnte, das Motiv vieler Aussiedler, trotz des häufig von ihnen erreichten bescheidenen Wohlstandes den Aufnahmeantrag zu stellen.

Bis zum Zusammenbruch des Ostblocks war die Politik der Bundesregierungen gegenüber den Herkunftsstaaten, die immer auch eine ideologische Komponente hatte, da die Aussiedler die Unmenschlichkeit der kommunistischen Regime dokumentierten, von dem Bemühen getragen, Ausreiseerleichterungen zu erreichen.[166] Während diese Komponente der deutschen Aussiedlerpolitik mit dem Zusammenbruch des Ostblocks deutlich an Bedeutung verlor und 1990 sogar ein neues Aufnahmeverfahren eingeführt wurde, das erstmals erlaubte, die Zuwanderung zumindest ansatzweise verwaltungstechnisch zu steuern,[167] wurde eine zweite Komponente ausgebaut: Die Bundesregierungen hatten, vor allem seit der Ostpolitik der sozialliberalen Koalition mit Beginn der siebziger Jahre, versucht, die Lebensbedingungen der deutschen Minderheiten zu verbessern. Vorläufige Höhepunkte dieser Verhandlungen war die Regelung von Minderheitenrechten im deutsch-sowjetischen Vertrag über gute Nachbarschaft, Partnerschaft und Zusammenarbeit vom 9. November 1990[168] und die Vereinbarungen im entsprechenden Vertrag mit Polen vom 17. Juni 1991 über kulturelle Einrichtungen und kulturelle Praktiken[169], wie zum Beispiel den Gebrauch der Muttersprache.

Eine Gesamtbetrachtung der Politik der Bundesregierung gegenüber den Wanderungsbewegungen der letzten Jahrzehnte zeigt, daß die Regierungen

---

[166] Mit der rumänischen Führung unter Nicalae *Ceaucescu* wurden in den achtziger Jahren Vereinbarungen getroffen, gegen „Kompensationszahlungen für von Rumänien investierte Erziehungs- und Ausbildungskosten" die vom Regime immer stärker unter Druck gesetzten deutschstämmigen Siebenbürger Sachsen und Banater Schwaben freikaufen zu können. Mit Polen wurde beispielsweise im Warschauer Vertrag vom 18.11.1970 generell die Möglichkeit von Ausreisen vereinbart, 1975 wurde ein Kontingent von Ausreisen festgelegt.

[167] Vgl. Gesetz zur Regelung des Aufnahmeverfahrens für Aussiedler vom 1.7.1990. Aussiedler sind demnach verpflichtet, ihre Aufnahmeanträge von ihren Herkunftsgebieten aus zu stellen.

[168] Vgl. Gesetz vom 2.7.1991, abgedruckt in: *BGBl*. II 798.

[169] Vgl. Vertrag vom 17.6.1991 über gute Nachbarschaft und freundschaftliche Zusammenarbeit, abgedruckt in: *BGBl*. II 1314.

sich mit einer Vielzahl von Wanderungsformen auseinandersetzten. Es wurde, institutionell und rechtlich deutlich voneinander getrennt, Vertriebenen-, Gastarbeiter-, Flüchtlings- und Aussiedlerpolitik betrieben. Migrationspolitik aber, im Sinne einer Politik, die vom Phänomen der Wanderungen ausgehend versucht, Regelungen für die interdependenten Probleme der Zuwanderung zu finden, wurde zu keiner Zeit verfolgt. Mögliche Gestaltungsspielräume wurden von den Regierungen immer wieder mit dem Argument blockiert, Deutschland sei kein Einwanderungsland.

Wie ist vor diesem Hintergrund das Zustandekommen des Asylkompromisses vom 6. Dezember 1992 zu erklären, der, wie gezeigt, erstmals Regelungen für verschiedene Zuwanderungsformen umfaßt?

2.3 Die Motive des Asylkompromisses

Betrachtet man die politischen Diskussionen um dieses Gesetzespaket, werden zwei große Motivbereiche deutlich: einerseits wurde versucht, die durch die Zuwanderungen verursachten Probleme in den Griff zu bekommen, andererseits waren parteitaktische Überlegungen im Spiel.

Problembezogene Aspekte

Es wurde bereits darauf hingewiesen, daß die Bundesrepublik seit Mitte der achtziger Jahre eine deutliche Steigerung der Zuwanderungszahlen zu verzeichnen hatte. Diese Entwicklung kumulierte, mit dem Fall des Eisernen Vorhangs 1989, in der sprunghaften Zunahme von Zuwanderern aus dem Ostblock, die in allen Zuwanderungskategorien nun den Hauptanteil stellten.

Von 1989 bis 1990 stieg die Zahl der Asylbewerber von 103 000 auf 121 000 Personen, die der Aussiedler verdoppelte sich von 202 000 auf 377 000. Zudem nahm die Zahl der Übersiedler aus der DDR sprunghaft zu: von 39 000 auf 343 000 Personen. Während aber nach der Wiedervereinigung diese Binnenwanderung deutlich abnahm[170] und sich die Zuwanderung von Aussiedlern, nicht zuletzt aufgrund der 1990 eingeführten neuen Aufnahmeverfahren, ebenfalls reduzierte, nahm die Zahl der

---

[170] Ab 1991 wurden wegen der Wiedervereinigung Übersiedler statistisch nicht mehr gesondert ausgewiesen.

Asylbewerber weiterhin zu und erreichte 1992 einen Nachkriegsrekord: 438 000 Personen.

Diese Zuwanderungen wurden noch ergänzt durch Familiennachzug[171], durch die Zuwanderung von Vertragsarbeitern[172] und durch illegale Zuwanderungen[173]. Berücksichtigt man die Abwanderungen, betrug von 1989 bis 1993 die Nettozuwanderung nach Deutschland rund 3 Millionen Personen. In diesen Zahlen ist nicht die innerdeutsche Migration enthalten. Im gleichen Zeitraum zogen ungefähr 1 Million Menschen aus dem Gebiet der früheren DDR in die Länder der alten Bundesrepublik, so daß Westdeutschland einen Nettozuwachs von fast 4 Millionen Bürgern in diesem Zeitraum zu verzeichnen hatte.

Die durch die verschiedenen Zuwanderungsformen verursachten Probleme waren unterschiedlich. Grundsätzlich schafft zwar, wie oben gezeigt, der Familiennachzug langfristige ökonomische und soziale Integrationsprobleme, vor allem im Schul-, Wohnungs- und Beschäftigungsbereich, bringt aber keine dramatischen kurzfristigen Belastungen für die öffentliche Hand, da die Zuwanderer in der Regel von Familienstrukturen aufgefangen werden. Dies gilt auch für illegale Zuwanderer, denen häufig ethnische Netzwerke zur Verfügung stehen. Im hier betrachteten Zeitraum traf dies ebenfalls für Übersiedler zu, die auf verwandtschaftliche Beziehungen zurückgreifen konnten oder sich erst für den Umzug entschieden, wenn sie sicher waren, in einer bestimmten Region eine Beschäftigung zu finden. Selbstverständlich wirken sich auch diese Zuwanderungen auf lokale Infrastrukturen, etwa der Gesundheitsversorgung, aus; diese Belastungen waren aber keinesfalls vergleichbar mit den Problemen, welche die Kommunen mit der Zuwanderung von Asylbewerbern und Aussiedlern hatten, da diese einem staatlichen Migrationsregime unterworfen sind, das spätestens mit der Einreise in Kraft tritt und häufig Monate oder erst Jahre später mit einer dauerhaften Lösung endet.

---

[171]   Die offiziellen Statistiken geben keinen Aufschluß über den Familiennachzug. Es stehen lediglich Daten zur Zuwanderung von Nicht-Asylbewerbern zur Verfügung. Eine grobe Schätzung wird möglich, wenn von diesen Zuwanderungen die sonstigen legalen Zuwanderungen abgerechnet werden: auszugehen ist für die letzten fünf Jahre mit einem jährlichen Zuzug von 250 000 bis 500 000 Personen. Vgl. St. *Angenendt*, Zuwanderung und Zusammensetzung der ausländischen Bevölkerung in Deutschland und in OECD-Ländern: Aktuelle Trends (Anm. 2).

[172]   Deren Zahl schwankte zwischen 30 000 und 100 000 Personen jährlich.

[173]   Hierzu liegen selbstverständlich nur stark voneinander abweichende Schätzungen vor, die sich beispielsweise für 1992 zwischen 150 000 und 300 000 Personen bewegen.

Diese Migrationsregime bedingen, daß jede Änderung der Zuwanderungszahlen finanzielle und infrastrukturelle Anpassungen staatlicher Stellen nötig macht. Dies war im hier beobachteten Zeitraum für Asylbewerber besonders deutlich sichtbar, die für die Dauer ihrer oft jahrelangen Verfahren staatlich verpflegt und untergebracht werden mußten. Die Überlastung der über eine lange Zeit nicht ausreichend ausgebauten Infrastrukturen zeigte sich besonders deutlich im Überhang nicht bearbeiteter Asylanträge und in den Schwierigkeiten der für die Unterbringung und Verpflegung der Asylbewerber zuständigen Kommunen: da kein ausreichender öffentlicher Wohnraum vorhanden war beziehungsweise keine ausreichenden Finanzmittel vom Bund zur Verfügung gestellt wurden, mußten viele Gemeinden Turnhallen und andere öffentliche Gebäude beschlagnahmen und zu Notunterkünften herrichten. Die Konsequenzen waren 1991 und vor allem 1992 im ganzen Land zu sehen: chaotische und inhumane Wohn- und Lebensbedingungen bestärkten einen Großteil der Deutschen in der Ansicht, die Regierung habe zumindest über diese Zuwanderungen die Kontrolle verloren.

Parteitaktische Aspekte

Verstärkt wurden diese problembezogenen Motive des Asylkompromisses noch durch parteitaktische Überlegungen und durch die Berichterstattung in den Medien. Die seit Mitte der achtziger Jahre in vielen Meinungsumfragen sichtbare Ablehnung weiterer Zuwanderungen, die auch von fremdenfeindlichen Übergriffen begleitet war, wurde fast ein Jahr lang von der Euphorie über die Wiedervereinigung gedämpft. Mit der Erfahrung der vielfältigen ökonomischen und sozialen Probleme aber, welche die Wiedervereinigung begleiteten, sei, so die Erklärung vieler Sozialpsychologen[174], seit Sommer 1991 ein Wiederaufleben fremdenfeindlicher Äußerungen und Diskriminierungen zu beobachten. Die Berichte über fremdenfeindliche Überfälle, die zum ersten Mal unter Beteiligung „normaler Bürger" und nicht nur von organisierten Rechtsradikalen begangen wurden, kommentierten viele Medien als die Reaktion der Bevölkerung auf den Kontrollverlust durch die Politiker.[175] Fernseh- und Magazinkommentatoren warfen

---

[174] Vgl. zur Übersicht unter anderem *Friedrich-Ebert-Stiftung* (Hrsg.), Entstehung von Fremdenfeindlichkeit. Die Verantwortung von Politik und Medien, Gesprächskreis Arbeit und Soziales, Nr. 21, Bonn 1993.

[175] Dies war beispielsweise der Fall in der Berichterstattung über die Landtagswahlen in

der Regierungskoalition aus CDU, CSU und FDP, aber auch der oppositionellen SPD vor, die Ängste der Bevölkerung nicht ernst zu nehmen. Im Sommer 1992 bestimmte die Asylpolitik die politische Tagesordnung[176], im August 1992 breitete sich eine Welle fremdenfeindlicher Gewalttaten über das gesamte Land aus, und zwar im Osten wie im Westen gleichermaßen.

Die großen Parteien, unter Druck einerseits durch den drohenden Zusammenbruch des Asylregimes[177], andererseits der rechtsextremen Parteien, hatten bereits im Winter 1991 ihre Verhandlungen über eine Reform des Asylrechts intensiviert. Das größte Hindernis für eine Verständigung waren interne Debatten in der SPD und der FDP: diese Parteien waren tief gespalten zwischen Realpolitikern, die in Kategorien politischer Macht und administrativer Kompetenz dachten, und Idealisten, für die eine Reduzierung der asylrechtlichen Standards ein Anschlag auf eine der wichtigsten Errungenschaften der modernen westlichen Zivilisation war. In diesen innerparteilichen Machtkämpfen setzten sich die Realpolitiker durch und der Asylkompromiß wurde am 6. Dezember 1992 unterzeichnet.

Schleswig-Holstein und Baden-Württemberg im April 1992, in denen die rechtsradikalen Parteien „Deutsche Volksunion" (DVU) und die „Republikaner" nach einer massiven Kampagne mit ausländerfeindlichen Slogans mehr Stimmen erhielten, als die traditionelle Rechte jemals zuvor in Deutschland bekommen hatte.

[176] Auch seriöse Zeitungen wie die *Frankfurter Allgemeine Zeitung* verwendeten in der Berichterstattung Begriffe wie „Asylantenflut" und „Scheinasylant". Vgl. zur Rolle von Begriffen in dieser Debatte auch Jürgen *Link*, „Asylanten" – zur Erfolgsgeschichte eines deutschen Schlagworts, in: Christoph *Butterwegge* / Siegfried *Jäger* (Hrsg.): Europa gegen den Rest der Welt?, Köln 1993, S. 111-126.

[177] Im Juni 1993 waren Asylverfahren für 460 265 Personen anhängig (vgl. *Frankfurter Allgemeine Zeitung*, 6.7.1994). Bereits am 26.6.1992 hatten die Regierungsparteien eine Novellierung des Asylrechts unterhalb der verfassungsändernden Ebene beschlossen, die vor allem die Zahl der unbearbeiteten Asylanträge reduzieren sollte. Die Wirkungen dieser Änderungen wurden jedoch nicht mehr abgewartet, die Parteienverhandlungen über den Asylkompromiß wurden abgeschlossen, bevor erste Ergebnisse vorlagen.

2.4 Bewertung des Asylkompromisses und der Migrationspolitik seit 1993

Wie ist dieses Reformprojekt bewertet worden? Im Folgenden werden die wichtigsten Kritikpunkte an der Grundgesetzänderung unter drei Gesichtspunkten zusammengefaßt. Anschließend wird gefragt, inwieweit das Bundesverfassungsgericht (BVerfG) in seiner Entscheidung über die Verfassungsmäßigkeit des Asylkompromisses vom 14. Mai 1996 diesen kritischen Einwänden entsprochen hat, und es werden kurz die wichtigsten migrationspolitischen Entscheidungen seit dem Asylkompromiß beschrieben.

2.4.1 Eindeutigkeit des Asylkompromisses

Erstens wurde eine mangelnde Eindeutigkeit des Reformwerkes kritisiert.[178] Die rechtswissenschaftliche Auseinandersetzung betraf hauptsächlich die Verfassungsmäßigkeit einiger Regelungen des asylrechtlichen Teils des Asylkompromisses. Umstritten war vor allem die Änderung des Grundgesetzartikels 16, wobei insbesondere der Drittstaatenregelung vorgeworfen wurde, sie sei ein gemessen an der Schwere einer Grundgesetzänderung unverhältnismäßiges Mittel, um das Problem der beim Bundesamt für die Anerkennung ausländischer Flüchtlinge aufgestauten unerledigten Verfahren zu lösen[179]. Auch sei unter rechtssystematischen Gesichtspunkten die Konstruktion eines individuellen Grundrechts auf Asyl und die gleichzeitige Einschränkung dieses Grundrechts durch die Drittstaatenregelung bedenklich. Die Detailliertheit der Regelungen insgesamt sei überzogen. Generell sei die Neuregelung nicht widerspruchsfrei, enthalte eine Reihe von Unklarheiten, sei zu sehr auf einen „Formelkompromiß" zwischen den Parteien ausgerichtet und orientiere sich kaum an sachlichen Notwendigkeiten. Dies berge das Risiko verfassungsrechtlicher Lücken.[180]

---

[178] Vgl. zur Übersicht Günter *Renner*, Asyl- und Ausländerrechtsreform 1993, in: *Zeitschrift für Ausländerrecht und Ausländerpolitik*, Nr. 3, 1993, S. 118-128.

[179] Vgl. Michael *Selk*, Die Drittstaatenregelung gemäß Art. 16a Abs. 2 GG – eine verfassungswidrige Verfassungsnorm, in: *Zeitschrift für Ausländerrecht und Ausländerpolitik*, Nr. 2, 1994, S. 59-67.

[180] Vgl. Kay *Hailbronner*, Die Asylrechtsreform im Grundgesetz, in: *Zeitschrift für Ausländerrecht und Ausländerpolitik*, Nr. 3, 1993, S. 107 ff, mit dem Plädoyer, es wäre auch im Interesse schutzbedürftiger Flüchtlinge ehrlicher gewesen, das Asylrecht rechtlich eindeu-

Ein Indiz für die fehlende Eindeutigkeit war die große Zahl an Korrekturen von Asylentscheidungen durch übergeordnete Gerichte. Auch das Bundesverfassungsgericht äußerte sich in einer Reihe von Urteilen zu den verfassungsrechtlichen Anforderungen an Asylverfahren, vor allem zur Abweisung von Asylverfahren und zu Abschiebungen – mit mäßigem Erfolg, wie die Zunahme der vor dem Gericht anhängigen Verfahren zeigte.[181]

Ein dritter Hinweis waren zunehmende politische Interventionen in asylrechtliche Entscheidungen: im Mai 1994 beschlossen beispielsweise die sozialdemokratisch regierten Bundesländer, Abschiebungen von Kurden in die Türkei auszusetzen, weil eine Verfolgungssicherheit entgegen der Meinung der Bundesregierung nicht gewährleistet sei.[182] Mit dem gleichen Argument wandte sich zudem die damalige Bundesjustizministerin Sabine *Leutheusser-Schnarrenberger* im Juni 1994 gegen die von ihrer Regierung verfolgte Politik schneller Abschiebungen.[183]

---

tig als staatliches Asylgewährungsrecht zu kennzeichnen, auf die kein allgemeiner individueller Anspruch bestehe.

[181] Ernst Gottfried *Mahrenholz*, Vizepräsident des BVerfG, befürchtete im März 1994 eine Blockierung des Gerichts durch Asylverfahren, da als „Frucht des Asylkompromisses" die Verfahren gegenüber dem Vorjahr um 130 Prozent zugenommen hätten. Vgl. *Süddeutsche Zeitung*, 7.3.1994.

[182] Die Kontroversen waren zahlreich. So kritisierte der nordrhein-westfälische Innenminister Heribert *Schnoor* das „rosige Bild", das die für die Einschätzung der Regierung entscheidenden Lageberichte des Auswärtigen Amtes von der Situation in der Türkei zeichneten. Die Argumentation von Bundesinnenminister Manfred *Kanther* war, aus Kurdistan flüchtende Kurden hätten in der Mittel- und der Westtürkei eine inländische Fluchtalternative, da sie dort nicht aus ethnischen Gründen verfolgt würden. Liege hingegen eine begründete individuelle Angst vor politischer Verfolgung vor, sei dies selbstverständlich asylrelevant. Einer Abschiebung von Kurden, die keine politische Verfolgung glaubhaft machen könnten, stände daher nichts entgegen, so *Kanther* im Nachrichtenmagazin „Tagesthemen" (ARD-Fernsehen) vom 14.7.1994. Der niedersächsische Innenminister Gerhard *Glogowski* hingegen kritisierte *Kanther* in schärfster Form, er verhöhne die aus lebensgefährlicher Lage geflüchteten Menschen und versuche, mit zu Lasten der Kurden im rechten politischen Lager zu profilieren. Vgl. *Süddeutsche Zeitung*, 21.-2.5.1994.

[183] Jeder Einzelfall müsse genau geprüft werden; wenn Folter oder Todesstrafe drohten, dürften abgelehnte kurdische Asylbewerber nicht abgeschoben werden. Vgl. *Süddeutsche Zeitung*, 11.-12.6.1994.

2.4.2 Effektivität des Asylkompromisses

Zweitens wurde die Effektivität der Regelungen in Frage gestellt. In den zwölf Monaten vor der Neuregelung des Asylrechts hatten 474 835 Ausländer politisches Asyl beantragt, in den zwölf Monaten danach nur noch 161 302 Personen, mithin ein Rückgang um 66 Prozent.[184] Die Zahl von Aufnahmeanträgen von Aussiedlern ging ebenfalls zurück, sie betrug in den ersten fünf Monaten 1994 nur noch 80 Prozent des Vergleichszeitraumes des Jahres 1993.[185] Die Bewertung der Bundesregierung, diese Entwicklung dokumentiere die Effektivität des Asylkompromisses[186], wurde aber in mehrfacher Hinsicht in Frage gestellt.

Ein Argument war, daß von den seit dem Asylkompromiß monatlich durchschnittlich 11 000 neuen Asylbewerbern weniger als fünf Prozent mit dem Flugzeug eingereist waren[187], auf dem einzigen Wege, der aufgrund der Drittstaatenregelung noch legal möglich ist. Dies deute darauf hin, daß es einer erheblichen Zahl von Flüchtlingen gelinge, illegal in die Bundesrepublik einzureisen und Zugang zum Asylverfahren zu erhalten.[188] Daraus

---

[184] 1994 wurden von 127 210 Personen Asylanträge gestellt, 1995 von 127 937, also eine Stabilisierung auf dem Niveau von 1987. Diese Entwicklung hat sich auch 1996 fortgesetzt.

[185] Sie betrug damit 55 Prozent des Vergleichszeitraumes des Jahres 1992. Die Angaben in Zahlen lauten: 1994 87 979 Personen, 1993 110 652 Personen, 1992 160 818 Personen. Vgl. *Der Bundesminister des Innern teilt mit*, 1.7.1994, S. 2. Zugezogen sind 1992 230 565, 1993 218 888, 1994 222 591, 1995 217 898 und in den ersten zehn Monaten des Jahres 1996 144 468 Aussiedler (vgl. *Info-Dienst Deutsche Aussiedler*, Nr. 82, August 1996). Für 1997 wird mit etwa 150 000 Personen der niedrigste Aussiedlerzuzug der letzten zehn Jahre erwartet. Vgl. *Frankfurter Allgemeine Zeitung*, 2.9.1997.

[186] „Dies zeigt, daß der 1993 über die Parteigrenzen hinweg beschlossene Asylkompromiß ein wirksamer Weg ist, den unkontrollierten Asylbewerberzugang zu begrenzen." (Bundesinnenminister Manfred *Kanther*, in: *Das Bundesministerium des Innern teilt mit*, 6.6.1994, S. 3). Horst *Waffenschmidt*, Aussiedlerbeauftragter der Bundesregierung, erklärte, der Rückgang der Antragszahlen von Rußlanddeutschen zeige das Vertrauen dieser Menschen in die Zusage der Bundesregierung, daß das Tor nach Deutschland offen bleibe (vgl.: *Das Bundesministerium des Innern teilt mit*, 1.6.1994, S. 3).

[187] Von Juli 1993 bis August 1996 kamen 540 000 neue Asylbewerber nach Deutschland, von denen 1993 1,9%, 1994 4,3% und 1995 4,5% per Flugzeug einreisten (vgl. Hans-Ingo *von Pollern*, Die Entwicklung der Asylbewerberzahlen 1995, in: *Zeitschrift für Ausländerrecht und Ausländerpolitik*, Nr. 2, 1996, S. 86-92, hier: S. 88 und *ders.*, Die Entwicklung der Asylbewerberzahlen im Jahre 1996, S. 90 (Anm. 71).

[188] Das Bundesinnenministerium ging zwar von einer Reduzierung auch der illegalen Einreisen aus, führte aber als Argument lediglich an, daß sich die Zahl der Aufgriffe von illegalen Zuwanderern im Grenzgebiet verringert habe. Innenminister Manfred *Kanther* gab an,

wurde gefolgt, daß offensichtlich trotz des finanziellen, technischen und personellen Ausbau des Bundesgrenzschutzes sowie dessen Kompetenzausweitung eine vollständige Abriegelung der deutschen Grenzen nicht möglich sei.[189] Darüber hinaus sei auch die Reduzierung der Aufnahmeanträge von Aussiedlern nicht zwingend auf die Quotierung zurückzuführen, sondern könne ihre Ursache möglicherweise in kurzfristig verbesserten Bleibeperspektiven in den Herkunftsgebieten haben.

Ebenfalls wurde die Behauptung der Bundesregierung in Frage gestellt, die Effektivität der Maßnahmen zur Reduzierung der Altfälle beim BAFl, insbesondere durch eine erheblich verbesserte personelle und finanzielle Ausstattung des Amtes und größere Entscheidungsbefugnisse, zeige sich darin, daß 1993 die Entscheidungen gegenüber 1992 um 137 Prozent gesteigert wurden[190]. Kritiker wiesen darauf hin, daß die Bearbeitung der Altfälle durch die Reduzierung der Neuzugänge um zwei Drittel erheblich erleichtert worden sei.

Bezweifelt wurde zudem, ob die im Asylkompromiß vorgesehenen Maßnahmen nicht nur die Zahl der Einreisen, sondern auch die Zahl der anwesenden Ausländer reduziert hat, mit dem Hinweis, daß der seit Jahren zwischen 2 Prozent und 9 Prozent schwankenden und seit dem Asylkompromiß nur leicht gestiegenen Anerkennungsquote des Bundesamtes[191] die Tatsache gegenüberstehe, daß nur ein sehr geringer Teil der abgelehnten Asylbewerber tatsächlich abgeschoben worden sei. Tatsächlich wurden 1994 die Anträge von 238 386 Personen abschlägig beschieden, aber lediglich

---

die Zahl der erkannten illegalen Einreisen sei von etwa 35 000 Personen im ersten Halbjahr 1993 auf 19 000 im zweiten Halbjahr 1993 gesunken. Im ersten Halbjahr 1994 habe diese Zahl nur noch 17 246 Personen betragen. Vgl. *Frankfurter Allgemeine Zeitung*, 13.7.1994.

[189] Das von der Bundesregierung im Juni 1994 dem Bundestag vorgelegte Bundesgrenzschutzgesetz enthielt erweiterte Befugnisse zur Bekämpfung illegaler Zuwanderungen. Im Dezember 1993 provozierte der CDU/CSU-Fraktionsvorsitzende Wolfgang *Schäuble* Proteste unter anderem des Bundesverteidigungsministers Volker *Rühe*, als er trotz eindeutiger Verfassungswidrigkeit forderte, im Zeitalter weltweiter Wanderungsbewegungen und des internationalen Terrorismus solle man Einsätze der Bundeswehr im Inland erwägen.

[190] Von Anfang 1992 bis März 1993 wurde die Zahl der Außenstellen des Bundesamtes von 17 auf 48 erhöht, die besetzten Stellen stiegen von etwa 2 000 auf 3 947. 1992 wurden Asylanträge für 216 396 Personen entschieden, 1993 für 513 691 Personen. Im Juni 1993 waren Verfahren für 460 265 Personen anhängig, im Juni 1994 nur noch für 172 498 Personen. Vgl. *Frankfurter Allgemeine Zeitung*, 6.7.1994.

[191] Vgl. H.-I. *von Pollern*, Die Entwicklung der Asylbewerberzahlen im Jahre 1995, S. 90 f (Anm. 187).

36 183 Personen abgeschoben.[192]

Nicht nur in Hinblick auf die quantitativen Erfolge für Deutschland wurde der Asylkompromiß in Frage gestellt, sondern auch bezüglich seiner Folgen für die Nachbarregionen. Die Schließung der deutschen Grenzen habe zu Zuwanderungen in den anderen EU-Staaten[193], vor allem aber in den ost- und südosteuropäischen Nachbarländern geführt.[194] Diese Länder würden ihrerseits versuchen, ihre Grenzen vor Zuwanderungen zu sichern, und dem deutschen Muster entsprechende Rückübernahmeabkommen zu

---

[192] Zum Vergleich: 1996 wurden Entscheidungen für 194 451 Personen getroffen, von denen 126 652 abgelehnt wurden (65 %). 1990 wurden 5 583 erfolglose Asylbewerber abgeschoben, 1991 8 232, 1992 10 798 und 1993 36 165 Personen. 1995 hat die Zahl der Abschiebungen abgenommen, auf 21 000 Personen, ein Trend, der sich auch 1996 fortgesetzt hat (13 000). Vgl. H.-I. *von Pollern*, Die Entwicklung der Asylbewerberzahlen im Jahre 1996, S. 93 f (Anm. 71).

[193] In den Niederlanden verdoppelte sich beispielsweise die Zahl der Asylsuchenden in den ersten sechs Monaten des Jahres 1994 gegenüber der ersten Jahreshälfte 1993: von 13 400 auf 28 000 Personen. Vgl. *Süddeutsche Zeitung*, 9.-10.7.1994. Im Juni 1996 gab der polnische Innenminister *Siemiatkowski* anläßlich der 6. Konferenz des Europarates über Wanderungsfragen an, Polen und die gesamte Region werde zunehmend zum Ziel von Wanderungen aus dem Gebiet der früheren Sowjetunion und aus Asien. Sorgen machten den polnischen Behörden vor allem der Zuzug von illegalen Migranten, deren Zahl auf 50 000 bis 100 000 geschätzt wurde. Vgl. *Frankfurter Allgemeine Zeitung*, 19.6.1996. Der Leiter des polnischen Migrationsbüros, Tomas *Kozlowski*, wies aber auf die weitgehende Duldung der illegalen Migranten hin, da auf diese Weise die staatlichen Ausgaben für diese Migranten reduziert werden könnten und zudem die polnischen Unternehmen durch die billigen Arbeitskräfte profitieren würden. Vgl. Land der „Transmigration", in: *Junge Welt*, 19.7.1995. Auch die Ukraine, hier stellvertretend für andere Randgebiete der früheren UdSSR angeführt, erfährt zunehmend Zuwanderung von Migranten, die in den Westen weiterwandern wollen. So nahm die Zahl der entdeckten Illegalen von 1 900 im Jahre 1991 auf 70 000 bis Juli 1995 zu, ebenfalls die Zahl der aufgedeckten Schleusungen. Vgl. Olena *Malinovska*, Migration und Migrationspolitik in der Ukraine nach 1991, In: *Berichte des Bundesinstituts für ostwissenschaftliche und internationale Politik*, Nr. 42, 1996, S. 23. Vgl. zum Problem der Transitmigration auch die 1994 vom Migration Information Programme der IOM herausgegebenen Einzelstudien zu Bulgarien, Polen, Ungarn, Rußland, Ukraine und der Tschechischen Republik (Anm. 21).

[194] Vgl. Michael *Shafir*, Immigrants, Refugees, and Postcommunism, in: *RFE/RL Research Report*, Bd. 3, Nr. 23, 1994, S. 7 f; Wendy *Slater*, The Problem of Immigration into Russia, in: *RFE/RL Research Report*, Bd. 3, Nr. 26, 1994, S. 39-44; Ustina *Markus*, Migration to and from Belarus, in: *RFE/RL Research Report*, Bd. 3, Nr. 26, 1994, S. 45-47; *dies.*, Immigrants in Ukraine, in: *RFE/RL Research Report*, Bd. 3, Nr. 26, 1994, S. 48-52; Kjell *Engelbrekt*, Bulgaria and the Problem of Immigration, in: *RFE/RL Research Report*, Bd. 3, Nr. 25, 1994, S. 37-40; Michael *Shafir*, Immigrants in Romania, in: *RFE/RL Research Report*, Bd. 3, Nr. 25, 1994, S. 41-46.

schließen[195], da die Regierungen sich außerstande sähen, größere Zahlen von Flüchtlingen und Migranten aufzunehmen. Hier drohten ernsthafte Destabilisierungen der ohnehin prekären ökonomischen und sozialen Systeme mit nicht absehbaren internationalen Folgen. Diese Entwicklung bedrohe zudem das seit dem Zweiten Weltkrieg entstandene internationale Flüchtlingsregime. Nicht nur, weil die meisten dieser Länder auf lange Zeit hinaus nicht in der Lage sein würden, Asylverfahren zur Verfügung zu stellen, die der Genfer Flüchtlingskonvention entsprechen, sondern auch, weil Kettenabschiebungen drohten, wenn der Kreis von sicheren Drittstaaten beständig erweitert würde. Flüchtlinge liefen dann Gefahr, ohne Asylverfahren wieder in ihre Herkunftsländer zurückgeschoben zu werden.

2.4.3 Legitimität des Asylkompromisses

Drittens wurde ein Mangel an Legitimität der neuen Regelungen beklagt. Während die Regierung mit dem Hinweis auf die reduzierten Zuwanderungen, den Abbau der Altfälle und die gestiegene Zahl von Abschiebungen die Wiedergewinnung ihrer Handlungsfähigkeit bei gleichzeitigem Erhalt des Asylrechts für tatsächlich politisch Verfolgte und die Möglichkeit der Zuwanderung für Familienangehörige und Aussiedler postulierte, war ein wachsender Teil der Bevölkerung der Ansicht, die Parteien hätten mit dem Asylkompromiß das Asylrecht abgeschafft. Nicht nur von den traditionell an Menschenrechtsfragen interessierten linksorientierten und liberalen Kreisen, sondern zunehmend auch von kirchlichen Kreisen wurde Kritik an den Einreiseregelungen, den Asylverfahren und den Abschiebungen in Gebiete geübt, in denen den Flüchtlingen Verfolgung, Folter und Tod drohen. Ein Beispiel dafür ist das seit dem Asylkompromiß in der katholischen und evangelischen Kirche diskutierte und praktizierte Kirchenasyl.[196]

---

[195] Solche Verhandlungen haben beispielsweise Polen mit Weißrußland und der Ukraine, und Ungarn mit Kroatien, Rumänien, Slowenien, Ukraine, der Tschechischen und der Slowakischen Republik geführt.

[196] Vgl. zur Übersicht Klaus *Barwig* / Dieter R. *Bauer* (Hrsg.), Asyl am Heiligen Ort. Sanctuary und Kirchenasyl – Vom Rechtsanspruch zur ethischen Verpflichtung, Ostfildern 1994. 1995 hatten 230 Flüchtlinge in 74 katholischen und evangelischen Gemeinden Zuflucht gefunden. Von denjenigen, die einen Asylfolgeantrag stellten, waren 80% erfolgreich und erhielten eine Anerkennung als politischer Flüchtling. Vgl. *Süddeutsche Zeitung*, 7.6.1996. 1996 ist nach Angaben des Leipziger Missionswerkes die Zahl der Flüchtlinge, die Kirchenasyl erhalten haben, auf 300 gestiegen. Vgl. *Die Tageszeitung*, 17.3.1997.

Mehr als 200 Gemeinden haben von Abschiebung bedrohten Asylbewerbern temporäres Asyl in kirchlichen oder der Gemeinde zur Verfügung gestellten Einrichtungen gewährt, um den Betroffenen Gelegenheit zur Weiterverfolgung oder Wiederaufnahme ihrer Asylverfahren zu geben. Mit dieser nach Ansicht der Regierung illegalen Schutzgewährung gegen den deutschen Staat haben die Kirchen größere Teile der Öffentlichkeit für die von ihnen kritisierten Aspekte des Asylkompromisses sensibilisiert.

Der Schwerpunkt der Kritik am Asylkompromiß war demnach, daß bezweifelt wurde, ob das Reformpaket geeignet sei, die Zuwanderungsproblematik als Gesamtheit zu regeln. Vermutet wurde, daß die Erfolge des Reformpaketes weniger in der Steuerung der Zuwanderung selbst als in der Behandlung ihrer mittelbaren innenpolitischen Folgen lagen. So wurde von den meisten Beobachtern positiv vermerkt, daß die rechtsradikalen Parteien in den nachfolgenden Wahlen große Stimmenverluste zu verzeichnen hatten. Einige Kritiker argumentierten aber auch, die Verluste seien weniger darauf zurückzuführen, daß den am Asylkompromiß beteiligten Politikern wieder Handlungskompetenz zugetraut würde. Der Bedeutungsverlust der rechten Parteien sei eher auf die Entscheidung der „etablierten" Parteien zurückzuführen, Zuwanderungen nicht zum Thema der Wahlkämpfe zu machen, und auf eine deutliche Zurückhaltung der Medien zu diesem Thema.[197] Fraglich sei auch, ob über diese Reduzierung der Bedeutung rechtsradikaler Parteien hinaus ein Erfolg bei der Bekämpfung von Rechtsradikalismus und Fremdenfeindlichkeit zu verzeichnen sei. Die Zahl fremdenfeindlicher Gewalttaten sei zwar zurückgegangen, habe aber immer noch einen so großen Umfang, daß von einem Erfolg kaum gesprochen werden könne.

---

[197] Die Entscheidung zur Nicht-Thematisierung im Wahlkampf 1994 ist buchstäblich in letzter Minute gefallen: noch im Januar 1994 kündigte der Vorsitzende der CSU-Landesgruppe, Michael *Glos*, an, seine Partei werde im Wahlkampf die Angst vor Überfremdung zum Thema machen. Die Partei wolle Protestwähler und Wahlverweigerer zurückgewinnen, indem sie ohne Tabu alle Themen aufgreifen werde, die den Menschen auf den Nägeln brennen. Vgl. *Frankfurter Allgemeine Zeitung*, 10.1.1994.

2.4.4 Die Asylentscheidung des Bundesverfassungsgerichtes

Eine Konsequenz dieser vielgestaltigen Kritik am Asylkompromiß war die Entscheidung des Bundesverfassungsgerichtes vom 14. Mai 1996 über die Verfassungsmäßigkeit der asylrechtlichen Bestimmungen. Wegen seiner Bedeutung für die Zukunft des deutschen Asylrechts muß dieses Urteil als zweite Säule des Asylkompromisses verstanden werden. Zu fragen ist daher, welche Aspekte in dem Urteil behandelt worden sind und inwieweit die an dem Asylkompromiß geäußerte Kritik aufgegriffen worden ist.

Die Entscheidung des Bundesverfassungsgerichtes über fünf Verfassungsbeschwerden von abgelehnten Asylbewerbern bezog sich auf drei Aspekte: die Regelung über sichere Drittstaaten, die Bestimmungen über sichere Herkunftsländer und das Flughafenverfahren. Das Konzept des sicheren Drittstaates, das Kernstück des Asylkompromisses, wurde vom BVerfG grundsätzlich als verfassungsrechtlich unbedenklich bezeichnet. Zur Bestimmung von Staaten als sichere Drittstaaten sei – über die automatische Zugehörigkeit der EU-Staaten hinaus – lediglich festzustellen, ob die Genfer Konvention und die Europäische Menschenrechtskonvention (EMRK) angewendet würden. In Staaten, in denen die Gesetzmäßigkeit der Verwaltung grundsätzlich gewährleistet sei, müsse nur dann dieser Aspekt untersucht werden, wenn der Verdacht der regelmäßigen Nichtanwendung der Konventionen bestehe. In der Wahl seiner Erkenntnismittel sei der Gesetzgeber hierbei weitgehend frei. Das Gericht wies zudem ausdrücklich auf den mit dem Asylkompromiß angestrebten europäischen Lastenausgleich in bezug auf Flucht und Migration hin, denn der Gesetzgeber habe damit die Grundlage für eine europäische Gesamtregelung der Schutzgewährung für Flüchtlinge geschaffen.

Allerdings hat das Gericht einige Fragen, die in diesem Zusammenhang wichtig sind, nicht beantwortet, vor allem nicht, unter welchen Voraussetzungen die Drittstaatenregelung durch welche Form von zwischenstaatlichen Verträgen ersetzt werden kann. Damit ist aber auch unklar, ob das Gericht die bisherigen Abkommen, das Schengener und das Dubliner Übereinkommen, als erste Stufe der Entwicklung zu einem gesamteuropäischen Asylrecht bewertet.[198]

Ebenfalls nicht beanstandet hat das Bundesverfassungsgericht die Regelungen über die sicheren Herkunftsstaaten. Der Gesetzgeber hat zwar

---

[198] Vgl. Günter *Renner*, Was ist vom deutschen Asylrecht geblieben?, in: *Zeitschrift für Ausländerrecht und Ausländerpolitik*, Nr. 3, 1996, S. 103-109, hier: S. 104.

bestimmte verfahrenstechnische und inhaltliche Vorgaben für die Bestimmung solcher Staaten erhalten, die Hürden für die Feststellung der Verfassungswidrigkeit eines solchen Gesetzes sind aber sehr hoch gelegt worden. Die Liste der sicheren Herkunftsstaaten wird demnach lediglich auf politischem Wege verändert werden können. Diese Erkenntnis ist von grundlegender Bedeutung für die Einschätzung des künftigen asylrechtlichen Schutzes von Flüchtlingen, weil sie das Verhältnis von Politik und Recht betrifft: In vielen liberalen Demokratien ist festzustellen, daß die Rechtsprechung sehr oft ein Gegengewicht für politischen Druck hinsichtlich einer Verschärfung der Bedingungen für eine Aufnahme und Integration von Migranten darstellt, funktionell gesehen also häufig einen Schutz gegenüber einer restriktiven Politik bedeutet.[199] Überträgt man dieses Argument auf das Asylrecht, ist zu vermuten, daß durch eine Gewichtsverschiebung von der Rechtsprechung auf die Politik eine wichtige Schutzbarriere für Flüchtlinge tendenziell abgebaut wird. Es ist nicht unwahrscheinlich, daß das deutsche Modell verfolgungsfreier Länder einen weltumspannenden Block sicherer Herkunftsländer schaffen wird, entsprechend der Tatsache, daß sich durch das System der sicheren Drittstaaten der um Kerneuropa angelegte *cordon sanitaire* immer weiter ausbreitet und Flüchtlingen den Landweg vollkommen versperrt.[200]

Als verfassungsgemäß erachtete das Bundesverfassungsgericht auch die Flughafenregelung, wenngleich mit einem abweichenden Minderheitenvotum einiger Richter. Allerdings wurden Mindeststandards für das Verwaltungsverfahren formuliert. Dazu gehören eine Unterrichtung des Asylbewerbers über den Sinn und die Tragweite der zu treffenden Entscheidung, eine kostenlose asylrechtliche Beratung mit einem Dolmetscher und auf Antrag eine viertägige Nachfrist für die Begründung des Antrages, der in diesem verkürzten Verfahren innerhalb von drei Tagen gestellt werden muß.

Seit der Verabschiedung des Asylkompromisses wurden aber nicht nur die asylrechtlichen Grundlagen der deutschen Migrationspolitik überarbeitet. Umfangreichere Änderungen wurden auch noch hinsichtlich der Aussiedlerzuwanderung und im Ausländerrecht realisiert. Bezüglich der Aussiedlerzuwanderung ist zwar die im Asylkompromiß festgelegte

---

[199] Vgl. hierzu u.a. Christian *Joppke*, Why Liberal States Accept Unwanted Immigration, Beitrag für die Konferenz „Effects of Policy on Migration Patterns and the Integration of Immigrants" der Humboldt-Universität Berlin am 1.-2.11.1996 (unveröffentlichtes Manuskript).

[200] Vgl. G. *Renner*, Was ist vom deutschen Asylrecht geblieben?, S. 106 (Anm. 198).

Zuwanderungsquote von etwa 220 000 Menschen nicht verändert worden. Gekürzt wurden aber die Mittel für Sprachkurse, die seitdem nur noch einen verkürzten Sprachkurs ermöglichen, der für den Erwerb der nötigen Sprachkenntnisse oftmals nicht ausreicht. Zur Entlastung der vom Aussiedlerzuzug besonders stark betroffenen Kommunen ist am 1. März 1996 ein Wohnortezuweisungsgesetz für Aussiedler in Kraft gesetzt worden, nach dem die Neuankömmlinge nur noch dann einen Anspruch auf Sozialleistungen haben, wenn sie sich mindestens zwei Jahre an einem Ort aufhalten, der ihnen zugewiesen wurde.

Im Juni 1997 beschloß der Bundestag einige Änderungen des bisherigen Ausländerrechts, die Verschärfungen für ausländische Straftäter und Erleichterungen für legal aufhältliche Ausländer brachten. So müssen nun Ausländer, die zu einer mehr als dreijährigen Freiheitsstrafe oder wegen schweren Landfriedensbruch verurteilt werden, Deutschland verlassen. Dies gilt auch für Teilnehmer an verbotenen oder aufgelösten Demonstrationen. Zudem wurde der Aufenthalt von ausländischen Frauen nach einer Scheidung erleichtert. Im Falle außergewöhnlicher Härten können die Behörden auf die bisherige dreijährige Wartefrist verzichten und den Betroffenen ein eigenständiges Aufenthaltsrecht gewähren.

2.5 Fazit

Zusammenfassend ist zu fragen, inwieweit der Asylkompromiß und die seitdem vorgenommenen zusätzlichen Änderungen zur Lösung der deutschen Zuwanderungsprobleme beigetragen haben.

Es ist zwar unstrittig, daß seit dem Asylkompromiß die Zahl der Asylbewerber gegenüber dem Höchststand des Jahres 1992 um zwei Drittel abgenommen hat und daß sich auch die Zahl der Aussiedler auf einem Niveau unterhalb der im Asylkompromiß festgelegten Quote stabilisiert hat. In der Gesamtbetrachtung werden aber zwei Hauptprobleme des Asylkompromisses einschließlich der vom Bundesverfassungsgericht vorgenommenen Ergänzungen und damit der Grundlage der gegenwärtigen deutschen Migrationspolitik deutlich.

Zum einen entsprechen die Instrumente trotz dieser Reform immer noch nicht den Zuwanderungsrealitäten. Nicht alle Zuwanderer wollen eine definitive Einwanderung. Eine Einwanderungsabsicht kann zwar Aussiedlern und in der Regel auch nachziehenden Familienangehörigen unterstellt werden, nicht aber allen als Asylbewerber und als Illegale zuwandernden Menschen, von denen ein großer Teil nur für einen begrenzten Zeitraum

Schutz oder Arbeit sucht.[201] Da aber abgesehen von den Werkvertrags-
arbeitnehmern keine temporären Zuwanderer geduldet werden, beantragen
viele, die lediglich für einen begrenzten Zeitraum in Deutschland leben und
arbeiten wollen, auch weiterhin Asyl – entweder, um überhaupt ins Land
zu gelangen, oder um den Illegalen-Status zu verändern. Gerade dies verursacht jedoch – trotz der neuen Asylverfahrensregelungen – nicht nur
immense Kosten, sondern höhlt die Substanz des Asylrechts aus. Werden
temporäre Zuwanderungsmöglichkeiten nur in dem bislang sehr begrenzten
Umfang angeboten, werden politische Steuerungsmöglichkeiten verschenkt,
welche die Asylverfahren entlasten könnten. Die Asylpolitik würde dann
auch weiterhin als Ersatz für Migrationspolitik mißbraucht – womit eine
Tradition fortgesetzt würde, die zumindest die beiden letzten Jahrzehnte
der Zuwanderungspolitik der Bundesrepublik bestimmt hat. Die bestehenden Steuerungsinstrumente jedenfalls, das zeigt auch die Analyse der seit
dem Asylkompromiß getroffenen Regelungen, sind zu wenig flexibel, um
angemessen auf strukturelle Wandlungen der Zuwanderung reagieren zu
können.

Damit hängt ein zweites Problem zusammen: die Bemühungen um
Zuwanderungskontrolle und um Integration der Zugewanderten stehen
weitgehend unvermittelt nebeneinander. Zuwanderungssteuerung und Integrationspolitik werden in der Regel politisch und institutionell als getrennte
Aufgabenbereiche verstanden, obwohl einerseits eine Zulassung von
Zuwanderung ohne begleitende Integrationsmaßnahmen – die bei temporären Arbeitskräften selbstverständlich einen sehr viel geringeren Umfang als
bei nachziehenden Familienangehörigen haben, trotzdem aber bis zu einem
gewissen Grad vorhanden sein müssen – im Hinblick auf den sozialen
Frieden in der aufnehmenden Gesellschaft äußerst riskant ist, und andererseits eine Integrationspolitik ohne Regelung der Zuwanderung schlechthin
nicht vorstellbar ist. Das Fehlen eines zusammenhängenden Konzeptes zeigt
sich beispielsweise darin, daß denjenigen, denen die Zuwanderung gestattet
worden ist, etwa ehemaligen Gastarbeitern und ihren Familien, Aussiedlern
und anerkannten Flüchtlingen, der Erwerb der deutschen Staatsbürgerschaft
unnötig erschwert wird. Dies aber wirkt sich nicht nur äußerst nachteilig
auf die rechtliche Stellung der Zuwanderer aus und behindert tendenziell
ihre ökonomische Integration, sondern ist auch ihrer sozialen Integration
nicht dienlich. Diese weitgehende Trennung zwischen Zuwanderungs- und

---

[201] Vgl. zu empirischen Arbeiten über Transit- und temporäre Migration Hedwig *Rudolph* /
Mirjana *Morokvasic* (Hrsg.), Bridging States and Markets. International Migration in the
Early 1990s, Berlin 1993.

Integrationspolitik ist in Deutschland um so unverständlicher, als hier doch in Gestalt der Aussiedlerpolitik gezeigt worden ist, daß eine Verzahnung beider Regelungsbereiche möglich und sinnvoll ist.

Was müßte eine künftige deutsche Migrationspolitik angesichts dieser Defizite berücksichtigen?[202] Was könnten Ziele, was Schwerpunkte sein?

---

[202] Vgl. die Anregungen zu solchen asyl- und migrationspolitischen Konzepten u.a. von Dietrich *Thränhardt*, Ein Zuwanderungskonzept für Deutschland am Ende des Jahrhunderts, in: *Friedrich-Ebert-Stiftung* (Hrsg.), Einwanderungsland Deutschland, Bonn 1992, S. 127-153; Luise *Drüke* / Klaus *Weigelt* (Hrsg.), Fluchtziel Europa. Strategien für eine neue Flüchtlingspolitik, München 1993; Klaus J. *Bade* (Hrsg.), Das Manifest der 60: Deutschland und die Einwanderung, München 1994; Werner *Weidenfeld* (Hrsg.), Das europäische Einwanderungskonzept, Gütersloh 1994; Franz *Nuscheler*, Internationale Migration, Flucht und Asyl, Opladen 1995 (Teil III); *Friedrich-Ebert-Stiftung* (Hrsg.), Einwanderungskonzeption für die Bundesrepublik Deutschland, Bonn 1995; Michael *Wollenschläger*, Nationalstaat, Ethnizität und Einwanderungsgesetzgebung in Deutschland in: Klaus J. *Bade* (Hrsg.), Migration – Ethnizität – Konflikt: Systemfragen und Fallstudien, Osnabrück 1996, S. 431-450.

3. Grundzüge einer künftigen deutschen Migrationspolitik

Die Zuwanderungen in die EU und die Nachbarregionen werden – wie gezeigt – auch ohne krisenhafte Massenfluchtbewegungen zunehmen, nicht zuletzt, weil immer mehr potentielle Zuwanderer auf die Erfahrungen und Netzwerke von Migranten früherer Perioden zurückgreifen können. Es ist zu erwarten, daß diese Zunahme in allen europäischen Staaten denjenigen Kräften politischen Auftrieb geben wird, die dies als Ausdruck eines staatlichen Kontrollverlustes über Zuwanderung interpretieren. Falls nicht die innenpolitischen Folgen einer solchen Entwicklung – unter anderem Legitimitätsverluste und Rechtsradikalismus – in Kauf genommen werden sollen, muß eine umfassende Migrationspolitik verfolgt werden. Im Folgenden sollen einige Aspekte einer künftigen deutschen Migrationspolitik umrissen werden.

Seit der Nachkriegszeit haben sich, wie oben gezeigt, die Regierungen der Bundesrepublik, und in eingeschränktem Maße auch der DDR, mit einer Vielzahl von Wanderungsformen auseinandergesetzt. Es wurde, institutionell und rechtlich deutlich voneinander getrennt, Vertriebenen-, Gastarbeiter-, Flüchtlings- und Aussiedlerpolitik betrieben. Hierbei wurde zum Teil – wie etwa in der Vertriebenen- und Aussiedlerpolitik – eine erfolgreiche Integrationspolitik verfolgt, die durchaus als Muster für andere Wanderungsformen gelten könnte. Eine Übertragung solcher positiver Erfahrungen auf andere Zuwanderungsformen erfolgte bisher aber nicht, weil Vertriebene und Aussiedler nicht als Migranten wahrgenommen wurden.

Solche begrifflichen Blockierungen, die selbstverständlich nicht im politisch luftleeren Raum existieren, sondern ihr Beharrungsvermögen aus einer Verankerung im politisch-parlamentarischen Geschehen schöpfen, beispielsweise aus dem erfolgreichen Lobbyismus der Vertriebenenverbände, verhindern bis heute, daß eine umfassende Migrationspolitik entwickelt werden kann im Sinne einer Politik, welche die einzelnen Wanderungen als zusammengehöriges Phänomen versteht und die versucht, entsprechend umfassende Regelungen zu finden. Mögliche Gestaltungsspielräume wurden – und werden es immer noch – von den Regierungen mit dem Argument blockiert, Deutschland sei kein Einwanderungsland.[203]

Die grundsätzlichen Anforderungen an eine künftige deutsche Migrationspolitik sind aufgrund der bisherigen Analyse relativ einfach zu benennen: sie muß die Zuwanderung steuern und die faktisch Eingewanderten integrieren. Dabei muß der künftige ökonomische und demographische Zuwanderungsbedarf antizipiert, die Zuwanderung sozialverträglich gestaltet und die europa- und weltpolitische Einbettung Deutschlands berücksichtigt werden. Die praktische Umsetzung dieser Vorgaben in Vorschläge für konkrete migrationspolitische Maßnahmen ist hingegen äußerst schwierig, was aber auch angesichts der oben angesprochenen Probleme, die ökonomischen und gesellschaftlichen Folgen von Zuwanderung zu prognostizieren, und wegen des großen gesellschaftlichen Konfliktpotentials der Zuwanderungsproblematik nicht anders zu erwarten ist.

Im Folgenden soll dies trotzdem für die wichtigsten inhaltlichen und praktischen Aspekte einer künftigen Migrationspolitik versucht werden: dies sind Gesichtspunkte der sozialen Integration und der inneren Sicherheit sowie sicherheits- und außenpolitische Anforderungen. Dabei müssen einige institutionelle und verfahrenstechnische Aspekte bedacht werden.

3.1 Integrationspolitische Aspekte

Hinsichtlich der integrationspolitischen Maßnahmen sind zwei Aufgabenfelder zu unterscheiden: wie die bereits Zugewanderten besser eingegliedert werden können und welche Integrationsleistungen künftigen Zuwanderern angeboten werden sollen.

Die bisherigen integrationspolitischen *Maßnahmen für bereits Zugewanderte* im Schul-, Ausbildungs- und Wohnbereich haben durchaus Erfolge aufzuweisen: der europäische Vergleich zeigt, daß die soziale Schlechterstellung der Zuwanderer in Deutschland weniger ausgeprägt ist als in vielen Nachbarländern. Trotzdem haben diese Integrationsmaßnahmen nicht zu

---

[203] Vgl. beispielsweise Manfred *Kanther*, Deutschland ist kein Einwanderungsland, in: *Frankfurter Allgemeine Zeitung*, 13.11.1996.

den erhofften Ergebnissen geführt. In allen sozioökonomischen Bereichen sind Zuwanderer auch heute noch signifikant schlechter gestellt als Einheimische. Nun ist zwar nicht zu erwarten – auch nicht in einem Zeitraum von zwei oder drei Generationen –, daß den Zuwanderern durch staatliche Integrationshilfen in Form von Transferzahlungen ein sozialer Aufstieg und eine Angleichung an die sozioökonomische Lage der Alteingesessenen geboten werden kann; dies wäre sowohl in Hinsicht auf die administrativen Kapazitäten als auch auf die Finanzierbarkeit illusorisch. Trotzdem aber sind Eingliederungshilfen, wenn sie an der richtigen Stelle eingesetzt werden, vor allem im Bildungs- und Ausbildungsbereich, wie das Beispiel der Aussiedler zeigt, ein wertvolles Instrument zur Reduzierung der Randständigkeit der Zugewanderten.

Drei Handlungsbereiche sind in dieser Hinsicht besonders dringlich. *Erstens* müssen den ansässigen Zuwanderern Qualifizierungsprogramme angeboten werden, die ihnen einen Zugang insbesondere zum tertiären Wirtschaftssektor ermöglichen. Die Begründung ist, daß die ökonomischen Integrationsdefizite der Zuwanderer vor allem darin sichtbar werden, daß diese – wegen ihrer schlechten Sprachkenntnisse und der damit verbundenen geringeren Akzeptanz bei Arbeitgebern und Kunden – von der Verlagerung von Arbeitsplätzen in den Dienstleistungssektor nicht in gleicher Weise wie deutsche Arbeitskräfte profitiert haben. *Zweitens* muß der schlechten Bildungsbeteiligung und dem geringen Bildungserfolg der Zuwanderer der Zweiten und Dritten Generation durch Maßnahmen zur Erhöhung der Sprachkompetenz und durch eine Förderung des Interesses der Jugendlichen an der beruflichen Bildung begegnet werden, wobei vor allem sicherzustellen ist, daß die Jugendlichen Ausbildungsplätze erhalten. Allerdings ist eine rasche Angleichung an die Situation der Alteingesessenen nicht zu erwarten, dazu ist allein schon der Anteil an Schulabbrechern ohne Hauptschulabschluß zu hoch. *Drittens* müssen informelle Hürden abgebaut werden, die den Zuwanderern den Zugang zu Arbeitsplätzen im tertiären Sektor und zum öffentlichen Dienst erschweren, weil zu beobachten ist, daß auch gut ausgebildete Zuwanderer hier oft scheitern.

Eine Realisierung dieser Integrationsmaßnahmen, die ja kein Zaubermittel, sondern seit langem bekannte, bislang aber nicht mit der nötigen Konsequenz angewendete Instrumente sind, wird auf vielfältige Widerstände stoßen. Die alljährlichen Bemühungen der Bundesregierung, von der Wirtschaft Zusagen für Ausbildungsstellen zu erhalten, sind bekannt. Möglicherweise deutet der während der Ausbildungsinitiative 1996 von den Arbeitgebern hergestellte Bezug zwischen der Lohnhöhe der Auszubildenden und der Bereitschaft der Betriebe, Ausbildungsplätze zur Verfügung zu stellen, auf die weitere Entwicklung dieser Diskussion.

Es ist zudem nicht zu bestreiten, daß solche Integrationsmaßnahmen sehr viel Geld kosten. Zu ihrer Finanzierung ist aber anzumerken, daß kürzlich in einer Modellrechnung die Kosten für eine Integration der Zuwanderer in das Bildungssystem und den Arbeitsmarkt mit zwei Drittel der durch eine Integration zusätzlich erzielten Einnahmen der öffentlichen Hand berechnet wurden, wobei der fiskalische Gewinn – beziehungsweise umkehrt die Kosten der Nicht-Integration von Zuwanderern – allein für das Gebiet der alten Bundesrepublik auf 13 bis 23 Milliarden DM geschätzt wurden.[204]

Für das zweite Handlungsfeld, die *Integrationsangebote für Neuzuwanderer* – seien es Flüchtlinge, Aussiedler, Familienangehörige oder neu zuwandernde Arbeitsmigranten –, gilt das oben Ausgeführte selbstverständlich in gleicher Weise. Hinzu kommt noch, daß für diese Zuwanderer zusätzliche Integrationsangebote für die erste Phase ihres Aufenthaltes bereitgestellt werden müssen, wenn die Zuwanderung nicht langfristig eine zusätzliche finanzielle Belastung werden soll. Für Zuwanderer, bei denen begründet ein dauerhafter Aufenthalt in Deutschland zu erwarten ist, sollten nicht nur einführende Sprachkurse angeboten werden, sondern auch Kurse in Landeskunde – möglicherweise auch in der Muttersprache – die außer Informationen über die politische und soziale Ordnung der Bundesrepublik auch Informationen über die hiesigen kulturellen Grundorientierungen vermitteln. Die Teilnahme an solchen Kursen könnte dadurch verbindlich gemacht werden, daß der Bezug staatlicher Hilfen zum Lebensunterhalt an die Teilnahme gebunden wird.

Ein drittes Aufgabenfeld der Integrationspolitik ist die *Steigerung der Aufnahmebereitschaft der einheimischen Bevölkerung* und die Mobilisierung der in Teilen der Bevölkerung durchaus vorhandenen Bereitschaft, sich für die Integration von Zuwanderern zu engagieren. Hierzu sollten die mit Migration befaßten öffentlichen Einrichtungen eine offensivere Informations- und Aufklärungsarbeit über die Realitäten des Migrationsgeschehens leisten und entsprechende Aktivitäten aus der Bevölkerung fördern. Ein kleines Beispiel hierfür ist die Aufnahme des Themas Migration in die Lehrpläne gymnasialer Oberstufen.

---

[204] Vgl. Hans Dietrich *von Loeffelholz* / Dietrich *Thränhardt*, Kosten der Nichtintegration ausländischer Zuwanderer. Gutachten im Auftrag des Ministeriums für Arbeit, Gesundheit und Soziales des Landes Nordrhein-Westfalen, Düsseldorf 1996.

Anhand der zunehmenden ökonomischen Verflechtung der Weltregionen sollte über die Zunahme der sozialen Disparitäten und der
Mitverantwortung der industrialisierten Länder für diese Entwicklung
informiert werden. Außerdem sollte die Bevölkerung intensiv und
sachgerecht nicht nur über die Risiken, sondern auch über die Chancen
informiert werden, die Wanderungsbewegungen für die aufnehmende
Gesellschaft bedeuten, vor allem über den ökonomischen und demographischen Bedarf an Zuwanderern, den langfristigen Standortvorteil, der
durch eine kulturell offene Gesellschaft entsteht, usw.

Ein Werben für eine größere Akzeptanz der Zugewanderten und die
positiven Aspekte einer ethnischen Vielfalt der westlichen Gesellschaften ist
sicherlich schwierig, weil damit in einigen Staaten nicht nur politisch
brisante Fragen der Verteilung öffentlicher Güter, sondern auch grundlegende Fragen der nationalen Identität angesprochen werden.[205] Es ist aber
zumindest hinsichtlich letzterer nicht aussichtslos, weil die immer wieder
beschworenen grundlegenden Unterschiede in den nationalen Identitäten,
beispielsweise zwischen französischer Staatsnation und deutscher Kultur-
nation, mehr und mehr ihre alltagsweltliche Bedeutung verlieren. Dies zeigt
unter anderem die allmähliche – und nicht nur durch den europäischen
Integrationsprozeß bedingte – Angleichung der Staatsbürgerschaftsrege-
lungen in Europa.

Diese integrationspolitischen Maßnahmen für altansässige und neu-
zuwandernde Ausländer sowie für Einheimische müssen in zweierlei
Hinsicht ergänzt werden: durch eine Reform des Staatsangehörigkeitsrechts
und durch ein Antidiskriminierungsgesetz.

---

[205] Konkurrenz- und Verdrängungsängste im Kampf um vermeintlich oder tatsächlich knap-
per werdende Ressourcen sind unbestreitbar eine der stärksten Triebkräfte für die Ablehnung von Zuwanderern. Nicht zu vernachlässigen sind aber auch kulturelle Überfremdungsängste, die sich teils an realen Gegebenheiten, wie der Verschlechterung des
schulischen Niveaus bei Einheimischen bei einer großen Zahl ausländischer Schüler, teils
aber auch an imaginierten Gegebenheiten festmachen, wenn etwa Personen, die weder
nachbarschaftliche noch arbeitsbezogene Kontakte zu Zuwanderern haben, der kulturellen Überfremdung das Wort reden. Die hierzu entwickelten sozialpsychologischen Erklä-
rungsansätze sind zahlreich. Hier sei nur der Hinweis angebracht, daß sich diejenigen, die
eine „deutsche Nationalkultur" durch Zuwanderung bedroht sehen, den Vorwurf gefallen
lassen müssen, sie hätten ein nicht-dynamisches und ahistorisches – und zudem ein äußerst
defensives – Verständnis von Kultur. Im Kern jedenfalls leben solche kulturellen
Überfremdungsängste von Symbolen, was die Notwendigkeit von Informations- und
Aufklärungskampagnen nur stützt.

Die derzeitige staatsbürgerschaftliche Regelung, die an ein auch im internationalen Vergleich überholtes Staatsbürgerschaftskonzept gebunden ist, erschwert Einbürgerungen – als die weitestgehende Form der rechtlichen Integration in ein soziales Gemeinwesen – unnötig. Den Migranten, die sich schon in einer faktischen Einwanderungssituation befinden, vor allem den ehemaligen Gastarbeitern und ihren Familienangehörigen, muß eine dauerhafte, gleichberechtigte Niederlassung ermöglicht werden, wofür das Reichs- und Staatsangehörigkeitsgesetz reformiert werden muß. Alle denkbaren Regelungen unterhalb der Ebene der Staatsbürgerschaft sind für eine tatsächliche Integration unzureichend, weil entsprechend der Unterscheidung des Grundgesetzes zwischen allgemeinen Menschenrechten und speziellen Bürgerrechten eine gleichberechtigte politische Partizipation – und damit auch eine Interessenvertretung – nur bei Erwerb der Staatsbürgerschaft möglich ist. Daher ist das traditionelle deutsche ius-sanguinis-Konzept grundsätzlich in Frage zu stellen. Die Hürden für den Erwerb der deutschen Staatsbürgerschaft müssen weiter abgebaut werden, um zu verhindern, daß in Deutschland geborene und aufgewachsene Kinder als Ausländer gelten. Der Erwerb der Staatsangehörigkeit durch Geburt im Inland muß ermöglicht werden und die Politik sollte der mittlerweile schon weitverbreiteten Praxis folgen und doppelte Staatsbürgerschaften, die in den meisten Fällen rechtlich unproblematisch sind, dann als eine reguläre Form der Einbürgerung akzeptieren, wenn sie schon seit langem ansässigen Zuwanderern als Integrationshilfe dient. Darüberhinaus muß das in verschiedenen Bundesländern unterschiedlich gehandhabte Einbürgerungsverfahren vereinheitlicht und transparenter werden.[206]

Zudem wäre es sinnvoll, als ein langfristig wirksames Instrument, ein Antidiskriminierungsgesetz zu schaffen, wie es schon in einigen europäischen Staaten, etwa in Frankreich und den Niederlanden vorhanden ist, das den Betroffenen entsprechende Klagemöglichkeiten bei diskriminierendem Verhalten von öffentlichen und privaten Stellen bietet.[207] Hingegen

---

[206] Vgl. zur Übersicht über die Reformvorschläge *Europäisches Forum für Migrationsstudien*, Staatsangehörigkeit und Einbürgerung, Bamberg 1995. Im Mai 1997 hat auch der Bundesrat mit den Stimmen der Bundesländer Hessen, Hamburg, Niedersachsen und Nordrhein-Westfalen einen Entwurf zur Liberalisierung des Staatsangehörigkeitsrechts vorgelegt. Vorgeschlagen wird, daß in Deutschland geborene Ausländerkinder der dritten Generation automatisch die deutsche Staatsangehörigkeit erhalten, wobei sie gleichzeitig die Staatsangehörigkeit ihrer Eltern behalten dürfen. Außerdem sollen Kinder, deren Eltern eine unbefristete Aufenthaltserlaubnis besitzen und die länger als fünf Jahre in Deutschland leben, einen Einbürgerungsanspruch bekommen.

[207] Vgl. hierzu Michael *Wollenschläger*, Rechtsfragen eines Konzeptes gegen Ausländerdis-

sollte die weitergehende Option einer Affirmative-action-Politik, die eine positive Diskriminierung sozial schlechter gestellter Bevölkerungsgruppen anstreben würde, nicht verfolgt werden. Die gegenwärtige Diskussion in den USA um die Abschaffung der dort seit 30 Jahren verfolgten Konzepte zeigt, wie umstritten diese sind.[208] Von den Kritikern wird auf zahlreiche Mißbräuche hingewiesen. Ernstzunehmen ist der Vorwurf, die Programme würden zu einer Reethnisierung der Gesellschaft führen.

3.2 Aspekte innerer Sicherheit

Im Bereich der inneren Sicherheit ist zunächst der Umgang mit den Kriminalstatistiken zu kritisieren. Selbstverständlich soll nicht auf differenzierte Kriminalstatistiken verzichtet werden. Aber wenn schon realistischerweise keine „ethnisch blinden" Statistiken geführt werden können, sollte auch der jeweilige Aufenthaltsstatus angeführt werden, zumindest sollte deutlich werden, ob es sich um Einwanderer oder um Touristen handelt. Grundsätzlich ist unbedingt auf einen sorgfältigeren Umgang mit diesen Statistiken zu achten. Dies bezieht sich sowohl auf die Form der Veröffentlichung als auch deren Interpretation durch öffentliche Stellen.

Generell muß Kriminalität von Zuwanderern, nicht anderes als die von Deutschen, mit präventiven und repressiven Maßnahmen bekämpft werden. Prävention bedeutet in diesem Zusammenhang, daß Kriminalität von Zuwanderern, beispielsweise der Rauschgifthandel oder die Bandenkriminalität ausländischer Jugendlicher, als Problem der sozialen Integration

---

kriminierung, in: *Zeitschrift für Ausländerrecht und Ausländerpolitik*, Nr. 1, 1994, S. 10-16 und *Internationale Liga für Menschenrechte*, Bausteine für eine Anti-Diskriminierungspolitik, Berlin 1995. Entwürfe für Antidiskriminierungsgesetze zum Schutz von Migranten und ethnischen Minderheiten haben u.a. auch die Bundestagsfraktionen von SPD (zuletzt im Januar 1997), Bündnis 90/Die Grünen (Juni 1997), und PDS (Mai 1995) sowie die ILO (im März 1996) vorgelegt.

[208] So haben die kalifornischen Wähler – gegen den Widerstand einer Koalition von Bürgerrechtsgruppen – mit der im September 1997 in Kraft getretenen „Proposition 209" die staatlichen Affirmative-action-Programme für ungesetzlich erklärt. Alle Behörden werden verpflichtet, solche Programme zu beenden. Welche Konsequenzen dies für die Praxis hat, kann noch nicht abgeschätzt werden, da zu erwarten ist, daß viele betroffene Gruppen langwierige Gerichtsverfahren anstrengen werden. Der Trend gegen diese Programme ist allerdings eindeutig: Auch in anderen US-amerikanischen Bundesstaaten werden entsprechende Gesetzesvorlagen vorbereitet.

verstanden wird und daß die zugrundeliegenden Integrationsprobleme mit Bildungs-, Sozial- und Arbeitsmarktpolitik gelöst werden müssen. Im übrigen bietet das bestehende Strafrecht – das ja zudem durch Ausweisungsmöglichkeiten verstärkt wird – ausreichend repressive Handlungsmöglichkeiten. Möglicherweise ist aber zur Bekämpfung der Organisierten Kriminalität eine Intensivierung der zwischenstaatlichen Kooperation erforderlich.

Ein zweiter Bereich ist die Bekämpfung der Kriminalität gegen Ausländer. Hier liegen noch schwere Defizite vor. Die Zahl der Straftaten ist immer noch so hoch, daß von durchgreifenden Erfolgen nicht gesprochen werden kann. Vor allem die psychologischen Folgen dieser Unsicherheit sind für die Zugewanderten gravierend: Es ist nicht nur die individuelle Angst vor tätlichen Angriffen, sondern das fehlende Vertrauen in die Fähigkeit und den Willen deutscher staatlicher Stellen, sie hier zu schützen. Die Infragestellung des staatlichen Gewaltmonopols und der Griff zum – teilweise bewaffneten – Selbstschutz sind Ergebnisse der Versäumnisse.

Ein dritter Bereich ist die Akzeptanz von politischer Betätigung von Ausländern. Der Umgang staatlicher Stellen mit politischen Aktivitäten von Zuwanderern ist restriktiv. Solche Aktivitäten werden grundsätzlich als verdächtig wahrgenommen und sind unerwünscht, vor allem, wenn sie auf der Straße und in eigenen Organisationen stattfinden. Einige der Aktionen gegen kurdische Kulturvereine in den letzten Jahren waren Beispiele dafür. Mit dieser prinzipiell ablehnenden Haltung wird bei den Zugewanderten sicherlich nicht das Vertrauen in die politischen Institutionen der Bundesrepublik gefördert, womit auch der Integration entgegengewirkt wird. Die politischen Aktivitäten von Ausländern müssen sachlicher behandelt werden. Selbstverständlich müssen auch Straftaten, die politisch begründet werden, konsequent verfolgt werden. Politische Aktivitäten hingegen, die sich im Rahmen der deutschen Gesetze abspielen, müssen akzeptiert werden und als Integrationsbeitrag verstanden werden.

Dazu gehört auch, die Gefahren eines politischen Extremismus von Ausländern realistisch einzuschätzen und hier auf eine Verharmlosung, aber auch auf eine Dramatisierung zu verzichten. Beispielsweise betrachtet das Bundesinnenministerium ausländische extremistische Organisationen nach wie vor als eine erhebliche Bedrohung der inneren Sicherheit der Bundesrepublik, trotz des in den letzten zehn Jahren zu beobachtenden Mitgliederschwundes. Wenn nicht durch klare Kriterien und vergleichbare Daten präzisiert wird, worin diese Bedrohung besteht, ist dies wenig überzeugend und nicht hilfreich, die unzweifelhaft vorhandenen Gefahren zu bekämpfen, die vor allem die seit langem in Deutschland lebenden Zuwanderer bedrohen, etwa durch politisch motivierte Brandanschläge auf türkische Geschäfte und Einrichtungen, durch die Erpressung von „Kriegssteuern" bei Migranten und Flüchtlingen aus dem ehemaligen Jugoslawien oder auch durch islamisch-fundamentalistische Propaganda, die häufig als Aufforderung zur Nicht-Integration verstanden werden muß.

3.3 Sicherheitspolitische Aspekte

In der Sicherheitspolitik war Migration nie ein eigenständiges Thema. Das hat sich seit dem Wegfall der traditioneller Bedrohungen aufgrund des Zusammenbruchs des Ostblocks geändert. Bei dem Versuch, künftige neue Bedrohungen zu identifizieren, wurde eine Reihe von Themen debattiert: die Proliferation von Massenvernichtungswaffen, die Weitergabe von technischem Wissen, von Fertigungsanlagen und von Ausgangsstoffen und Materialien zur Herstellung nuklearer, chemischer und biologischer Waffen, der risikoreiche zivile Umgang mit gefährlichen Technologien und Stoffen, die Gefahr künftiger Kulturkonflikte (nicht nur zwischen den großen Religionen der Welt, sondern auch zwischen fundamentalistischen und laizistischen Gruppen), der Terrorismus von religiös oder politisch extremistischen Gruppen sowie die Gefahr von zunehmendem Nationalismus und von Irredenta-Bewegungen.

Mit steigender Intensität wird in sicherheitspolitischen Kreisen aber auch über Migration diskutiert, mit dem Fokus möglicher Bedrohungsszenarien. Zum einen geschieht dies im Hinblick auf eine Bedrohung der Grenzen durch massenhafte Zuwanderungen. Hier wird vor allem zwei Optionen besondere Beachtung geschenkt: dem Ausbau der Grenzbefestigungen sowie der personellen Ausstattung der Grenzschutzkräfte, wie etwa des Bundesgrenzschutzes oder der US-amerikanischen *border patrol*, und der Stationierung von Soldaten in Herkunftsländern, um Fluchtversuche zu verhindern.

Zum anderen wird über den Schutz von eigenen Volkszugehörigen oder Minderheiten in anderen Ländern vor dortigen innenpolitischen Veränderungen und über deren Evakuierung im Krisenfall nachgedacht. Hierfür ist die Gründung zweier multinationaler Militärkorps im Rahmen der Westeuropäischen Union (WEU) ein Hinweis. So haben Frankreich, Italien, Portugal und Spanien im Mai 1995 „Eurofor" und „Euromarfor" gegründet, eine schnelle Eingreiftruppe, deren Aufgabe unter anderem darin liegen soll, Zivilisten aus Krisengebieten in Sicherheit zu bringen. Mit der algerischen

Regierung wurden entsprechende Aktionen bereits erörtert. Vorbereitet wurde diese Gründung durch das Manöver „Tramontana" im Frühjahr 1995, bei dem eine solche Rettung simuliert wurde. Kritiker vermuteten, mit dem Manöver sei zudem ein militärischer Schutz der südeuropäischen Grenzen gegen Massenfluchtbewegungen aus Nordafrika geübt worden.

Aus der bisherigen sicherheitspolitischen Diskussion ergibt sich, daß eine künftige Migrationspolitik zwar durchaus auch Thema der sicherheitspolitischen Debatte sein sollte. Dabei muß aber darauf geachtet werden, daß nicht von einem ausschließlich traditionellen Sicherheitsbegriff ausgegangen wird, der sich an unrealistischen Bedrohungsszenarien orientiert. Gerade nach dem Ende der Bipolarität der ideologisch gebundenen Militärblöcke wäre es notwendig, einen erweiterten Sicherheitsbegriff zu verwenden.[209] Wird ein solcher Sicherheitsbegriff verwendet, rückt die Situation in den Nachbarregionen und generell in den Aufnahmegebieten von Massenwanderungen in den Vordergrund. Die Länder beispielsweise, die zur Zeit noch Transitregionen für Wanderungen nach Westeuropa sind, wären mit einer Rolle als Aufnahmeländer für Zuwanderungen aus ihren Nachbargebieten völlig überfordert. Eine Koordinierung der Migrationspolitik mit diesen EU-Nachbarregionen ist daher dringend erforderlich.

Mit einem Sicherheitsverständnis, das die Erhaltung regionaler Stabilität auch in anderen Weltregionen einschließt, werden folglich neue militärische Aufgabengebiete erkennbar: In den letzten Jahren ist immer deutlicher geworden, daß humanitäre Hilfe in größeren Krisen ohne militärische Logistik kaum auskommt und daß friedensschaffende und friedenserhaltende Militäroperationen zur Beendigung und Vermeidung von Flüchtlingskatastrophen immer notwendiger werden. Einer zunehmenden Verantwortung in diesem Sinne könnten die Bundesrepublik und die EU nur dann entsprechen, wenn militärische Kapazitäten für humanitäre Interventionen aufgebaut würden.

---

[209] Vgl. hierzu oben Kapitel 1.5.4.

3.4 Außenpolitische Aspekte

Migration ist in Deutschland ein innenpolitisches Thema. Die politischen und verwaltungstechnischen Zuständigkeiten sind entsprechend, mit der Federführung des Innenministeriums in allen wichtigen migrationspolitischen Fragen, geordnet. Die personelle Zusammensetzung der entsprechenden Arbeitskreise im Bundestag und in den Parteien zeigt, daß sich vor allem innen- und sozialpolitisch interessierte Politiker für dieses Thema engagieren. Auch die öffentliche Debatte über Migrationspolitik ist innenpolitisch fixiert.[210]

Die Ausklammerung außenpolitischer Aspekte in Deutschland ignoriert zum einen das letzte Jahrhundert deutscher Geschichte, in der seit der preußischen Zuwanderungspolitik für Arbeitskräfte aus Polen alle migrationspolitischen Entscheidungen untrennbar mit außenpolitischen Aspekten verbunden waren – von der Auswanderungspolitik des Kaiserreiches über die Zwangsarbeiterpolitik während des Zweiten Weltkrieges bis zur Anwerbung türkischer Gastarbeiter in den sechziger Jahren.[211] Zum anderen wird verkannt, daß Migrationsprobleme angesichts der zunehmenden politischen Verflechtung im regionalen und internationalen Bereich sowie der wachsenden sozialen Ungleichheit zwischen den Weltregionen bei gleichzeitiger Globalisierung der Märkte immer weniger im einzelstaatlichen Rahmen behandelt werden können. Die Nationalstaaten, immer noch und gerade in Hinblick auf Wanderungsbewegungen die wichtigsten politischen Akteure auf internationaler Ebene, werden stärker als bisher kooperieren müssen. Es besteht die Gefahr, daß die Ausblendung außenpolitischer Aspekte zu Optionen und Strategien führt, die der zunehmenden Internationalisierung des Wanderungsgeschehens nicht angemessen sind.

Ein außenpolitisches Handlungsfeld ist die *Bekämpfung von Wanderungsursachen*. Angesichts der Vielfalt der Wanderungsursachen und der Größe der Probleme, die Wanderungen auslösen, können die Handlungsmöglichkeiten in diesem Gebiet nur sehr skeptisch beurteilt werden. Die wichtigsten Instrumente zur Verhinderung unerwünschter Wanderungen

---

[210] In den klassischen Einwanderungsländern Australien, Kanada und USA hingegen wird Migration schon seit längerem von Politik, Wissenschaft und Publizistik auch als außenpolitisches Thema behandelt. Dabei wird in sehr pragmatischer Weise über nationale Interessen und außenpolitische Strategien in der Migrationspolitik diskutiert.

[211] Vgl. Johannes-Dieter *Steinert*, Migration und Politik. Westdeutschland – Europa – Übersee 1945-1961, Osnabrück 1995.

sind humanitäre Hilfe, Entwicklungspolitik und Außenhandelspolitik. Die Folgen humanitärer Hilfsaktionen sind noch am ehesten sichtbar. Die Versorgung notleidender Bevölkerungen in Bürgerkriegssituationen oder bei Naturkatastrophen mit lebensnotwendigen Gütern und Dienstleistungen ist sicherlich nicht nur ein humanitäres Gebot, sondern häufig auch ein adäquates Mittel, um Fluchtbewegungen zu verhindern. Allerdings führen solche Katastrophen, wenn sie sich außerhalb Europas ereignen, eher zu internen und regionalen Wanderungen als zu Wanderungen in die Industrieländer. Sicher ist, daß humanitäre Hilfe in Bürgerkriegssituationen nicht ausreicht, um Fluchtbewegungen zu verhindern. Sie wird nur dann wirksam, wenn sich die Sicherheitslage in den betroffenen Gebieten verbessert, und dies betrifft das weiterführende Problem der humanitären Intervention. Grundsätzlich wird humanitäre Hilfe dann besser geeignet sein, Fluchtbewegungen zu verhindern, wenn dieser Aspekt in die Konzipierung von Hilfsaktionen einbezogen wird: Humanitäre Hilfe muß viel stärker als bisher auch Fluchtvermeidungspolitik sein, im Interesse der Herkunftsländer, aber auch im Interesse potentieller Zielländer von Fluchtbewegungen.[212] Angesichts der zunehmenden Bedeutung ethnischer Konfliktursachen müssen künftig auch Ethnizitätsaspekte systematisch in die Planung von Hilfsaktionen einbezogen werden.[213] Humanitäre Hilfe kann – das haben unter anderem die Beispiele Somalias und Ruandas gezeigt – in ethnischen Konflikten nur dann effektiv geleistet werden, wenn den Hilfsorganisationen der Charakter des Konfliktes bewußt ist und wenn berücksichtigt wird, welche Hilfsleistung an wen sich in welcher Weise auf die weitere Konfliktentwicklung auswirkt.

Sehr viel langwieriger und hinsichtlich ihrer Wirkungen schwieriger zu evaluieren, trotzdem aber unverzichtbar für die Bekämpfung von Wanderungsursachen sind die *Entwicklungspolitik* und die *Außenwirtschaftspolitik*.

---

[212] Wird dies nicht beachtet, etwa wenn humanitäre Hilfe als Ersatz für politische Lösungen des den Fluchtbewegungen zugrundeliegenden Konfliktes dient, kann sie durchaus ihrerseits konfliktverlängernd oder sogar konfliktauslösend sein, wie das Beispiel der ruandischen Flüchtlingskatastrophe in Zaire zeigt.

[213] Konzeptuelle Ansätze für die Berücksichtigung von Fluchtbewegungen in der Entwicklungszusammenarbeit wurden bereits 1994 vom Bundesministerium für wirtschaftliche Zusammenarbeit und Entwicklung vorgelegt. Inwieweit diese Erkenntnisse aber in die Projektarbeit einbezogen wurden, ist schwer zu beurteilen. Vgl. *Bundesministerium für wirtschaftliche Zusammenarbeit und Entwicklung*, Flüchtlingspolitik im Rahmen der Entwicklungszusammenarbeit, in: *BMZ aktuell*, April 1994 sowie Karl *Steinacker*, Flüchtlingskrisen - Möglichkeiten und Grenzen von Entwicklungszusammenarbeit, München 1992.

In beiden Bereichen sind bislang Aspekte der Vermeidung von Wanderungsbewegungen nicht explizit berücksichtigt worden. Zu bedenken ist allerdings, daß bestimmte Formen von Entwicklung, vor allem Industrialisierung, zu einer erhöhten Mobilität führen, zunächst als Landflucht, aber bei entsprechenden Wanderungsmöglichkeiten auch als transnationale Migration. Gleiches gilt für eine Intensivierung von Handelsbeziehungen zwischen Staaten: wachsende Freizügigkeit für Waren, Kapital und Dienstleistungen führt auch zu größerer Mobilität von Personen. Bei welchen Einkommens- und Kaufkraftunterschieden sich Entwicklung und Handelsliberalisierung in Wanderungen umsetzen, ist nicht allgemein prognostizierbar. An Hand der Geschichte der EG ist lediglich festzustellen, daß eine Reduzierung der Einkommens- und Kaufkraftunterschiede zwischen Herkunfts- und Ziellländern langfristig zur Verminderung von Wanderungen führt. Für die hier diskutierten Handlungsfelder deutscher Politik sind solche langfristigen Ansätze zur Vermeidung unerwünschter Wanderungen zwar wichtig. Aber es ist auch deutlich, daß politischer Handlungsdruck vor allem hinsichtlich der Vermeidung von aktuellen Fluchtbewegungen aus Bürgerkriegs- und Katastrophengebieten besteht. In der politischen Diskussion muß daher darauf geachtet werden, daß entwicklungs- und außenwirtschaftspolitische Instrumente nicht aufgrund ihrer kurzfristigen Wirkungslosigkeit aufgegeben werden und daß die Entwicklungshilfe nicht zugunsten der humanitären Hilfe reduziert wird.

Zur Realisierung der außenpolitischen migrationspolitischen Ziele stehen eine Reihe von Instrumenten zur Verfügung. Die *bilaterale Zusammenarbeit* ist die häufigste Form der Kooperation. Sie ist in den letzten Jahrzehnten intensiv genutzt worden, insbesondere bei der Gastarbeiteranwerbung seit Mitte der fünfziger Jahre, und hat gerade in den letzten Jahren eine erneute Intensivierung erfahren, vor allem im Zusammenhang mit den bilateralen Rückübernahmeübereinkommen mit den osteuropäischen Nachbarstaaten und der dortigen Anwerbung temporärer Arbeitskräfte. Als politisches Instrument eines souveränen Staates wird diese Form der Zusammenarbeit auch weiterhin dominieren, sie gerät aber zunehmend in ein Spannungsverhältnis zu einem zweiten Instrument, der *multilateralen Kooperation*.

Das Beispiel der Rückübernahmeübereinkommen zeigt, daß Bemühungen eines Staates um bilaterale Regelungen für seine Migrationsprobleme dazu führen, daß die Nachbarstaaten entsprechende Regelungen mit anderen treffen. Als Folge des Asylkompromisses von 1993 ist innerhalb kurzer Zeit in Europa ein Netz solcher bilateralen Abkommen entstanden. Bedenklich an dieser Entwicklung ist nicht nur die zunehmende

Unübersichtlichkeit solcher Regelungen, die unter anderem zu erheblichen Unsicherheiten in Asylverfahren führen kann, sondern auch, daß die ärmsten Länder dieses Rückübernahmesystems schließlich die Lasten dieses Lastenausgleichsverfahrens zu tragen haben. Die reichen Industrieländer erleichtern den Vertragsstaaten zwar häufig die Zustimmung durch Zahlung von Aufbauhilfen für entsprechende Infrastrukturen, aber ob diese ausreichen und tatsächlich für diese Zwecke verwendet werden, ist fraglich. Eine langfristige Folge könnte daher sein, daß die oben angesprochene Verschärfung der Zuwanderungsprobleme in den mittel- und osteuropäischen Nachbarstaaten sich so entwickelt, daß sie mit internen Mittel nicht mehr bewältigt werden kann. Dieses System bilateraler Abkommen behindert zudem die Koordinierung der Asyl- und Migrationspolitik in der EU, die seit 1984 in zunehmendem Umfang in einer Vielzahl von Foren und Gesprächskreisen erfolgt und die im Maastrichter Vertrag als Aufgabengebiet der Gemeinsamen Innen- und Justizpolitik festgeschrieben worden ist. Auch wenn diese Koordinierung aller Wahrscheinlichkeit nach nicht zu einer gemeinschaftlichen Politik im Sinne von supranationaler Politik, sondern weiterhin als intergouvernementale Zusammenarbeit erfolgen wird, mithin der Gedanke nationaler Souveränität auch weiterhin erhebliches Gewicht haben wird, könnte das Festhalten an bilateralen Lösungen zwischen EU- und den Nachbarstaaten die weitere politische Integration der Europäischen Union erheblich bremsen. Für die Wahl politischer Instrumente, mit denen die migrationspolitischen Interessen der Bundesrepublik realisiert werden sollen, darf daher nicht allein die kurzfristige Effizienz – die bei bilateralen Abkommen zweifelsfrei gegeben ist – ausschlaggebend sein, sondern es ist zu beachten, wie diese Optionen in Deckung zu übergeordneten politischen Zielen, hier der Europäischen Integration, zu bringen sind.

Ein drittes Instrument der deutschen Migrationspolitik ist die *Kooperation mit internationalen Organisationen*, die im Bereich der Flüchtlings- und Migrantenbetreuung tätig sind, wie UNHCR, ILO und IOM. Diesen Institutionen wachsen zunehmend neue Aufgaben zu, sei es durch die ständig zunehmende weltweite Flüchtlingsproblematik, sei es durch die Übertragung von Aufgaben, die einzelne Regierungen nicht mehr erfüllen können oder wollen. So ist beispielsweise diskutiert worden, ob IOM nicht – gegen entsprechende Kostenerstattung – Aufgaben der Flüchtlingsrückführung für das deutsche Innenministerium übernehmen könnte. Die Sachkenntnis und die Infrastrukturen dieser internationalen Organisationen werden unverzichtbar sein, weshalb die Bundesregierung ihren Beitrag zur Arbeitsfähigkeit dieser Einrichtungen, wozu auch eine Reihe international tätiger Nicht-

Regierungsorganisationen wie das Internationale Rote Kreuz zu rechnen sind, leisten sollte. Im Sinn einer Migrationspräventionspolitik wird auch wichtig sein, inwieweit internationale Systeme des Minderheitschutzes völkerrechtlich ausgebaut und praktisch gesichert werden können. Die Organisation für Sicherheit und Zusammenarbeit in Europa (OSZE) bietet hierfür ein gutes Beispiel. Die politischen Perspektiven für eine menschenrechtliche und migrationspolitische Aspekte umfassende Zusammenarbeit der EU mit den Mittelmeer-Staaten sind von der Europa-Mittelmeer-Konferenz von Barcelona benannt worden.[214]

3.5 Institutionelle Aspekte

Die Zuständigkeiten der deutschen Migrationspolitik sind zum einen auf zu viele Institutionen verteilt und zum anderen zu stark auf administrative Kompetenzen konzentriert; dem Engagement zivilgesellschaftlicher Kräfte sowie der Partizipation von Migranten, Initiativen und Selbstorganisationen wird zu wenig Raum gegeben.

Die institutionelle Zersplitterung betrifft zum einen die Datenerhebung. Über einige Zuwanderungen, beispielsweise die Familienzusammenführungen, liegen keine verläßlichen Zahlen vor. Dies führt dazu, daß mit den Zuwanderungszahlen Ressortpolitik gemacht werden kann, beispielsweise in Hinblick auf die Finanzmittel, welche die Ressorts für den Personenkreis beantragen, für den sie zuständig sind. Die veröffentlichten Daten sind häufig lediglich eine Abgleichung der An- und Abmeldungen im Melderegister und entsprechend wenig realistisch.

Ein dringendes Erfordernis ist daher, die Datenlage zu verbessern. Ohne Daten fehlt jede Transparenz, politische Diskussion finden in nebligem Raum statt und Manipulationen sind Tor und Tür geöffnet. Die Wanderungsdaten müssen zentral erfaßt, zusammengestellt und veröffentlicht werden – mit Hinweisen auf die systematischen Schwächen der Statistiken.

Zum anderen sind die Zuständigkeiten für die Betreuung der verschiedenen Zuwanderergruppen zersplittert. Diese Aufteilung beruht zum Teil auf der föderalen Struktur der Bundesrepublik, zum Teil auf politisch festgelegter Arbeitsteilung. So werden Asylfragen vom BAFl bearbeitet, Aussiedlerfragen vom Bundesverwaltungsamt. Die Länder sind für ausländerrechtliche Fragen, vor allem für aufenthaltsbegründende und auf-

---

[214] Vgl. Abschlußerklärung der Mittelmeer-Konferenz der Europäischen Union am 27. und 28.11.1995 in Barcelona, abgedruckt in: *Internationale Politik*, Nr. 2, 1996, S. 107-122.

enthaltsbeendende Maßnahmen, zuständig. Zudem sind sie für Asylbewerber verantwortlich, was etwa im Bereich der Abschiebungen zu erheblichen Rechtsunterschieden zwischen den Ländern und zu Zuständigkeitsproblemen führt. In vielen Fällen ist die Verantwortlichkeit zwischen den Innenministerien des Bundes und der Länder umstritten.

Diese Zuständigkeiten müssen neu verteilt werden. Eine Koordination der verschiedenen Migrationspolitiken ist unverzichtbar. Hierbei ist nicht nur an eine größere Effizienz und an eine Verkleinerung der Reibungsverluste, die durch die institutionelle Zersplitterung entstehen, zu denken, sondern auch an das politische Signal, das hiermit gesetzt werden kann. Eine zentrale Institution, die für Migrationsfragen zuständig ist, wäre auch ein Zeichen an die Öffentlichkeit, daß die Migration ein ernstgenommenes, wichtiges Politikfeld ist, das mit größtmöglichem Sachverstand bearbeitet wird. Damit könnte auch dem Eindruck entgegengewirkt werden, Politik sei in diesem Bereich handlungsunfähig.[215]

Diese Einrichtung könnte eine Bundesinstitution sein, etwa ein Bundesamt, das die auf das Innen-, Außen-, Justiz-, Wirtschafts-, Familien- und Arbeitsministerium zersplitterten bundesstaatlichen Zuständigkeiten zusammenfaßt. Hierbei ist allerdings zu bedenken, daß es föderale Strukturen gibt, die nicht verändert werden können und auch nicht verändert werden sollten. Da ein solches Amt vor allem aus finanziellen Gründen keinen eigenen Verwaltungsunterbau haben kann, muß der Vollzug von migrationspolitischen Maßnahmen weitgehend Ländersache bleiben.

Eine entscheidende Überlegung wird sein, wie verhindert werden kann, daß es sich bei der Bundesinstitution um eine zentralistischen bürokratischen Verfahrensweisen und reinem Verwaltungsdenken verpflichtete Einrichtung handeln wird. Eine Möglichkeit wäre, zivilgesellschaftliche Elemente in das Verwaltungshandeln einzuführen, indem dem Bundesamt ein Sachverständigenrat und eine Vernetzung mit lokalen Antidiskriminierungsstellen vorgegeben würde.[216] Solche zu gründenden Stellen könnten ein Bindeglied zwischen privaten Vereinen beziehungsweise gemeinnützigen Stiftungen von an Migrationspolitik interessierten Personen oder Einrichtungen und kommunalen Institutionen sein, wie etwa den kommunalen Ausländerbeauftragten, Ombudspersonen und den Räten der jeweiligen Städte.

---

[215] Vgl. hierzu auch die in den letzten Jahren schon mehrfach von Klaus J. *Bade* unterbreiteten Vorschläge.

[216] So eine Anregung von Claus *Leggewie* bei der Tagung „Einwanderungskonzeption für die Bundesrepublik Deutschland" der Friedrich-Ebert-Stiftung am 23.5.1995 in Bonn.

3.6 Konkretisierungen der Zuwanderungssteuerung

Welche Präzisierungen für eine künftige deutsche, europäisch eingebettete Migrationspolitik lassen sich aus den im voranstehenden Kapitel dargestellten Grundpositionen in Hinblick auf die Steuerung der Zuwanderung entwickeln? Eine solche Konkretisierung soll abschließend hier erfolgen – wobei noch kein Anspruch auf Vollständigkeit erhoben wird.

Vorauszuschicken ist, daß es sich bei der Zuwanderungssteuerung nicht um eine kurzfristige politische Option handelt, sondern um ein langfristig wirksames Instrument. Deutschland hat in dieser Frage keine Wahl. Deutschland ist de facto ein Einwanderungsland und die Entwicklung von langfristig einsetzbaren Steuerungsinstrumenten ist unabdingbar.

Dieser Hinweis ist wichtig, weil in der tagesaktuellen Diskussion über die Migrationspolitik die Befürworter und die Kritiker von Quotenregelungen üblicherweise aneinander vorbei reden: Die einen weisen auf die Langfristigkeit der Steuerungsmechanismen hin, während die anderen die Unmöglichkeit kritisieren, mit solchen Instrumenten die gegenwärtige Migrationsproblematik zu regeln.

Die Fähigkeit zur Steuerung der Zuwanderung ist nicht nur eine Frage der politischen Legitimität der Regierenden, sondern auch eine entscheidende Voraussetzung dafür, daß die Aufgaben in den anderen Feldern der Migrationspolitik bewältigt werden. Zuwanderungssteuerung muß Aufgabe staatlicher Autorität bleiben, die durchaus auch auf eine suprastaatliche Ebene verlagert werden kann, etwa falls die Zuwanderungssteuerung bei einer Erweiterung und Vertiefung der europäischen Integration den entsprechenden Gremien überantwortet wird. Entscheidend ist, daß die getroffenen Vereinbarungen im gesamtgesellschaftlichen Interesse liegen und nicht lediglich Partikularinteressen, etwa von Arbeitgebern an der Schaffung von kostensenkenden Konkurrenzsituationen auf dem Arbeitsmarkt, widerspiegeln. Es muß entschieden werden, wer aus humanitären, ökonomischen und demographischen sowie übergeordneten außen-, sicherheits- und europapolitischen Gründen für welche Zeitdauer zuwandern darf, und diese Entscheidung muß durchgesetzt werden. Hierzu ist aus Gründen der Transparenz ein *Zuwanderungsgesetz* sinnvoll, das gesellschaftlich konsensfähige Zuwanderungsquoten enthält. Diese Quoten müssen konsequent umgesetzt werden; Zuwanderungswillige, die nicht den Aufnahmekriterien entsprechen, müssen abgewiesen werden, wobei rechtsstaatliche Verfahren angewendet werden müssen.

Dabei ist zweierlei zu beachten: Zum einen müssen politische Flüchtlinge entsprechend ihrer besonderen völkerrechtlichen Stellung von der Quotierung ausgenommen sein. Würde es in einer Phase zu einem starken Anstieg an anerkannten Asylbewerbern kommen – was seit dem Asylkompromiß zumindest für Deutschland nicht zu erwarten ist –, müßten in der folgenden Phase die Quoten der anderen Zuwanderer gesenkt werden. Zum anderen ist zu bedenken, daß in liberalen, rechtsstaatlichen Demokratien unerwünschte Zuwanderung nicht vollständig zu verhindern ist, was bei der Festlegung der Quoten bedacht werden muß.

3.6.1 Rechtliche Handlungsspielräume

Der Versuch, Zuwanderungssteuerung durch Quoten einzuführen, würde zur Zeit in Deutschland mit rechtlichen Problemen verbunden sein. Beschränkungen des deutschen migrationspolitischen Handlungsspielraumes bestehen sowohl in europarechtlicher, in verfassungsrechtlicher und in ausländerrechtlicher Hinsicht.

Zwei Gruppen von Zuwanderern lassen sich nach dem Gewicht der rechtlichen Vorgaben unterscheiden. Die erste Gruppe enthält Personen, deren Zuwanderung aufgrund übergeordneter rechtlicher Vorgaben nicht oder kaum durch nationale Regelungen gesteuert werden kann:[217]

- Die Zuwanderung von *EU-Bürgern* kann aufgrund der Freizügigkeit nach dem EU-Vertrag grundsätzlich nicht begrenzt werden.
- Für *Personen aus EU-assoziierten Drittstaaten* ist zwar zunächst keine Freizügigkeit vorgesehen, aber bei einer Realisierung des in den Assoziierungsabkommen angestrebten Zieles der Aufnahme der Staaten in die EU würden auch Angehörige dieser Staaten Freizügigkeit genießen, wenngleich möglicherweise mit einer zeitlichen Verzögerung, falls Übergangsklauseln vereinbart würden.
- Für *türkische Staatsbürger* bietet hingegen das Assoziationsabkommen mit der EU schon jetzt einen privilegierten Zugang zum europäischen Arbeitsmarkt und eine Gleichbehandlung im Sozialversicherungsrecht sowie nach neuerer Rechtsprechung des Europäischen Gerichtshofes ein Aufenthaltsrecht für diejenigen, die mindestens ein Jahr dem regulären Arbeitsmarkt eines der EU-Staaten angehört haben.

---

[217] Vgl. hierzu sowie zu den rechtlichen Handlungsbeschränkungen insgesamt Kay *Hailbronner*, Es bleibt nicht viel zu regeln übrig, *Frankfurter Allgemeine Zeitung*, 26.4.1996.

- Der *Familiennachzug* ist verfassungs- und ausländerrechtlich durch den Schutz der Familie geregelt, hier bestehen zudem völkerrechtliche Standards, zu deren Einhaltung die Bundesrepublik sich verpflichtet hat, etwa bezüglich der Kinderschutzkonvention.
- *Anerkannten Flüchtlingen* oder *Asylberechtigten* muß den völkerrechtlichen Vorgaben zufolge eine dauerhafte Niederlassung ermöglicht werden.
- Die *Abschiebung* illegal anwesender Flüchtlinge oder Zuwanderer unterliegt völkerrechtlichen Vorgaben, beispielsweise der Genfer Konvention, wonach die Abschiebung nicht in Gebiete erfolgen darf, in denen der Flüchtling begründete Furcht vor Verfolgung hat.

Der rechtliche Handlungsspielraum zur Steuerung der Zuwanderung durch Quoten beschränkt sich daher in Deutschland zur Zeit auf eine zweite Gruppe möglicher Zuwanderer:

- Keine völkerrechtlichen Vorgaben bestehen hinsichtlich der Zulassung von *Flüchtlingen* zu einem Asylverfahren und deren Niederlassung, da kein Staat zur Aufnahme von Flüchtlingen gezwungen werden kann. Die Aufnahme wird durch die Verfassung und das Asylrecht geregelt.
- Eine souveräne Entscheidung des Aufnahmelandes ist auch die Aufnahme oder Nichtaufnahme von Flüchtlingen, die nicht unbedingt als individuelle Asylbewerber kommen müssen, sondern auch aufgrund politischer Entscheidungen als *Kontingentflüchtlinge* oder *nach anderen Verfahren* aufgenommen werden können.
- Frei ist das Aufnahmeland zudem hinsichtlich der Zuwanderung von *Arbeitsmigranten*. Diese wird durch Verordnungen geregelt, deren Sinn nicht eine definitive Einwanderung, sondern ein vorübergehender Aufenthalt entsprechend den Anforderungen des deutschen Arbeitsmarktes ist. In diesem Rahmen werden Genehmigungen für zeitlich befristete Beschäftigungen in Bereichen mit einheimischem Arbeitskräftemangel oder aufgrund eines besonderen öffentlichen Interesses an einer Beschäftigung der betreffenden Personen auch für eine längerfristige Zuwanderung erteilt. Dies gilt auch für *Werkvertragsarbeitnehmer*, für die branchenspezifisch und berufsgruppenbezogen jährliche Kontingente festgelegt werden.
- Ebenfalls eine souveräne Entscheidung der Bundesregierung ist die Aufnahme von *Aussiedlern*, für die im Kriegsfolgenbereinigungsgesetz von 1992 eine jährliche Aufnahmequote festgelegt wurde. Allerdings könnten sich bei einer grundlegenden Änderung verfassungsrechtliche Probleme ergeben.

Nennenswerte rechtliche Handlungsspielräume hinsichtlich der Zuwanderungssteuerung bestehen daher lediglich für Flüchtlinge, temporäre und dauerhaft anwesende Arbeitskräfte und Aussiedler. Dies muß jede Diskussion über Zuwanderungsquoten berücksichtigen.

3.6.2 Außenpolitische Gestaltungsspielräume

Die nationale Souveränität hinsichtlich der Zuwanderungskontrolle wird nicht nur durch zwischenstaatliche und internationale Abkommen eingeschränkt, sondern auch durch den Zwang zur politischen Rücksichtnahme auf die Herkunftsstaaten und auf die anderen EU-Staaten. Dies gilt für beide Aspekte der Zuwanderungssteuerung, die Verhinderung unerwünschter Zuwanderung und die Ermöglichung erwünschter Zuwanderung. Im Folgenden sollen einige dieser Aspekte angeführt werden.

Zunächst muß darauf hingewiesen werden, daß die Zahl der Asylbewerber nicht beliebig von den deutschen Behörden reduziert werden kann. Wenn das System der bilateralen Rückübernahmevereinbarungen zur Reduzierung der Zahl der Asylbewerber beibehalten werden soll, muß ein Schwerpunkt deutscher Politik die Sicherstellung dieser Übereinkommen sein. Die Bundesrepublik wird gezwungen sein, die politischen und ökonomischen Forderungen, die Vertragsstaaten stellen, zu berücksichtigen. Dies war bereits in den Verhandlungen mit Polen der Fall, in denen die Bundesrepublik akzeptieren mußte, daß Polen innerhalb eines bestimmten Zeitraumes lediglich eine begrenzte Zahl von Flüchtlingen zurücknimmt. Der Preis für eine Verlagerung des Asylbewerberproblems auf diese Länder besteht unter anderem in Zahlungen für dortige Infrastrukturleistungen, etwa zur Einrichtung von Asylverfahren.

Für die Steuerung der Zuwanderung von Aussiedlern liegen seit der im Asylkompromiß getroffenen politischen Entscheidung, die Zuwanderung zu quotieren, und der Kodifizierung dieser Absicht im Kriegsfolgenbereinigungsgesetz wirksame Instrumente vor. Die innenpolitische Diskussion um eine Veränderung dieser Quoten muß allerdings, solange das bestehende Staatsangehörigkeitsrecht nicht restriktivere Bedingungen für die deutsche Volkszugehörigkeit formuliert, mit großer Rücksicht auf die potentiellen Aussiedler geführt werden. Eine zu restriktive Quotierung sowie fehlende materielle, politische und moralische Unterstützung der Bundesrepublik zur Konsolidierung von Lebensperspektiven in den Herkunftsregionen könnten nicht nur die Auswanderungsanträge schnell zunehmen lassen, sondern auch viele Aussiedler, welche die Aufnahmebescheide bislang als Versicherung halten, zur Ausreise bewegen.[218] Bei den Entscheidungen über die künftige Aussiedlerpolitik sollten zudem mögliche Vorbehalte der EU-Partner bedacht werden, da jede Zuwanderungsentscheidung eines EU-Staates mittelbar auch die anderen Staaten betrifft.

Wie schwierig der Interessenausgleich innerhalb der EU ist, zeigte sich bezüglich des Problems der Zulassung temporärer Arbeitskräfte bei dem deutschen Vorstoß für eine europäische Entsenderichtlinie, der erst im zweiten Anlauf erfolgreich war. Der Ausweg einer schneller wirksamen nationalen Entsenderichtlinie ist zwar unter der Voraussetzung eines Interessenausgleichs der Beteiligten praktizierbar, ob ein solcher Protektionismus aber langfristig mit den ökonomischen und politischen Zielen der Europäischen Integration vereinbar ist – vor allem, wenn er zu Gegenmaßnahmen der betroffenen Staaten auf anderen Gebieten führt – bleibt fraglich.

Auch ein europäischer Lastenausgleich für Bürgerkriegsflüchtlinge erweist sich als schwierig. Trotz des erklärten Willens der EU-Staaten, gemeinsame Regelungen zu finden und trotz des Auftrages des Europäischen Parlaments an die Europäische Kommission, entsprechende Verfahren auszuarbeiten, fehlen bislang solche Konkretisierungen. Bei den Verhandlungen des Amsterdamer EU-Gipfels vom Juni 1997 ist die Frage des Lastenausgleichs nicht gelöst worden, da einige deutsche Bundesländer, insbesondere Bayern, darauf bestanden haben, die von anderen EU-Staaten gewünschte Freizügigkeit für Drittstaatsangehörige, die sich legal in einem EU-Staat aufhalten, abzulehnen. Im Gegenzug mußte die Bundesregierung auf ein Lastenausgleichsverfahren verzichten. Es wäre aber im deutschen Interesse, eine generelle Regelung mit größtem Nachdruck einzufordern, nicht nur hinsichtlich ähnlicher künftiger Zuwanderungen, sondern auch in Hinblick auf das Problem der Bürgerkriegsflüchtlinge aus dem ehemaligen Jugoslawien, die zu rund 80 Prozent von der Bundesrepublik aufgenommen worden sind. Eine humanitären Standards entsprechende Regelung ist nur bei erheblicher finanzieller und organisatorischer Beteiligung der anderen EU-Staaten realistisch, da Rückführungen an bestimmte Mindestvoraussetzungen in den Herkunftsgebieten gebunden sein müssen.

Auch die Auseinandersetzungen mit den EU-Partnern über die Zulassung temporärer Arbeitskräfte aus Nicht-EU-Staaten, an denen die deutsche Wirtschaft aller Wahrscheinlichkeit nach auch in Zukunft trotz hoher

---

[218] Zur Zeit sind nach Auskunft des Bundesinnenministeriums etwa 100 000 Aussiedler in der ehemaligen UdSSR im Besitz von Aufnahmebescheiden.

inländischer Arbeitslosigkeit großes Interesse haben wird, werden sich verschärfen. Diese Interessenkollision wird bei den anstehenden Erweiterungen der EU bestehen bleiben, selbst wenn für eine Übergangszeit die Personen- und Dienstleistungsfreizügigkeit der Beitrittsländer beschränkt würde.

3.6.3 Innenpolitische Gestaltungsspielräume

Die Möglichkeiten einer Zuwanderungssteuerung durch Quoten werden nicht nur durch europa- und völkerrechtliche Vorgaben und durch außenpolitische Rücksichtnahmen beschränkt, sondern auch durch innenpolitisch wirksame Interessengegensätze, von denen einige bereits benannt wurden: das Interesse bestimmter Branchen und Betriebe an billigen Arbeitskräften gegenüber dem Interesse von Gewerkschaften an einer Behinderung der Freizügigkeit von Billiglohnarbeitern aus EU-Staaten, das Interesse der Vertriebenenverbände an einem Erhalt von Zuwanderungsmöglichkeiten von Aussiedlern gegenüber dem Interesse der von dieser Zuwanderung besonders betroffenen Kommunen an einer Verhinderung des weiteren Zuzugs, das Interesse von Menschenrechtsgruppen an einer Liberalisierung des Asylrechts gegenüber dem Interesse von Eltern an der Verhinderung eines zu großen Ausländeranteils in den Schulklassen, usw. Diese Interessen müssen abgeglichen und zu einem größtmöglichen Konsens geführt werden.

Hierzu wäre ein angemessenes Verfahren, daß eine mit Vertretern der Bundesregierung, dem Bundestag, dem Bundesrat und gesellschaftlich relevanten Organisationen und Gruppierungen besetzte Fachkommission,[219] die organisatorisch dem vorgeschlagenen Bundesamt angegliedert sein könnte, der Bundesregierung einen entsprechenden Vorschlag unterbreitet, den

---

[219] Mittlerweile haben einige Bundestagsfraktionen Vorschläge für eine solche Kommission unterbreitet, die sich im wesentlichen hinsichtlich der Zusammensetzung dieses Gremiums voneinander unterscheiden. Vgl. hierzu u.a. den von der stellvertretenden innenpolitischen Sprecherin der SPD-Bundestagsfraktion, Cornelie *Sonntag-Wolgast*, im August 1996 vorgelegten Entwurf für ein Zuwanderungsgesetz, den Anfang 1996 unterbreiteten Entwurf der Arbeitsgruppe Migration der FDP-Bundestagsfraktion sowie das im Juli 1996 vom Arbeitskreis Innen, Recht und Petition der Bundestagsfraktion von Bündnis 90/Die Grünen vorgeschlagene Einwanderungs- und Niederlassungsgesetz. In dem SPD-Entwurf wird eine Kommission aus 19 Personen vorgeschlagen, von denen je drei vom Bundestag, vom Bundesrat und der Bundesregierung sowie einzelne Vertreter von den Kirchen, Gewerkschaften, Unternehmensverbänden, kommunalen Spitzenverbänden, Menschen- und Flüchtlingsorganisationen sowie dem Zentralrat der Juden in Deutschland entsandt werden sollen.

diese durch Rechtsverordnung mit Zustimmung des Bundesrates in Zuwanderungsquoten umsetzt.

Nicht immer wird aber ein solcher Interessenausgleich gelingen, und nicht immer wird sich, auch wenn ein Interessenausgleich gefunden werden kann, eine erfolgreiche Politik formulieren lassen. Diese Grenzen politischen Handelns liegen darin, daß es sich bei Migration und Flucht um soziale Prozesse handelt, die oft eine nicht abzuschätzende Eigendynamik besitzen, die zu nicht-intendierten Folgen auch einer wohlüberlegten Politik führen können.

Abschließend soll, um solche Dilemmata stellvertretend deutlich zu machen, kurz auf das Beispiel der Bosnien-Flüchtlinge eingegangen werden. Deutschland hat seit Beginn des Krieges im ehemaligen Jugoslawien etwa 320 000 Flüchtlingen, vor allem aus Bosnien, Zuflucht gewährt, von denen ein geringer Teil als Kontingentflüchtlinge aufgenommen wurde und der überwiegende Teil eine Duldung erhielt. Seit dem Friedensabkommen von Dayton ist die Bundesregierung der Meinung, daß die Voraussetzungen für eine Rückkehr der Flüchtlinge vorlägen. Da jedoch kaum einer der Flüchtlinge aufgrund der zerstörten Wohn- und Arbeitsstätten, der labilen Sicherheitslage und der katastrophalen wirtschaftlichen Aussichten freiwillig in die Heimat zurückkehrte, legte die Bundesregierung einen Stufenplan zur Rückführung der Flüchtlinge vor. Dieser sah zunächst die Rückkehr von alleinstehenden Flüchtlingen, dann von Familien und schließlich der restlichen Flüchtlinge vor, flankiert durch einige Ausnahmeregeln. Zur Begründung wurde auf die hohe finanzielle Belastung der öffentlichen Haushalte durch die Kosten für die Versorgung der Flüchtlinge verwiesen – Schätzungen gehen von 15 Milliarden DM bis Mitte 1996 aus –, da der überwiegende Teil der Flüchtlinge von Sozialhilfe lebte und die Flüchtlinge nach Ansicht der Bundesregierung dringend zum Wiederaufbau in den ehemaligen Kriegsgebieten gebraucht würden.

Der Termin für den Beginn der Abschiebungen wurde mehrfach verschoben, zum einen wegen der Ankündigung einiger SPD-geführter Bundesländer, die Abschiebungen wegen der unklaren Lage in Bosnien nicht in der vom Bundesinnenministerium vorgeschlagenen Weise vollziehen zu wollen, zum anderen wegen der heftigen öffentlichen Debatte über die Frage, unter welchen Bedingungen man die Flüchtlinge in die ehemaligen Kriegsgebiete zurückschicken dürfe. Zudem wurde der Bundesregierung deutlich, daß ohne zusätzliche zwischenstaatliche Abkommen, und zwar sowohl mit den Transitländern als auch mit den Aufnahmeländern, keine geordneten Rückschiebungen möglich sind. Als Folge wurde versucht, die Anreize für freiwillige Rückkehr zu verstärken, indem sogenannte „Schnupperreisen" mit einer Garantie, nach dieser Informationsreise wieder in die Bundesrepublik zurückkehren zu dürfen, ermöglicht wurden. Diese Möglichkeit wurde, wie auch das in der Folge geschlossene Rückübernahmeabkommen mit der Bundesrepublik Jugoslawien, erst nach schwierigen Verhandlungen erreicht.

Auch falls der im September 1996 von der Innenministerkonferenz 1996 beschlossene modifizierte Rückführungsplan[220], der nun eine Berücksichtigung nicht nur des Familienstandes, sondern auch Kriterien der ethnischen und geographischen Herkunft der Flüchtlinge beinhaltet, und der dort festgelegte Zeitplan für die Zwangsrückführungen eingehalten wird, ist fraglich, ob dieser Plan die intendierten Ergebnisse auch erreicht: Es ist zu erwarten, daß ein erheblicher Teil der Flüchtlinge die Gerichte anrufen wird, um der Abschiebung zu entgehen. Ferner wird der Druck eines Teils der öffentlichen Meinung, die Abschiebungen auszusetzen, erst dann abnehmen, wenn sich die Sicherheitslage in den Herkunftsgebieten entscheidend verbessert hat.

An diesem Beispiel wird das eingangs angesprochene Dilemma von Zuwanderungssteuerung deutlich: Ein erheblicher Teil der Flüchtlinge aus dem ehemaligen Jugoslawien wird in Deutschland bleiben, und zwar entgegen der Intentionen, die der Aufnahme der Flüchtlinge zugrundelagen. Es sollte daher intensiv über zwei Fragen nachgedacht werden: durch welche lokalen arbeitsplatzschaffenden Wiedereingliederungsprojekte wirkungsvolle Rückkehransätze geschaffen werden können und, zweitens, welchen Flüchtlingen in Deutschland ein dauerhafter Aufenthalt mit entsprechenden Arbeitsmöglichkeiten gestattet werden sollte. Hierbei ist die Signalwirkung zu bedenken, die eine solche Aufnahme für die offizielle Bereitschaft zur Aufnahme ähnlicher künftiger Flüchtlingsbewegungen bedeuten könnte.

In diesem Zusammenhang muß – auch im Rückgriff auf die oben analy-

---

[220] Im August 1997 erklärte Bundesinnenminister *Kanther*, er sei mit den bisherigen Ergebnissen des Rückführungsplans zufrieden: Seit Anfang des Jahres seien 65 000 Personen freiwillig nach Bosnien-Herzegowina zurückgekehrt, wozu die finanziellen Hilfen von Bund, Länder und Gemeinden beigetragen hätten. Etwa 300 Personen seien abgeschoben worden, was zeige, daß der Rückführungsplan in ausreichender Weise der Situation in den Herkunftsgebieten und auch Härtefällen Rechnung trage. Für die Rückkehrförderung seien vom Bund und den Ländern in den ersten sieben Monaten des Jahres 37 Mio. DM aufgewendet worden, vor allem für Reisebeihilfen (höchstens 1 800 DM je Familie) und für Überbrückungshilfen (höchstens 1 300 DM je Familie). Hilfen seien zudem von einzelnen Kommunen gewährt worden. *Kanther* appellierte an EU und Weltbank, die für die Aufbauhilfe vorgesehenen Mittel freizugeben. Vgl. *Frankfurter Allgemeine Zeitung*, 16.8.1997.

sierten Zuwanderungspotentiale für Deutschland und Europa – auf die Singularität der bosnischen Flüchtlingskatastrophe hingewiesen werden: Diese Flüchtlinge sind vor allem deshalb in so großer Zahl gekommen, weil die Einreise problemlos war. Dies ist für Zuwanderungen aus Gebieten, die außerhalb des Schengener Raumes liegen, künftig nicht mehr zu erwarten, und Flüchtlingskatastrophen innerhalb dieses Gebietes sind äußerst unwahrscheinlich.

Migration als sozialer Prozeß jedenfalls, so die Erkenntnis aus dem Beispiel der Bosnien-Flüchtlinge, entwickelt eine Eigendynamik, vor allem einen Trend zur Verstetigung des Aufenthalts im Aufnahmeland, die nur teilweise zu steuern ist. Wirkungsvolle restriktive Maßnahmen sind in einer liberalen Demokratie nicht durchsetzbar, nicht zuletzt, weil sie dem Gedanken der Zufluchtgewährung in fundamentaler Weise widersprechen würden.

Dies muß bei jeder Zuwanderungssteuerung bedacht werden: jede Form der temporären Aufnahme von Flüchtlingen und Migranten führt zu Einwanderung. Wenn also solche Kategorien befristeter Zulassung in eine zukünftige Quotenregelung aufgenommen werden – wofür wie oben angegeben gute Gründe sprechen –, dann sollte von Anfang an damit gerechnet werden, daß ein Teil der befristet Aufgenommenen zu faktischen Einwanderern wird.

Eine realistische und transparente Migrationspolitik, die eine hinreichende Unterstützung der Öffentlichkeit haben will, muß über diese Tatsache informieren und gleichzeitig deutlich machen, daß diese ungeplante, aber in einer liberalen Demokratie, die Mitglied einer Staatengemeinschaft ist, deren Beziehungen sich fortlaufend verdichten, nicht zu vermeidende Zuwanderung in die Planung der staatlichen Migrationspolitik einbezogen wird.

Schlußbemerkung

Eine künftige Migrationspolitik sollte drei Aspekte ganz besonders beachten: die *Festlegung von Zuwanderungsquoten*, wobei ein substantielles Asylrecht erhalten bleiben muß, die *Integration von Zuwanderern* mit dem Ziel der Einbürgerung, sowie eine entsprechende transparente Gestaltung der Zuwanderungspolitik, um eine *Akzeptanz der Öffentlichkeit* für diese Politik zu finden. Transparenz und damit die Legitimierung ist gerade für diesen Politikbereich, der von einer Vielzahl subtiler Ängste besetzt ist, unverzichtbar.

Trotz der fortschreitenden europäischen Integration dominiert in vielen Bereichen der Migrationspolitik die bilaterale Zusammenarbeit. So sind Rückübernahmeübereinkommen bislang, obwohl bereits ein multilateraler Musterentwurf existiert (Schengen-Polen-Abkommen), noch zwischenstaatliche Abkommen. Eine Koordinierung innerhalb der EU ist allein schon aufgrund des Wegfalls der Binnengrenzen unverzichtbar. Zustände wie 1992 und 1993, als Deutschland mehr als zwei Drittel aller in die EU gelangten Asylbewerber aufnahm, sind nicht tragbar. Sie widersprechen grundlegend dem Prinzip der Lastenteilung und dem Gedanken der Europäischen Politischen Union.

Diese Regelungen können nur auf europäischer Ebene und in Abstimmung mit den EU-Nachbarregionen erarbeitet werden. Der mit dem Schengener und Dubliner Abkommen begonnene Harmonisierungsprozeß muß fortgesetzt werden, auch hinsichtlich der im Maastrichter und Amsterdamer Vertrag vorgesehenen Zusammenarbeit in der Innen- und Justizpolitik, die bislang noch auf visarechtliche und polizeiliche Aspekte beschränkt ist. Hierbei müssen die oben angesprochenen Grundsätze beachtet werden, um nicht eine nur auf Asylpolitik begrenzte und auf eine Harmonisierung auf niedrigster Ebene zielende Politik zu erreichen.

Schließlich beschränken außenpolitische Aspekte auch die Maßnahmen zur Bekämpfung von Migrationsursachen. Im deutschen Interesse einer internationalen Lastenteilung liegt es, die bilaterale Entwicklungshilfe und die humanitäre Hilfe stärker als bisher auf Ziele der Migrationsvermeidung auszurichten. Diesen Aspekt muß auch die deutsche Beteiligung an den internationalen Organisationen, die ein Mandat zur Migranten- und Flüchtlingsbetreuung haben, berücksichtigen. Generell sollte Deutschland großen Wert auf die völkerrechtliche Festigung und die finanzielle, infrastrukturelle und personelle Arbeitsfähigkeit dieser Organisationen legen.

Eine umfassende Migrationspolitik muß künftig Thema von Außen- und Sicherheitspolitik werden. Es sind nicht nur unterschiedlich gelagerte nationale Interessen, die eine weitere Harmonisierung erschweren, es ist auch der fehlende beziehungsweise falschverstandene sicherheitspolitische Bezug. Die Situation in den Nachbarregionen muß in den Vordergrund gerückt werden. Diese Länder, die zur Zeit noch Transitregionen sind, wären mit einer Rolle als Aufnahmeländer für Zuwanderungen aus ihren Nachbargebieten völlig überfordert und könnten sehr schnell wieder selbst zu Auswanderungsgebieten werden. Eine Koordinierung der Migrationspolitik mit den EU-Nachbarregionen ist daher dringend erforderlich. Es waren innenpolitische Überlegungen und auch in erster Linie innenpolitische Akteure, welche die bisherige Harmonisierungspolitik in der EU geformt haben. Dieser Ressortlogik entsprechend blieben die angesprochenen außen- und sicherheitspolitischen Aspekte weitgehend unberücksichtigt. Die Früherkennung von Migrationen und die Bekämpfung von Migrationsursachen wird ein wichtiges Feld einer solchen erweiterten Sicherheitspolitik sein. Zudem sollten die Entwicklungspolitik und die Außenwirtschaftspolitik viel stärker als Instrumente einer Migrationspolitik eingesetzt werden. Wichtigstes Element wäre eine Öffnung westlicher Märkte für Produkte und Dienstleistungen aus den Herkunftsländern. Dazu würde auch eine Menschenrechtspolitik gehören, selbst wenn Menschenrechte lediglich als strategische Ressource im Kampf um die ökonomische Modernisierung der Herkunftsländer betrachtet würden. Fehlen solche grundlegenden Rechte, ist auch ein großer Teil der Kräfte behindert, die ökonomische und gesellschaftliche Entwicklungsprozesse vorantreiben könnten – und deren Blockierung erweist sich weltweit zunehmend als eine der wichtigsten Migrationsursachen.

Literaturverzeichnis

Afheldt, Horst, Sozialstaat und Zuwanderung, in: *Aus Politik und Zeitgeschichte*, 12.2.1993, B 7, S. 42-52.

Ahlf, Ernst-Heinrich, Ausländerkriminalität in der Bundesrepublik Deutschland nach Öffnung der Grenzen, in: *Zeitschrift für Ausländerrecht und Ausländerpolitik*, Nr. 3, 1993, S. 132-138.

Altvater, Elmar, Beschäftigungspolitik jenseits von Nationalstaat und „Arbeitszentriertheit", in: *WSI Mitteilungen*, Nr. 6, 1994, S. 346-357.

Angenendt, Steffen / *Fischer*, Andrea / *Morokvasic*, Mirjana, Les migrations Est-Ouest dans le débat politique et scientifique en France et en Allemagne, in: *Revue des études comparatives Est-Ouest*, Nr. 2, 1994, S. 135-160.

Angenendt, Steffen, Ausländerforschung in Frankreich und der Bundesrepublik Deutschland. Gesellschaftliche Rahmenbedingungen und inhaltliche Entwicklung eines aktuellen Forschungsbereiches, Frankfurt 1992.

ders., Der Beitrag der Ausländer zur Gesundheitsversorgung und Sozialsicherung in der Bundesrepublik Deutschland: Defizitthema in der Ausländerforschung, in: *VdK* (Hrsg.), Gesundheitsversorgung - Ohne Ausländer nicht gesichert?, München 1992, S. 26-33.

ders., Eine Welt der Wanderungen, in: Karl *Kaiser* / Hans-Peter *Schwarz* (Hrsg.), Die neue Weltpolitik, Bonn 1995, S. 79-90.

ders., Freizügigkeit: ein Hindernis für die Osterweiterung der Europäischen Union?, in: *List-Forum. Zeitschrift für Wirtschafts- und Finanzpolitik*, Nr. 1, 1995, S. 38-52.

ders., Grundzüge einer künftigen deutschen Einwanderungspolitik, *epd-Dokumentation*, Nr. 36, 1995, S. 52-60.

ders., L'asile et l'immigration en Allemagne, in: *Politique étrangère*, Nr. 3, 1994, S. 731-748.

ders., Migration, gesellschaftlicher Wandel und politische Steuerung in Deutschland, in: *CIRAC / DFI / DGAP / IFRI* (Hrsg.): Handeln für Europa. Deutsch-französische Zusammenarbeit in einer veränderten Welt, Opladen 1995, S. 300-318.

ders., Migration: Herausforderung deutscher und europäischer Politik, in: Karl *Kaiser* / Hanns W. *Maull* (Hrsg.): Deutschlands neue Außenpolitik. Band 2: Herausforderungen, München 1995, S. 175-199.

ders., Migrations, transformations sociales et orientations politiques en Allemagne, in: Thierry *de Montbrial* u.a. (Hrsg.), Agir pour l'Europe. Les relations franco-allemandes dans l'après-guerre froide, Paris 1995, S. 307-326.

ders., Nationale Interessen und außenpolitische Strategien in der deutschen Migrationspolitik, in: Karl *Kaiser* / Joachim *Krause* (Hrsg.), Deutschlands neue Außenpolitik. Band 3: Interessen und Strategien, München 1996, S. 231-240.

ders., Zuwanderung und Zusammensetzung der ausländischen Bevölkerung in Deutschland und in OECD-Ländern: Aktuelle Trends, in: *Aktuelle Kurzanalysen*, Nr. 9, Bonn 1994.

ders. (Hrsg.), Migration und Flucht. Aufgaben und Strategien für Deutschland, Europa und die internationale Gemeinschaft, München 1997.

ders., European Migration Policy: The Impact of the IGC, Beitrag zum Summer Institute for Young Scholars zum Thema „Immigration, Incorporation and Citizenship in Advanced Industrial Democracies", Berlin 14.-24.7.1997 (unveröffentlichtes Manuskript).

Auster, Lawrence, Them vs. Unz, in: *Policy Review*, Winter 1995, S. 88-96.

Bächler, Günther, Umweltflüchtlinge als Konfliktpotential?, Münster 1994.

Bade, Klaus J. (Hrsg.), Das Manifest der 60: Deutschland und die Einwanderung, München 1994.

ders. (Hrsg.): Ausländer, Aussiedler, Asyl in der Bundesrepublik Deutschland, Hannover 1992.

ders. (Hrsg.), Migration – Ethnizität – Konflikt: Systemfragen und Fallstudien, Osnabrück 1996, S. 403-430.

Barabas, György / *Gieseck*, Arne / *Heilemann*, Ullrich / *Loeffelholz*, Hans Dietrich *von*, Gesamtwirtschaftliche Effekte der Zuwanderung 1988 bis 1991, in: *RWI-Mitteilungen*, 1992, S. 133-154.

Barwig, Klaus / *Bauer*, Dieter R. (Hrsg.), Asyl am Heiligen Ort. Sanctuary und Kirchenasyl – Vom Rechtsanspruch zur ethischen Verpflichtung, Ostfildern 1994.

Bevölkerungsfonds der Vereinten Nationen, Bevölkerungsbericht 1995, Bonn 1995.

Bieling, Hans-Jürgen, Nationalstaat und Migration im „Postfordismus". Gewerkschaften vor der Zerreißprobe, Marburg 1993.

Birg, Herwig, Weltbevölkerungswachstum, Entwicklung und Umwelt. Dimensionen eines globalen Dilemmas, in: *Aus Politik und Zeitgeschichte*, Nr. B 35-36, 2.9.1994, S. 21-35.

Birrell, Robert, Immigration Control in Australia, in: *Annals of the American Academy of Political and Social Science*, Nr. 534, 1994, S. 106-117.

Bischoff, Detlef / *Teubner*, Werner, Zwischen Einbürgerung und Rückkehr. Ausländerpolitik und Ausländerrecht in der Bundesrepublik Deutschland, Berlin 1990.

Björgo, Tore / *Witte*, Rob (Hrsg.), Racist Violence in Europe, Houndsmill 1993.

Bös, Mathias, Migration als Problem offener Gesellschaften. Globalisierung und sozialer Wandel in Westeuropa und in Nordamerika, Opladen 1997.

Bundesmininsterium für wirtschaftliche Zusammenarbeit und Entwicklung, Flüchtlingspolitik im Rahmen der Entwicklungszusammenarbeit, in: *BMZ aktuell*, April 1994

Bundesministerium des Innern, Verfassungsschutzbericht 1993, Bonn, 1994.

Bundesministerium des Innern, Verfassungsschutzbericht 1996, Bonn 1997.

Buzan, Barry, People, States and Fear: An Agenda for Security Studies in the Post-Cold War Era, London 1991.

Cable, Vince, Key Trends in the European Economy and Future Scenarios, in: Hugh *Miall* (Hrsg.), Redefinig Europe. New Patterns of Conflict and Cooperation, London 1994, S. 89-112.

Charmes, Jacques / *Daboussi*, Rauf / *Lebon*, André, International Migration for Employment, Genf 1993.

Collinson, Sarah, Europe and International Migration, London 1993.

De Newt, John P. / *Zimmermann*, Klaus F., Native Wage Impacts of Foreign Labor: A Random Effects Panel Analysis, München 1993 (Universität München: Münchener wirtschaftswissenschaftliche Beiträge Nr. 93-19).

Die Beauftragte der Bundesregierung für die Belange der Ausländer, „Ausländerkriminalität" oder „Kriminelle Ausländer", Bonn, November 1993

Drüke, Luise / *Weigelt*, Klaus (Hrsg.), Fluchtziel Europa. Strategien für eine neue Flüchtlingspolitik, München 1993.

Engelbrekt, Kjell, Bulgaria and the Problem of Immigration, in: *RFE/RL Research Report*, Bd. 3, Nr. 25, 1994, S. 37-40.

Europäisches Forum für Migrationsstudien, Staatsangehörigkeit und Einbürgerung, Bamberg 1995.

Fassmann, Heinz / *Münz*, Rainer (Hrsg.), Migration in Europa. Historische Entwicklung, aktuelle Trends, politische Reaktionen, Frankfurt / New York 1996.

Felderer, Bernhard, Immigration, the Labor Market, and Structural Adjustment: The Case of Germany, in: Horst *Siebert* (Hrsg.), Migration: A Challenge for Europe, Kiel 1994, S. 71-84.

Fielding, Anthony, Mass Migration and Economic Restructuring, in: Russell *King* (Hrsg.), Mass Migration in Europe. The Legacy and the Future, London 1993, S. 7-18.

Fijalkowski, Jürgen, Das Migrationsproblem in Europa, in: Cord *Jakobeit* / Asplanar *Yenal* (Hrsg.), Gesamteuropa. Analysen, Probleme und Entwicklungsperspektiven, Bonn 1993, S. 613-633.

Fischer, Andrea, Zum Spannungsverhältnis von Zuwanderung und Sozialstaat, in: *Prokla*, Nr. 1, 1994, S. 27-47.

Friedrich-Ebert-Stiftung (Hrsg.), Einwanderungskonzeption für die Bundesrepublik Deutschland, Bonn 1995

Friedrich-Ebert-Stiftung (Hrsg.), Entstehung von Fremdenfeindlichkeit. Die Verantwortung von Politik und Medien, Gesprächskreis Arbeit und Soziales, Nr. 21, Bonn 1993.

Geppert, *Joachim* / Zwick, *Martin*, Lohnkrieg auf der Baustelle?, in: *Ausländer in Deutschland*, Nr. 2, 1996, S. 6-7.

Gieseck, Arne / *Heilemann*, Ullrich / *Loeffelholz*, Hans Dietrich *von*, Zuwanderung in die Bundesrepublik Deutschland aus ökonomischer Sicht, in: *Städte und Gemeinderat*, November 1994, S. 383-387.

Götz, Roland, Zur makroökonomischen Entwicklung in Rußland 1989-1995. Teil I: Sozialprodukt, Beschäftigung, in: *Aktuelle Analysen des Bundesinstituts für ostwissenschaftliche und internationale Studien*, Nr. 73, 1994.

Haberland, Jürgen, Der Asylkompromiß vom 6. Dezember 1992 – ein Jahr danach, in: *Zeitschrift für Ausländerrecht und Ausländerpolitik*, Nr. 1, 1994, S. 3-9.

ders., Der Asylkompromiß vom 6. Dezember 1992 – ein Jahr danach (2. Teil), in: Zeitschrift für Ausländerrecht und Ausländerpolitik, Nr. 2, 1994, S. 51-59.

Hailbronner, Kay, Die Asylrechtsreform im Grundgesetz, in: *Zeitschrift für Ausländerrecht und Ausländerpolitik*, Nr. 3, 1993, 107-117.

Handoll, John, Free Movement of Persons in the EU, Chichester u.a. 1995.

Herberg, Helga, Strategien und Hauptergebnisse der Transformation in Polen, Berlin 1996.

Herbert, Ulrich, Geschichte der Ausländerbeschäftigung in Deutschland 1880 bis 1980. Saisonarbeiter, Zwangsarbeiter, Gastarbeiter, Bonn 1986.

Hof, Bernd, Europa im Zeichen der Migration. Szenarien zur Bevölkerungs- und Arbeitsmarktentwicklung in der Europäischen Gemeinschaft bis 2020, Köln 1993.

Hof, Bernd, Möglichkeiten und Grenzen der Eingliederung von Zuwanderern in den deutschen Arbeitsmarkt, in: *Aus Politik und Zeitgeschichte*, Nr. B 48/94, 2. Dezember 1994, S. 11-25.

Hönekopp, Elmar, Migration from the East to Germany: Intensification of Immigration Trends without any Comprehensive Conception of Immigration Policy, in: Solon *Ardittis* (Hrsg.), The Politics of East-West Migration, London 1994, S. 116-125.

Internationale Liga für Menschenrechte, Bausteine für eine Anti-Diskriminierungspolitik, Berlin 1995

IOM, Profiles and Motives of Potential Migrants. An IOM Study Undertaken in Four Countries: Albania, Bulgaria, Russia and Ukraine, Genf 1993.

Johnson, Stanley P., World Population – Turning the Tide. Three Decades of Progress, London u.a. 1994.

Joppke, Christian, Why Liberal States Accept Unwanted Immigration, Beitrag für die Konferenz „Effects of Policy on Migration Patterns and the Integration of Immigrants" der Humboldt-Universität Berlin, 1.11.1996 (unveröffentlichtes Manuskript).

Kaiser, Karl, Deutsche Außenpolitik in der Ära des Globalismus. Zwischen Interdependenz und Anarchie, *Internationale Politik*, Nr. 1, 1995, S. 27-36.

Kapur, Harish, Les minorités chinoises en Asie du Sud-Est: Problèmes d'intégration, in: *Relations Internationales*, Nr. 88, 1996, S. 427-436.

Klös, Hans-Peter, Integration der Einwanderer aus Ost-/Südeuropa in den deutschen Arbeitsmarkt, in: *Sozialer Fortschritt*, Nr. 11, 1992, S. 261-270.

Körner, Heiko, Internationale Migration der Arbeit, Darmstadt 1990.

Latapi, Agustin Escobar, Emigration Dynamics in Mexico, Central America and the Caribbean, Beitrag zur Konferenz der IOM zum Thema „Managing International Migration in Developing Countries, Genf 28.-29.4.1997.

Leisinger, Klaus M., Hoffnung als Prinzip. Bevölkerungswachstum: Einblicke und Ausblicke, Basel 1993.

Li, Cheng, Surplus Rural Laborers and Internal Migration in China, in: *Asian Survey*, Nr. 11, November 1996, S. 1122-1145.

Link, Jürgen, „Asylanten" – zur Erfolgsgeschichte eines deutschen Schlagworts, in: Christoph *Butterwegge* / Siegfried *Jäger* (Hrsg.): Europa gegen den Rest der Welt?, Köln 1993, S. 111-126.

Loescher, Gil, Beyond Charity, International Cooperation and the Global Refugee Crisis, Oxford 1993.

ders., Refugee Movements and International Security, Adelphi Papers 268, London 1993.

Mangott, Gerhard / *Neuhold*, Hanspeter, Six Reformist Countries on the Road to Transition, in: Hanspeter *Neuhold* / Peter *Havlik* / Arnold *Suppan* (Hrsg.), Political and Economic Transformation in East Central Europe, Boulder 1995, S. 329-354.

Markus, Ustina, Immigrants in Ukraine, in: *RFE/RL Research Report*, Bd. 3, Nr. 26, 1994, S. 48-52.

dies., Migration to and from Belarus, in: *RFE/RL Research Report*, Bd. 3, Nr. 26, 1994, S. 45-47.

Marshall, Barbara, British and German Refugee Policies in the European Context, London 1996.

Morokvasic, Mirjana / *Rudolph*, Hedwig (Hrsg.), Wanderungsraum Europa. Menschen und Grenzen in Bewegung, Berlin 1994.

Münch, Ursula, Asylpolitik in der Bundesrepublik Deutschland. Entwicklung und Alternativen, Opladen 1992.

Münz, Rainer u.a., Migrationsmuster, Integration und Exklusion von Ausländern. Deutschland und Österreich im Vergleich, Berlin 1997.

Münz, Rainer / *Ohliger*, Rainer, Deutsche Minderheiten in Ostmittel- und Osteuropa, Aussiedler in Deutschland. Eine Analyse ethnisch privilegierter Migration, Berlin 1997.

Nuscheler, Franz, Internationale Migration, Flucht und Asyl, Opladen 1995.

Ochel, Wolfgang / *Vogler-Ludwig*, Kurt, International Migration: A New Challenge for the Industrialized Countries, in: *Tokyo Club Papers*, Nr. 6, 1993, S. 7-48.

OECD, OECD Economic Outlook, Paris (fortlaufend).

OECD, SOPEMI. Trends in International Migration, Annual Report, Paris (fortlaufend).

Olena *Malinovska*, Migration und Migrationspolitik in der Ukraine nach 1991, In: Berichte des Bundesinstituts für ostwissenschaftliche und internationale Politik, Nr. 42, 1996.

Opitz, Peter J., Das Weltflüchtlingsproblem im 20. Jahrhundert, in: *ders.* (Hrsg.), Weltprobleme, Bonn 1990 (3. Aufl.).

ders., Weltproblem Migration. Neue Dimensionen internationaler Stabilität, in: *Bundesministerium der Verteidigung* (Hrsg.), Reader Sicherheitspolitik. Die Bundeswehr vor neuen Herausforderungen, (Ergänzungslieferung 1-2, 1994), S. 2-16.

Ost- und Mitteleuropa Verein, Jahresbericht 1995, Hamburg 1996.

Penninx, Rinus / *Muus*, Phillip J., Nach 1992 Migration ohne Grenzen? Die Lektionen der Vergangenheit und ein Ausblick auf die Zukunft, in: *Zeitschrift für Bevölkerungswissenschaft*, Nr. 2, 1991, S. 191-207.

Pollern, Hans-Ingo von, Die Entwicklung der Asylbewerberzahlen im Jahre 1996, in: *Zeitschrift für Ausländerrecht und Ausländerpolitik*, Nr. 2, 1997, S. 90-95.

Presse- und Informationsamt der Bundesregierung, Die Kriminalität in der Bundesrepublik Deutschland. Bericht zur Polizeilichen Kriminalstatistik 1996, in *Bulletin*, Nr. 48, 12.6.1997, S. 509-556.

Renner, Günter, Asyl- und Ausländerrechtsreform 1993, in: *Zeitschrift für Ausländerrecht und Ausländerpolitik*, Nr. 3, 1993, S. 118-128.

ders., Was ist vom deutschen Asylrecht geblieben?, in: *Zeitschrift für Ausländerrecht und Ausländerpolitik*, Nr. 3, 1996, S. 103-109.

Rudolph, Hedwig / *Morokvasic*, Mirjana (Hrsg.), Bridging States and Markets. International Migration in the Early 1990s, Berlin 1993.

Rürup, Bert / *Sesselmeier*, Werner, Die demographische Entwicklung Deutschlands: Risiken, Chancen, politische Optionen, in: *Aus Politik und Zeitgeschichte*, Nr. B 44, 1993, S. 3-15.

dies., Einwanderungspolitik im Spannungsfeld zwischen ökonomischer Notwendigkeit und gesellschaftlicher Akzeptanz (unveröffentlichtes Manuskript).

Rürup, Bert, Zuwanderung und soziales Sicherungssystem in Deutschland. Thesen zur Expertenanhörung „Alterung und Zuwanderung" am 15.3.1994 in Bonn, Bonn 1994 (unveröffentlichtes Manuskript).

Santel, Bernhard, Migration in und nach Europa. Erfahrungen, Strukturen, Politik, Opladen 1995.

Sassen, Saskia, The Global City, New York u.a. 1990.

dies., The Mobility of Labour and Capital: A Study in International Investment and Labor Flows, New York 1988.

dies., Metropolen des Weltmarkts. Die neue Rolle der Global Cities, Frankfurt/New York 1996.

Schmid, Josef, Zuwanderung aus Eigennutz? Der demographische Aspekt des Einwanderungsbedarfes in den EU-Mitgliedstaaten, in: Werner *Weidenfeld* (Hrsg.), Das europäische Einwanderungskonzept, Gütersloh 1994, S.89-124.

Seidel-Pielen, Eberhard / *Farin*, Klaus, Die Konstruktion der Bedrohung. Innere Sicherheit in der Bundesrepublik, in: *Blätter für deutsche und internationale Politik*, Nr. 7, 1994, S. 811-822.

Selk, Michael, Die Drittstaatenregelung gemäß Art. 16a Abs. 2 GG – eine verfassungswidrige Verfassungsnorm, in: *Zeitschrift für Ausländerrecht und Ausländerpolitik*, Nr. 2, 1994, S. 59-67.

Shafir, Michael, Immigrants in Romania, in: *RFE/RL Research Report*, Bd. 3, Nr. 25, 1994, S. 41-46.

ders., Immigrants, Refugees, and Postcommunism, in: *RFE/RL Research Report*, Bd. 3, Nr. 23, 1994.

Silverman, Gary, Les migrations de main-d'oeuvre en Asie du Sud-Est, in: *Problèmes économiques*, Nr. 2491, 23.10.1996, S. 20-24.

Simon, Gildas, Géodynamique des migrations internationales dans le monde, Paris 1995.

Slater, Wendy, The Problem of Immigration into Russia, in: *RFE/RL Research Report*, Bd. 3, Nr. 26, 1994, S. 39-44.

Stalker, Peter, The Work of Strangers: A Survey of International Labour Migration, Genf 1994.

Steinacker, Karl, Der Hohe Flüchtlingskommissar und die Mär von der unpolitischen Flüchtlingshilfe, in: Abraham *Ashkenasi* (Hrsg.), Das weltweite Flüchtlingsproblem. Sozialwissenschaftliche Versuche der Annäherung, Bremen 1988.

ders., Flüchtlingskrisen – Möglichkeiten und Grenzen von Entwicklungszusammenarbeit, München 1992.

Steinert, Johannes-Dieter, Migration und Politik. Westdeutschland – Europa – Übersee 1945-1961, Osnabrück 1995.

Straubhaar, Thomas, On the Economics of International Labour Migration, Bern 1988.

Thränhardt, Dietrich, Ein Zuwanderungskonzept für Deutschland am Ende des Jahrhunderts, in: *Friedrich-Ebert-Stiftung* (Hrsg.), Einwanderungsland Deutschland, Bonn 1992, S. 127-153

Türk, Volker, Das Flüchtlingshochkommissariat der Vereinten Nationen (UNHCR), Berlin 1992.

UNDP, Bericht über die menschliche Entwicklung 1995, Bonn 1995.

UNFPA, The State of World Population 1994: Choices and Responsibilities, New York 1995.

UNFPA, Weltbevölkerungsbericht 1993, Bonn 1993.

UNHCR Regional Bureau for Europe, The CIS Conference on Refugees and Migrants, in: *European Series*, Nr. 1, 1996

UNHCR, Die Lage der Flüchtlinge in der Welt. UNHCR-Report 1994, Bonn 1994.

UNHCR, Zur Lage der Flüchtlinge in der Welt. UNHCR-Report 1995/96, Bonn 1995.

Unz, Ron K., Immigration or the Welfare State? Which is our Real Enemy?, in: *Policy Review*, Herbst 1994, S. 33-38.

van Ham, Peter, The EC, Eastern Europe and European Unity. Discord, Collaboration and Integration Since 1947, London 1993.

Vostrikov, Petr, Makroökonomische Situation und Lage auf den Finanz-märkten Rußlands, in: *Aktuelle Analysen des Bundesinstituts für ostwissen-schaftliche und internationale Studien*, Nr. 61, 1996.

Waever, Ole, Societal Security: The Concept, in: Ole *Waever* / Barry *Buzan* / Morten *Kelstrup* / Pierre *Lemaitre* (Hrsg.), Identity, Migration and the New Security Agenda in Europe, London 1993, S. 17-58.

Weidenfeld, Werner (Hrsg.), Das europäische Einwanderungskonzept, Gütersloh 1994.

Weiner, Myron, Security, Stability and International Migration, in: *ders.* (Hrsg.), International Migration and Security, Boulder 1993, S. 1-35.

Werner, Heinz, Regional Economic: Integration and Migration: The Euro-pean Case, in: *Annals* 534, Juli 1994, S. 147-164.

Williamson, Roger, The Contemporary Face of Conflict. Class, Colour, Culture and Confession, in: *Jane's Intelligence Review Yearbook*, Coulsdon, 1995, S. 8-10.

Wöhlcke, Manfred, Umweltflüchtlinge. Ursachen und Folgen, München 1992.

Wolken, Simone, Das Grundrecht auf Asyl als Gegenstand der Innen- und Rechtspolitik der Bundesrepublik Deutschland, Frankfurt 1988.

Wollenschläger, Michael, Nationalstaat, Ethnizität und Einwanderungs-gesetzgebung in Deutschland, in: Klaus J. *Bade* (Hrsg.), Migration – Ethnizität – Konflikt: Systemfragen und Fallstudien, Osnabrück 1996, S. 431-450.

ders., Rechtsfragen eines Konzeptes gegen Ausländerdiskriminierung, in: *Zeitschrift für Ausländerrecht und Ausländerpolitik*, Nr. 1, 1994, S. 10-16.

Zentrum für Türkeistudien, Ausländer in der Bundesrepublik Deutschland. Ein Handbuch, Opladen 1994.

Zimmermann, Klaus F., Ökonomische Konsequenzen der Migration für den heimischen Arbeitsmarkt, in: *Schweizerische Zeitschrift für Volkswirt-schaft und Statistik*, Nr. 129, 1993, S. 283-301.